推动中国建筑业步入智慧建造时代！

U0329963

杨宝明

TRANSFORMATION

突破重围

中国建筑企业转型升级新思维

杨宝明

中国建筑工业出版社

图书在版编目（CIP）数据

突破重围——中国建筑企业转型升级新思维 / 杨宝明 .
—北京：中国建筑工业出版社，2015.1
 ISBN 978-7-112-17660-1

Ⅰ.①突…　Ⅱ.①杨…　Ⅲ.①建筑企业 — 工业企业管
理 — 研究 — 中国　Ⅳ.①F426.9

中国版本图书馆CIP数据核字（2015）第007788号

　　本书定位于中国建筑企业中高层领导的战略参考指南，从中国建筑业的特点、本质出发，结合目前国家宏观形势，深度剖析行业存在问题与原因；作者从战略、品牌、信息化等多个新的视角为中国建筑企业的转型升级提供新颖的建议，对于施工企业高层管理层制定企业战略有着重要的参考价值。

　　本书分为七大篇章，第一篇介绍了目前我国建筑企业的现状与存在问题；第二篇着重介绍了目前建筑业面临的新形势，对建筑企业竞争力提出了新的要求；第三至第六篇，分别从战略、品牌、信息化、BIM技术四个方面着墨，介绍了建筑企业转型升级的4个抓手；第七篇通过剖析十八届三中全会、建筑业发展改革意见来预见中国建筑业的未来发展趋势，并对建筑企业家提出了殷切的期盼。

　　作者作为建筑行业资深专家，有着多年的项目管理与企业管理经验，对建筑行业有独到的见解，分析视角新颖，并对建筑企业家提出了别出一格的建议，对于现阶段中国建筑业正从关系竞争力向能力竞争力的过渡期，施工企业高层管理层制定企业战略有着重要的参考价值。文章高屋建瓴，观点新颖别致，图文数据详实，是中国建筑企业家的战略参考佳作。

责任编辑：范业庶
责任校对：张　颖　关　健

突破重围——中国建筑企业转型升级新思维
杨宝明
*
中国建筑工业出版社出版、发行（北京西郊百万庄）
各地新华书店、建筑书店经销
北京京点图文设计有限公司制版
北京市密东印刷有限公司印刷
*
开本：787×960毫米　1/16　印张：18¼　字数：275千字
2015年2月第一版　2016年6月第四次印刷
定价：**68.00**元
ISBN 978-7-112-17660-1
（26885）

序一

　　杨宝明博士是我交往多年的行业专家,我和我的团队一直比较关注杨宝明博士和鲁班咨询团队的研究文章,特别是在企业战略、项目精细化管理和 BIM 技术应用方面受益匪浅。我一直对业界有个说法,杨宝明博士是建筑企业家在企业管理方面必须深交的专家朋友之一。

　　杨宝明博士的多年呕心之作结集出版,是当前时点,对行业转型升级指导思想有莫大参考价值的好事,应出版社之邀,欣然作序。

　　随着中国经济的快速发展,中国建筑业一直保持年增长超过 20% 高速增长,一大批建筑企业也随着成长壮大,粗放管理也能赚钱,是一个长期的行业实际情况,也导致中国建筑业管理进步缓慢,信息化程度低,竞争方式比较低端。然而随着中国经济结构开始转型,中国建筑业开始面临严峻的考验。投资拉动经济的模式被认定为不可持续,固定资产投资的增速放缓已成定局。国内的 GDP 的增长目标已逐步下调至 7% 左右。外部环境不容乐观,中美公布应对气候变化的减排长期计划中,中国同意到 2030 年左右或之前停止增加二氧化碳排放,这对于高消耗的中国建材业、建筑业都是个巨大的压力;随着自贸区的开放,未来可能越来越多的海外优秀承包商将进入国内,更优秀的项目管理经验与能力可能给国内建筑企业造成巨大的挑战;行业内部竞争形势也快速趋紧,中国建筑业一直依赖的劳动力优势已经不在,民工荒、技工荒年年延续,传统的建筑生产模式将要面临新的变化,如通过 BIM 技术、建筑工业化的优势来改造传统的建筑生产模式。

　　在中国建筑业发生巨变的过程中,亟需有正确的战略思想家的引领。可惜的是,中国建筑业发展多年来,有高度的建筑企业战略管理著作少之又少,中国建筑行业也缺乏像房地产行业王石、潘石屹、冯仑等这些行业思想者。杨博士的《突破重围》无疑给摸索中的中国建筑企业转型带来重要的启发。

　　杨宝明博士是一位具有产业理想的行业专家。作为中国第一位博士"项目经理"，杨博士二十余年始终专注于建筑行业领域，对这一传统行业进行深刻剖析与研究，在建筑企业战略、品牌建设、信息化和BIM技术等领域都有较深的造诣。我们可以在行业媒体上经常看到杨博士的犀利观点与独到见解，而本书集结了杨博士多年的研究精华，是不可多得的建筑企业家研究管理的参考读物，尤其是当我国经济以及建筑行业面临转型之机。本书系统性地向建筑企业家剖析中国建筑业的本质与特点，建筑行业的未来发展趋势与建筑企业管理的战略方向，并为建筑企业的转型升级提供了战略指引。

随着新型城镇化的推进，中国建筑业还有很大的发展空间，但与过去的发展模式不同，所有企业一起高速发展的时代过去了，有的企业将发展得更快，有的企业会被淘汰，今天的战略决定了我们今后的命运。PC、BIM、互联网、物联网、大数据……一大堆新概念扑面而来，BIM技术、互联网和工业化正在改造着传统行业，建筑业也不会幸免。转型时期、能力竞争力时代，建筑企业家必须树立新的思维才能跟上时代的脚步，相信杨博士的这部著作能给你最好的思想养分。

陈祖新

龙信建设集团有限公司 董事长

序二

历史的湍流，大浪淘沙，惊涛拍岸，飞掠多少岁月！

自 20 世纪 70 年代末中国走上"改革开放"以来，中国经济得到前所未有的快速增长，成为世界上最具发展潜力的国家之一。进入 21 世纪，中国经济继续保持稳步高速增长。根据国际货币基金组织的研究，2014 年中国经济规模为 17.6 万亿美元，将超过 17.4 万亿美元的美国，成为世界最大经济体。广袤的中华大地发生了翻天覆地的变化，人民生活水平大幅提高，城市日新月异，基础设施极大改善，世人赞叹不已。在这个伟大的变革进程中，中国建筑业做出了杰出贡献，每年近五千万的建设大军，用智慧和汗水勾勒着共和国一道道全新的、靓丽的天际线，为当代中国社会文明和进步作出了不可磨灭的巨大奉献。

伴随共和国高歌猛进的旋律，中国建筑业飞速发展，在国民经济中的支柱产业地位得到进一步巩固和提高。建筑产业规模不断创新高，2013 年，全国资质以上建筑业企业完成总产值近 15.9 万亿元，建筑业增加值占 GDP 比重达到 6.7%；建筑业全社会从业人数约 4500 万，成为大量吸纳农村富余劳动力就业的重要产业。建筑业技术进步和创新卓有成效，建成了一批设计理念超前、科技含量高、令世界瞩目的重大工程。有的工程技术已达国际先进水平。2013 年我国对外承包工程新签合同额约 1716 亿美元，比上一年增长 10%，国际市场开拓能力不断增强。建筑企业改革不断深化，监管机制不断健全完善。

但新形势下，中国建筑业也面临一些深层次矛盾和问题。主要表现在：一是行业可持续发展能力严重不足。建筑业发展很大程度上依赖高速增长的固定资产投资，发展模式粗放，生产方式与管理手段落后；建造过程中资源耗费多，碳排放量突出，企业始终在低层面上发展。不少企业看似规模不小，产值逐年提升，但技术创新、管理实力很弱，企业规模扩张与管理实力、人员素质严重脱节。二是市场各方主体行为不规范。建设单位违反法定建设程序、虚假招标、任意压缩工期、恶意压价、保证金泛滥等情况较为普遍；建筑企业出卖、出借资质，围标、串标、转包、违法分包情况依然突出；建设工程各方主体责任不落实，有些施工企业质量安全生产投入不足，工程质量安全事故时有发生。三是企业技术开发资金投入普遍偏少。据不完全统计，企业用于技术研究与开发的投资仅占营业额的 0.3% ~ 0.5%，而发达国家一般为 3%，高的接近 10%，差距很大。在技术贡献率方面，我国建筑业仅为 25% ~ 35%，发达国家已达到 70% 左右。四是企业技术工人严重匮乏。目前，我国建筑业从业人员近 5000 万，其中农民工占相当大的比重，有素质、有技能的操作人员比例很低，且逐年呈下降趋势。近年不少企业效益呈滑坡态势，施工生产环境恶劣，福利待遇差，人员外流情况加剧，人工成本将大幅上升。五是中国建筑企业与国外企业相比存在较大差距。无论在资产规模、劳动生产率，还是获利能力方面都处在追赶的状态。我国对外承包工程新签合同额仅占全球建筑市场份额的很小份额，这与 5000 万的建筑大军很不成比例。

中国建筑业这种现状已经不能适应行业持续发展的需要，不能适应深化改革、企业转型升级、做大做强的需要，不能适应确保质量安全的需要。中国建筑业的发展已到了关键的时刻！

如何突破重围？

这事关中国建筑业前途和命运，也是业内许多专家、学者、企业家、政府官员正殚精竭虑、苦苦探索的重大课题。多年来，杨宝明博士先后在各行业媒体上发表研究文章数十万字。他的文章高屋建瓴，观点新颖，贴紧实际，在中国建筑业颇有影响。《突破重围》一书是杨博士多年来研究文章之集萃，是杨博士 20 余年潜心研究中国建筑业的思想结晶。

现阶段中国建筑业正处在从"关系竞争力"走向"能力竞争力"的特殊过渡期。在这进程中，中国建筑业沉淀下许多亟待解决的问题。其一，建筑企业的转型发展，如何以推动企业技术创新、技术进步为先导，使企业的生产方式、管理方式、运作方式以及企业组织结构、服务内容发生全面的变化或者显著进步。其二，如何通过发展方式的转变，最终实现企业、行业从粗放型转向集约型，从低附加值转向高附加值，从高能耗高污染转向节能减排。其三，如何进一步健全法制，进一步完善建筑市场的监管机制。行业报端不乏一些关于行业发展的文章，我也曾牵头组织过许多研讨中国建筑业改革与发展的高峰论坛。那些文章与演讲，无论是公开发表于报刊，还是慷慨演讲于论坛，作为"一家之言"都没有什么问题。但细细考量其对行业进步的价值，则有差异。有些文章、有些演讲完全站在企业、局域的角度，措辞激烈，失之于"只见树木，不见森林"；有些文章则完全站在政府管理部门角度，居高临下，目不斜视，大抵属于"歌德派"，失之于"只见森林，不见树木"；有些"学院派"设想很大胆，理论上也自圆其说，不乏新意，但可操作性颇值得观察。我无意贬低任何为中国建筑业的进步而鼓与呼的文章，我只是要说，相形之下，《突破重围》不落窠臼，别开生面。

《突破重围》尤其值得称道有三：

其一，杨宝明博士本身是中国建筑业难得的集技术型、思想性于一体的复合型资深研究人员，这使他对建筑行业的改革与发展有独到的见解。杨宝明毕业于同济大学，获管理学博士学位、结构学硕士学位，在建筑结构、企业管理的基础理论方面有很扎实的功底，堪称"学院派"；挟 20 余年研究之积淀，他在建筑企业战略管理、建筑业信息化管理等方面有很深的造诣；最难得的是，杨博士早年在上海建工五建集团任项目经理多年，系高级工程师，在施工现场历练多年，对建筑工程项目管理有很深沉的理解、很丰富的实战经验。他与"田园派"、"草根文化"有天然的渊源。同时，杨博士是鲁班软件的创始人、中国建筑业 BIM 技术的最早推介、实践者之一，是技术型专家。因此，《突破重围》实战性强。

其二，"距离产生美"。作者站在"第三人称"的角度，不惟上、不惟下、不自恋，从分析个案入手，理论紧扣实践，析理释疑解惑，为建筑企业家指点迷津。作为资深的学者兼有多年的项目管理与企业管理经验，他在理论与实践相联系方面，极具优势；多年来在全国各地调查研究和巡回演讲，他深深了解此域与彼域之差异；曾有多年项目经理经历的他深深了解"树木"，作为中国建筑业协会与中国施工企业管理协会两大协会的专家委员会委员，他也深谙"森林"。大凡围棋高手之博弈，总是重"势"、抢先手，从而实现见招拆招、"突破重围"，最终赢得全盘的胜利。《突破重围》的基本思路，庶乎如此。

其三，颇有一些别出一格的建议，值得有抱负的建筑企业家深思。对许多名声隆隆、发展不错的著名央企、国企，文中直率地评判了其局限、尴尬、困境，鲜明表达了自己的观点，有时措辞尖锐，可能会让一些高层管理者感到尴尬。针对一些问题，杨博士也开出了一些颇有见地的"药方"。这些"药"可能很苦涩，但"良药苦口"。无论一个企业还是个人，能够得到智者的批评都是件幸事。批评一个人是需要很大勇气，冒很大风险的。谁都知道"多栽花，少栽刺"的道理。一般而言，人们都喜欢听好话，不愿意听批评，有些人还会错误地对待批评意见，对提批评意见的人耿耿于怀，甚至当成仇人。应当特别指出的是：智者只对值得批评的人提出批评意见，对不值得批评的人根本不会说道。总体上看，《突破重围》从行业特点本质出发，结合目前宏观形势，深度剖析行业存在问题与原因；并从战略、品牌、信息化等多个视角为建筑企业的转型升级提供新颖的建议。这样一本书，对于企业高层管理层制定企业战略无疑具有重要的参考价值。

在世界科学发展史上，曾发生过光的波动与微粒说的争论。牛顿凭借对光的直线传播以及光的反射折射现象，提出光的微粒说；惠更斯依据光的衍射、干涉现象，提出光的波动说。两种学说各执己见，争论了几百年。后来，经过麦克斯韦、爱因斯坦的研究，二者统一于量子力学——光乃是波动性与粒子性的对立统一。只不过两种学说的研究角度不同、观察方法不同，发生了认识上的分歧。中国建筑企业如何突破重围？中国建筑业如何突破重围？仁者见仁、智者见智。然而，只要大家都在思考，只要大家的出发点一致，最终结果应是殊途而同归。巴甫洛夫说："争论是思想最好的触媒。"俚语云："白藕绿叶红荷花，三个原来是一家"。从这种角度说，《突破重围》不失为一本极具价值的好书，值得有才智、有抱负的中国建筑企业家花时间好好读一读。

张玉明

《建筑时报》副总编辑

新常态、新思维——自序

中国建筑业进入了新阶段，每位施工企业老总都无法忽视行业急剧的变化，否则无异于坐等消亡。建筑业新常态是行业增速急速下滑、房地产势如崩盘、人工成本快速上升、工程款回款困难、竞争加剧、高风险的 PPP 盛行、政府大力推行 BIM 与工业化……前 20 年高速增长期的简单粗放式经营思维已不能延续。

面对新常态、新形势，如何带领企业避开险滩，迈向新高度，挑战不小。

回看笔者近 5 年的研究文章，对以上行业趋势和发展中涉及的重要问题都有明确的分析和预见，无论是对房地产形势的警告，还是对新竞争趋势的判断。但这些年这些观点得到响应的寥寥，这是建筑行业困难之处。建筑企业家不是在公关的路上，就是在救火的路上，无暇顾及学习和研究，行业也因此缺少思想家。连续高速增长 20 年，形成了建筑业固有的习惯思维，也泯灭了对市场的敬畏之心，但这一切都必然会得到市场的报复。

新常态下的中国建筑业将与前 20 年大不相同，大量企业将因战略失当、经营粗放、现金流断裂、竞争力缺失而消亡，前 20 年施工企业不会倒闭的神话瞬间巨变。如何在新常态下生存与发展，是中国建筑企业家的当务之急，市场倒逼、竞争倒逼、环境倒逼已时不我待。

当前的形势虽然凶险，但并非末日，对优秀的企业是更大的机会，只是新常态下的竞争环境将企业之间的差距拉大，而不是过去一招关系竞争力吃遍天下。从这点上讲，对优秀的企业，中国建筑业还是朝阳行业。

如何在新常态、互联网时代生存更好，并获得更大的发展，建立全新的企业理念、经营战略、强大的执行系统就非常必要，本书的出版将非常有助于建筑企业家找到合适的方法。

由于很多观点有些超前，这些年一直被很多行业人士当成是"理想主义者"，我自己认为为理想努力着是幸福的，本书的出版，就是我本人前期工作的一个总结。推动中国建筑业转型升级是一项世纪工程，有机会参与到让中国建筑业进入智慧建造时代的这一使命甚感幸运，前进过程中的困难，也让人痛苦不堪。中国建筑业是对地球影响最大的一项人类活动，关乎人类的生存环境，我乐于为此奉献自己的全部时间，这样的信念一直支撑着我和我的鲁班团队坚持近 20 年研发推广 BIM 技术，投入大量人力物力研究中国建筑业的转型升级。

20 年高潮后的中国建筑业的巨变已经开始，衷心希望看到一批建筑企业脱颖而出，成为中国建筑业转型升级的榜样。如果本书的出版，能助力到一些企业的转型升级，本人则倍感欣慰。

杨宝明

目录

目录

01

第一篇

中国建筑企业
转型升级进行时

- 建筑企业总部的"税务局"现象
- 为什么中国建筑业利润长期低下
- 没有标杆
- 当前国内建筑企业战略批判

现在,到了我们彻底改变企业思维的时候了,要么转型,要么破产。

——管理咨询大师拉里·博西迪和拉姆·查兰

中国建筑业的希望在于有一批企业家专注于产业，以坚韧的毅力，发动管理攻坚战，实行集约化经营，使建筑业产生规模效益，从而快速提高产业集中度，使产业进入良性发展阶段。做好建筑主业的转型升级是国内大型建筑企业的历史责任和产业使命，对我国整体经济都有重大影响，若没有这样的一批企业家，中国建筑业就没有希望！

建筑企业总部的"税务局"现象

我国建筑企业规模在快速扩大，而企业管理能力却未能同步提升，甚至有些企业仅对项目收管理费了事，对项目各条线工作的支撑和管控都很少，俨然像个"税务局"，存在巨大的经营风险。

"税务局"现象

近年中国经济高速发展，中国建筑业随之腾飞，产生了260余家特级资质企业，经营规模快速扩大，大都达到百亿以上。但管理上普遍存在做大但未做强的情况，表现在大型建筑企业赢利能力低下，项目管理模式落后，风险控制和抵御能力差。大型建筑企业对项目的管理一直很弱，有的甚至以挂靠为主，收一个管理费了事，俨然像一个税务局，存在巨大的经营风险。

当前市场上，大中型建筑企业对项目管控有四种模式（图1-1）：

直营	总部向项目部委派职业项目经理，风险、利益归总部，总部对职业项目经理进行绩效考核
经营目标承包制	总部对职业项目经理进行经营目标承包，项目经理权力、利益较大，承担风险责任金范围的经济风险
承包（双包）	总部向低资质小型建筑企业甚至个人双包项目，风险、责任和利益原则上归双包单位，问题发生时总包单位很难撇清
挂靠	低资质企业借用高资质企业资质自行承接建设项目，高资质企业总部收取管理费，有的沦为纯粹的"税务局"

图1-1　项目管控四大模式

第一种是直营制。在项目上委派职业项目经理,风险和利益归总部,对职业项目经理进行绩效考核,设置激励机制。总部对项目体设全方位的管控,各专业以实行清包方式为主,这是最高水平的项目管理模式,也应是中国大型建筑企业长期发展的方向。

第二种是经营目标承包制。总部对项目体管得很少,亏了风险还是归公司,项目经理承担风险金责任外,其他责任不大,权力和利益较大。

第三种情况是承包制,亦称双包。向低资质小型建筑企业甚至个人双包项目,风险、责任和利益原则上归双包单位,事实上出了问题总包单位并不能脱离干系。

第四种情况是挂靠。低资质企业或者项目经理个人自己拿项目,借用高资质企业的牌子上交管理费,高资质企业总部对项目管理的介入有深有浅,有的纯粹就是"税务局"了。

总体上,国内很大比例的项目体中,总部的管控能力较弱,第一种情况的项目比例近年不增反减。以包代管是管理水平低下的体现,企业总部并不能将全部责任承包给下属机构或分包单位,但主要利润却留在了项目上。从 50 余家上市建筑企业近年的平均利润来看,一般维持在 2% ~ 3% 左右(表 1-1),与企业总部要承担的巨大的经济风险、质量风险、安全风险严重不符,与大型建筑企业发展所需的资源需求也严重不符。另一个情况是建筑业小包工头老板,一个项目搞出 20% 利润也不足为奇。这种有规模却不经济的现象是建筑行业独有的,严重制约了建筑业的发展。

鲁班咨询重点关注的 50 余家上市建筑企业经营数据(单位:亿元)　　表 1-1

年份	营业收入	净利润	净利率
2011	24621.9	694.3	2.82%
2012	26744.2	629.3	2.40%
2013	30831.3	919.9	3.00%

近几十年来国际、国内建筑业的生产率进步相对其他行业是较慢的。解决这一问题的方向应是 IT 技术，让总部和项目体信息能够对称起来，项目体内各个岗位信息能对称起来，BIM 技术能较好地满足这种需求。

产生原因

建筑企业总部并非不想管得深入一些，让更多的利润从项目部向总部上移，而是现在的管理技术无法实现这一点，仅靠管理模式和管理制度的改进和创新无法解决这一问题。建筑业与其他行业如制造业有明显不同，管理难度要大得多，正是建筑业项目管理的特殊性导致当前的现状。项目管理的复杂性、难度表现在以下几个方面：

一是产品非标准。每个建筑业产品——建筑物（工程项目）均不相同，导致工作流程工艺不标准，无法固化作业流程，给管理标准化带来巨大困难，流程固化和优化均有很大困难。

二是生产地点移动性。作业地是不固定的，作业环境处于动态变化之中，无法建立标准管理环境体系。

三是团队临时组建。使管理文化、流程和团队协作都没有相对稳定状态。

四是工程项目管理处理信息量巨大。是一个典型的大数据行业，每个项目数据（如工程实物量、材料、设备、人员、价格行情）按不同时间、不同地区、不同品牌随项目进展动态变化，难于掌控，而管理必须依赖于数据和信息。

当前绝大部分项目管理数据的采集、计算、整理、分析还靠人工。向项目管理各条线提供管理数据的预算工作还大部分靠手工预算来解决，严重延迟了管理数据的传递和共享，使管理措施无法实施。

五是建造技术还停留在 2D 技术上。而工程实体是 3D 技术问题，导致大量的问题在施工前无法及时发现，损失大量工期和资源，总部更是难以掌控现场情况。

在制造业的管理上都不存在以上困难，这些问题造成了建筑业长期管理效率低下，且改进十分困难。这样的现状给中国大型建筑企业的发展后劲带来严重制约，利润率低下，投入技术改进、人员培训和管理提升的力度就不足，影响竞争力提高，使企业处于巨大风险之中。

解决方向

上述原因导致无论在国际还是国内，近几十年建筑业与其他各行业的横向比较其生产力进步是较慢的。解决这一问题的方向应是 IT 技术，让总部和项目部信息能够对称起来，项目部内各个岗位信息能对称起来，管理方法论上并不难。住房和城乡建设部近年力推的特级资质信息化标准方向是正确的，但事情的发展却未抓到问题的根本，导致很多大型建筑企业仅在考虑买套 ERP 应付审批特级资质了事。当然很多企业也在认真研究并投资建设 ERP，但实施效果依然不尽如人意，只是在 OA、视频会议取得了一些成功应用，关键是核心业务的信息化管理突破困难，这是 ERP 本身技术能力局限所致。

最近的项目管理研究表明，能给建筑业项目管理带来革命性突破的信息技术是 BIM(Building Information Modeling,建筑信息模型)技术，通过 3D 建模技术、实体计算技术和信息管理技术，把项目管理的源头数据建立成有机关联的数据库，为项目体核心业务管理提供了强劲的动力，让复杂工程的各条线管理数据瞬间可得。顾名思义，ERP 是"企业资源计划"（Enterprise Resource Planning），资源计划的依据在项目中是工程实物量，而 BIM 技术是当前唯一能为各条线管理、为 ERP 系统快速提供所需实物量的核心数据的信息技术。图 1-2 简单介绍了 BIM 与 ERP 的区别。

从这一点分析，大型建筑企业的信息化之路，应先抓 BIM 技术的应用普及。

BIM 技术在国内已经有了一个好的开端，前期主要应用在工程量计算方面，并逐渐拓展到成本管理、施工模拟、质量安全管理等多方面。以鲁班软件为代表的建筑软件公司经过十余年艰苦研发和推广，算量软件的技术成熟度和应用普及率已达到较高程度，大面积推广应用已具备条件；BIM 技术的成熟度和投入产出

图 1-2　BIM 与 ERP 的对比

比也已经得到了广泛的认可。现在的最大问题是企业高层对信息化的路径尚不够清晰，导致算量软件应用还处在基层造价预算人员自觉应用过程中，BIM 技术还处于技术部门的观望阶段，而随着政府的推进、业主的关注，应该到了建筑企业高层高度关注、主动推动，并将 BIM 技术提升至战略层面的时候了。BIM 模型可以重复利用，为项目管理全过程创造巨大价值，为全面实施 ERP 打好基础，BIM 技术将为建筑企业总部改进项目部管理模式，提高企业总部利润率起到重要作用。

为什么中国建筑业利润长期低下

即使在长达 20 年的 20% ~ 30% 高速增长时期，我国建筑业利润依然长期低下，这已成为行业和企业家最为关注的问题之一，是什么原因导致建筑业利润长期低下？用什么方法才能改变这样的困局？

我国建筑业利润长期低下，已成为行业和企业家最为关注的问题之一。我国建筑业利润低下的严重情况，从图 1-3 中可以得到清晰的反映。

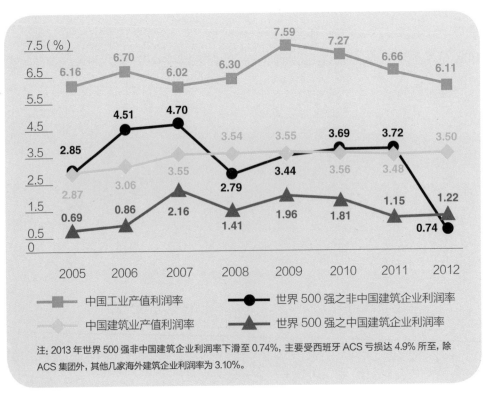

注：2013 年世界 500 强非中国建筑企业利润率下滑至 0.74%，主要受西班牙 ACS 亏损达 4.9% 所至，除 ACS 集团外，其他几家海外建筑企业利润率为 3.10%。

图 1-3　各类型企业利润率比较

图中表明，同行业内相比，中国特大型建筑企业赢利水平远低于国外大型建筑企业，同时也远低于国内整个行业水平；与其他行业相比，中国建筑业远低于中国工业平均水平，应属第二产业中利润率最低的行业。

值得深思的是国内建筑业利润长期低下是在我国建筑业增速为 GDP 增速 2～3 倍的情况下发生的，这违背一般的经济学规律。另一个更不合常规的情形是，这样利润低下的行业在规模高速增长的同时，竞争却愈趋激烈，企业数量越来越多，非但没有企业退出转移到其他行业，相反，特级、一级企业数量快速增长。这些年，几乎没有听说哪家特级、一级企业倒闭的，连并购的也很少。

这种状况确实威胁到了行业的健康发展，企业和协会一直据此向地方政府和主管部门施压，要求改变清单报价（合理低价中标）招标政策，最好是回到定额计价制度；住房和城乡建设部为控制总承包企业数量，遏制恶性竞争，出台新《施工总承包特级资质标准》，意欲减少特级资质企业数量。企业的愿望和政府主管部门调控政策能达到目的吗？造成这样状况的原因到底又是什么呢？

问题表象

业内专家与企业家普遍认为是由两种情况造成的：一是产能过剩，二是生产方式落后。产能过剩造成业主方压价、企业间恶性竞争。生产方式落后意指在整个产业链中，被业主、设计方等利润分割太多，留给施工单位的太少了，大家要求政府来改变现行行业体制（图 1-4）。

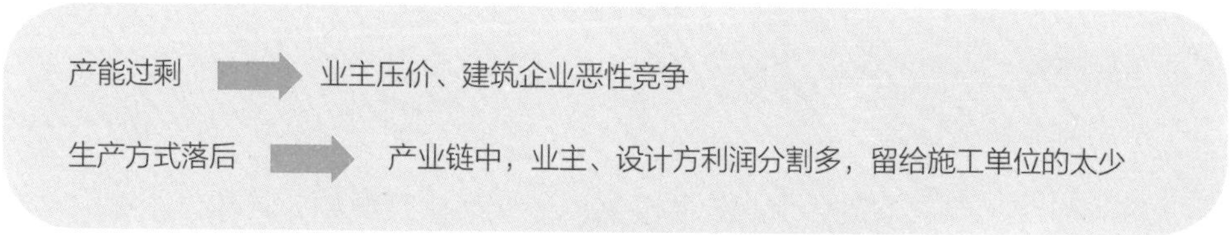

产能过剩 ➡ 业主压价、建筑企业恶性竞争

生产方式落后 ➡ 产业链中，业主、设计方利润分割多，留给施工单位的太少

图 1-4 建筑业长期利润低下的业内普遍观点

控制竞争，控制上游产业的利润剥夺，工程造价的结算方法最好回到定额时代，似乎建筑业的发展希望押在政府身上，与企业自身关系甚少。

这种情形已存在了很多年，建筑企业家喊了很多年，协会也帮行业呼吁了很多年，事态非但没有朝着企业期望的方向去发展。相反，企业数量愈来愈多，恶性竞争愈演愈烈，产业方式调整也相当缓慢，工程总承包模式（EPC）始终未能形成主流。

这就很有必要深究一下，问题表象背后的真相是什么（见图1-5）？解决问题的出路又在何方？

表象	真相？！	
产能过剩？ 生产方式落后？	落后的经营理念 长期定额计价方式	计划经济思维 企业变革和管理提升停滞不前

图 1-5　建筑业长期利润低下的表象与真相

我们一定要清醒地认识到：现在的世界大势是低碳经济，投资主体是民营企业。在这种大背景下，最低价中标（用最低的消耗建成合格的建筑产品）已是不可逆转的趋势。政府投资项目引用最低价中标更是早已通行的国际惯例。在这样的趋势下，如何改变行业现状和企业生存状态才是企业家应该思考和突破的地方。

我们也一定要意识到，在当前的中国大环境下，等待政府部门的努力来改善行业环境的想法是天真的，近十多年的产业变迁已证实了这一点。我们现在更应多反省自己：现状可以通过自身的努力去改变吗？企业的努力能影响产业朝良性方向发展吗？鲁班咨询研究表明，企业内部的变革和提升更能让我们自己逃离困境，更能改变行业现状。

当前的行业困境主要是企业长期以来在落后的经营理念、长期定额计价方式和计划经济思维的影响下，由于企业变革和管理提升停滞不前所造成的。

真相

建筑业作为一个高危（原罪多导致的法律风险）和高风险（成本、质量、安全方面的专业风险）行业，获取这么低的利润是十分不合理的。

一方面大家叫苦不迭，另一方面又有越来越多的行业新人和新企业往里挤，一个工程几十家、上百家企业为竞标打破头。建筑行业利润比其他行业低很多，风险又大很多，且行业增长是 GDP 增速的 2 ~ 3 倍，产能过剩却越来越严重，这不符合一般经济学规律：水往低处流，钱往高处走。真相是什么？

真相一：企业利润低，项目利润高

现在所谓的行业利润低，大家的说法和统计数据反映的是企业总部利润低，实际上项目利润应该不低。

由于国内建筑企业管理体系和管理能力落后，无法进行集约化经营，大多数民营建筑企业和越来越多的大型国有建筑企业采取项目承包制的方式作为项目数量和地域扩张的主要手段。这种简单粗放的企业运营模式的结果是大量利润留存在项目上，有的企业总部本身只承担"税务局"的角色，收点管理费了事，或靠内部银行赚钱，甚至有一批靠陪标、围标收取费用过日子的建筑企业。

而项目承担全部的责任（拿项目、筹资、质量、安全、进度）。企业总部每个项目总共才收取 1 ~ 3 个点的管理费，管理费开支完，有的项目还要帮忙揩屁股（亏损大后项目经理跑了），一年下来就不可能高利润了。在这样的情况下，总部拿低利润就是正常的了，项目留取高利润也是应该的了。

真相二：企业和项目的利润都低，项目成员或分包供应商利润高

这也是企业管理能力不强的典型现象之一，富了和尚穷了庙。企业的各级单位都没挣到钱，项目上掌权（发包、采购）的个人挣到钱了，分包商、供应商挣到钱了。

这种状况在国有大型建筑企业中更为普遍，民营企业中也不在少数。项目上利润漏洞很多，总部和项目部都对成本管控乏力，项目上到处跑冒滴漏。最为严重的是，在总部管控无力的情况下，项目掌权人员缺乏职业精神，为个人私利，对分包商、供应商放水，造成项目亏损。

真相三：总承包企业利润低，专业公司利润高

在整个行业利润低的背景下，行业细分市场却大相径庭，差别巨大（见表1-2）。

从表中可以看出专业化公司利润率要高很多，约为总承包类公司2～3倍（其中中国建筑利润大部分来自房产，否则差距更大），市盈率是总承包类的2～5倍，说明专业化公司拥有更高的赢利能力，且资本市场对专业经营模式有更高的认可，但我们的企业却非常热衷于做大、做全、多元化，无心在主业或在某个领域做强、做专业、做品牌，导致利润低下。

总承包类企业数量众多，企业间品牌差异化小，缺乏独特的核心竞争力，低价竞争就成了必然手段，低利润生存就成为行业常态了。

真相四：企业、项目、个人和分包商均利润甚低，但并非主流

道理很简单，这样的企业本身是不可能长期生存的，会自然解体，或转行，或被兼并、收购。市场经济规律决定了市场具有自然调节的能力，这样的企业和行业都不可能久存，并不需要我们去担心。

真正需要担心的是由于行业复杂度和企业管理落后导致的企业总部利润低下，利润流向项目、个人和供应商的情况，严重影响到了行业良性可持续发展。项目、个人、分包和供应商，拿的钱再多，不会成为行业生产的再投入（技术、

不同类型建筑企业经营数据 表1-2

类型	企业	市值	市盈率	2013年			2012年		
				收入	净利润	净利率	收入	净利润	净利率
总承包	中国建筑	942.0	3.2	6810.5	293.3	4.3%	5715.2	227.8	4.0%
	上海建工	172.9	10.4	1020.4	16.7	1.6%	931.5	16.5	1.8%
	龙元建设	33.6	15.5	153.3	2.2	1.4%	139.9	4.0	2.8%
装饰	金螳螂	258.2	16.3	184.1	15.9	8.6%	139.4	11.2	8.0%
	亚厦股份	163.9	17.8	121.4	9.2	7.6%	95.8	6.5	6.8%
	洪涛股份	176.9	63.3	35.5	2.8	7.9%	28.4	2.0	7.2%
钢构	精工钢构	41.1	17.3	75.2	2.4	3.2%	61.3	2.2	3.5%
	东南网架	27.4	43.8	37.2	0.6	1.7%	33.5	0.9	4.8%

信息化、人才培养等），没有反哺到行业进步，对行业发展非常不利。

深层原因

产能过剩导致恶性竞争和压价，问题仅考虑到这一步还失之肤浅。

产能过剩其实只是表象，行业长期利润低下、规模高速增长的背景下还出现产能过剩，一定有其深层原因，即国内建筑企业长期不注重内部核心竞争力建设，导致行业门槛过低，新进入者可以很容易且风险较低地加入竞争。

当前总承包类企业由于长期在计划经济思维中打转，对关系竞争力的极度迷恋，疏于企业内功的提升，缺乏真正的核心竞争力，在品牌、技术、资金运营、采购、成本控制等方面对新进入者都构不成竞争门槛。特别是我国建筑业长期处于规模不经济的现状，大企业成本比小企业成本高，小企业成本比个体包工头成本高。这种行业状况造成难以将有关系拿项目但没有管理经验的新进入者挡在门外，竞争者增多但无法控制。

任何行业进步，实施行业整合，提高价格和利润空间只有两种路径，一种依赖品牌，如苹果、奢侈品牌，一种依靠规模经济的成本优势兼并落后产能，阻止新进入者最后获得定价权，如家电、百货连锁行业。中国建筑业两种情形都没有能实现，产能过剩就无法控制。

中国建筑业曾经有过好日子，笔者在二十世纪九十年代初当项目经理时，由于大企业少，建筑企业地位相当高：有高达 30% 的预付款，定额计价以上还要有数百元每平方的人工、机械、周转材料补贴，这样的好日子已一去不复返了。市场经济的价格和竞争激烈程度毕竟是由供求关系决定的，行政调节很难起到决定性作用。

中国建筑业存在恶性竞争，存在严重的"三低一高"（即产值利润率低、劳动生产率低、产业集中度低、市场交易成本高）的现象。

——中国建筑业协会副会长兼秘书长吴涛

现在的巨额垫资、恶性压价很大程度上是市场竞争的结果，大可不必抱怨业主太坏。逼政府出台管制政策，大家则用阴阳合同来对付，且这些都是施工企业自己在配合，已说明这些做法有违市场经济规则，作用不大。BT、BOT 不就是合法的带资垫资吗？市场经济只要双方情愿、不违法，一般都是合理的。

因此改变竞争生态的责任首先是企业，不是政府产业政策。

有些大型建筑企业管理者甚至还存在这样的陈旧观念：大企业成本高是必然的，负担大、老问题多。完全忘记一个企业家应尽的责任，就是通过不断创新提升企业生产效率，用最少的资源投入生产出最大的社会价值和福利，这是企业家的天职。

大型建筑企业有不利之处，但应该看到相比于小企业还拥有更多的有利之处。一年采购 100 万吨钢筋（大企业）总比采购 1000 吨钢筋（包工头）要便宜，100 亿的资金运作总比 10 个亿的资金运作成本要低、效率要高。很多大型建筑企业的企业家将自己的短处不断放大看，却没有能力创新，将自己有利的一面如规模经济效益有效发挥出来。企业家的责任是通过创新，克服企业短处，发挥企业的优势，中国建筑业长期规模不经济是不应该的。

从国际上看，建筑业早已呈现规模经济的基本规律，这样就形成了大企业数量很少，专业分包众多的良性产业生态，日本、欧美无不如此（图 1-6）。

从国内各个产业横向比较看，随着管理技术和信息化的发展，无论是第二产业还是第三产业，规模经济已成为普遍规律，过去认为中餐业是最不可能规模化经营的行业，现在已经到了没有规模就不能生存的地步，大型连锁品牌已有很多成功案例。

只要中国建筑业还处在规模不经济状态，就说明整个行业创新能力还太差，企业家还没有承担起自己的责任，建筑企业家应该为此感到羞耻。如图 1-7 所示，中国建筑业耗用了全球森林砍伐量和钢材量的 50% 以上，全球水泥用量的 60%，产生了 48% 的城市固体垃圾，我们还在高消耗、高排放地粗放发展产业，是对子孙后代、对地球、对全人类的犯罪。

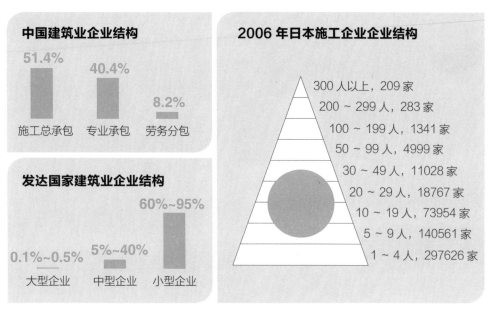

图 1-6 国内外建筑业企业结构对比

图 1-7 中国建筑业浪费严重

建筑企业家必须清醒认识到一点：中国建筑业只要不改变规模不经济的现状，产能过剩问题就不可能解决，恶性压价竞争就不可能避免。而这一问题解决的第一责任人一定是企业自身，一定是企业家自己，等待政府政策无疑是瞎子等天亮。天助自助者，市场环境的改善首先依赖于自己的努力。

行业利润低下的第二种表象是产业链分割不合理。企业和协会抱怨现在施工企业差不多沦落为"来料加工"了，被业主、设计方拿去的利润过多，却承担了建造过程的大多工作和风险，希望政府来改变这种分配体制。

我觉得当前最突出的问题之一是建筑产品的生产链条被人为地很有可能是违背规律地加以分割了。施工企业差不多沦为"来料加工"了。多年来，项目策划、融资、设计、施工、采购都是壁垒森严，施工图是设计院做的，甚至材料都由业主方给你准备好了，你就好好干劳务吧。

——中国建筑业协会会长郑一军

　　这种牢骚对行业发展完全无益，又是一种典型的计划经济思维。这种分配体制在市场经济的大背景下，政府并无能力调整（主要是市场在起作用），我们若再坐等这样的机会，会贻误行业发展良机。

　　产业链的整合和扩展是企业职能，是按市场经济规律发挥作用的，只要没有搞禁入、搞行政垄断，就是市场的事，是企业自己的事。建筑业的上游产业投资开发、设计只要不是类似石油、电子、通信行业一样的行政垄断产业，这个问题就不存在。事实上恰是很多建筑企业将有限资金大量抽血，投向房地产业是建筑业发展的最大障碍。不用协会呼吁、政府安排，企业只要有能力，自会争着向上游瓜分利润。

　　从近年的行业政策看，倒是建筑业行政壁垒越来越高，与国际、国内经济潮流反向而动，与 WTO 原则相违背。最新的特级施工企业资质管理标准之高是国际上行业管理独一无二的，这种产业政策对行业发展是利是弊？笔者认为坏处更多。

　　会不会形成食利阶层？仅凭高资质收取挂靠费，可以不思进取？当前挂靠盛行，愈演愈烈，"税务局"型企业集团众多，难道不是高资质门槛的一种副产品吗？

　　企业家只钻营于提升资质，却不热衷于提升品牌、质量、成本的竞争力，难道不是对企业进步、行业发展的一种伤害吗？

　　现阶段的建筑业向上游发展，向上游要利润，不是如何调整体制的问题，而是企业有没有能力、战略上合不合适的问题。

　　现实是我们建筑企业建造阶段的管理尚千疮百孔，无论是质量、安全、成本，还是品牌战略、资金能力都还问题多多，何以向上游扩展，何以瓜分产业链更多利润。

　　鲁班咨询研究表明：当前建筑企业项目管理的利润空间应有10%（从2%提

10%

当前建筑企业项目管理的利润空间应有10%（从 2% 提升到 12%）以上的空间可以挖掘。

升到 12%）以上的空间可以挖掘。当前各大建筑企业"项目承包制"的比例越来越高，将并不充足的资金投向房地产等其他行业，每个特级企业都想投资建个豪华酒店，而投入信息化、技术研发和人才资源建设的资金却少得可怜，建筑业是科技贡献率最低的行业之一，比农业还低很多。产业链中建造施工阶段的事未能做好，却大谈向上游整合、瓜分上游产业的利润，完全缺乏产业基础。这方面想得过多、做得过多，反而伤害了建筑主业。

从以上分析可知，建筑业长久未能从低利润恶性竞争的环境中脱离出来，是长期的计划经济思维害了我们，是对关系生产力极度迷恋的价值观害了我们，是我们长期关注外部，不注重内功修炼的经营理念害了我们。

是到了我们自己来解放自己的时候了。

出路

当前我国建筑业实质上已成了一个"围城"。

案例：通过产业链整合建立竞争壁垒

通过产业链整合提升企业利润、建立竞争壁垒做得最好的是装饰行业的金螳螂公司。拥有 2000 多位设计师的设计院，在 2013 年收购了全球最大的酒店室内设计公司——美国 HBA 设计公司。光这一点，就建立了很高的竞争壁垒。同时很大的加工后台，数十万平方米的工业化厂房，原来工地上大量的湿作业减少了，工地现场施工文明程度提高，噪声、污染大量减少，同时成本降低，更重要的是通过价值链的整合和建设，建立了竞争壁垒。另外，有一支近 40 人的信息化队伍，自己投资研发 BI 系统，每年投入巨大，使得在信息化管理方面明显领先于同行。这些行动不是行政管理的结果，是企业提升市场竞争力、建立竞争壁垒的一种自然升级结果。

从资金的角度讲，越来越多的企业从建筑业赚钱，将并不足够多的资金投向房地产和其他多元化产业，大幅减少了对建筑主业的反哺。

从人力资源的角度，越来越多赚到钱的企业家、项目经理转身其他行业，有经验的项目经理、企业家向其他行业出逃，大量没有经验、没有赚到钱的行业外人士涌入建筑业搞承包冒险，质量、安全和腐败问题层出不穷。中国建筑业的创新能力，几乎全用在设计招标规则和如何围标串标上，全国各地招标方法不下千种，围标串标技巧更是五花八门，这才是中国建筑业的悲哀，无怪乎建筑业一直是被整顿的行业。这种大量高水准人才外流，低水平人力资源较易入行的现状，对建筑业发展是非常不利的。

这些现象是最令人忧虑的，是我们行业发展的最大障碍。

提升行业利润，促进行业良性发展出路究竟在何方（图1-8）？

一是要研究行业发展规律，要让行业认识到问题的本质。市场经济规律在建筑业究竟是如何发生作用的。行业领导、企业家穷于应付公关和各个出问题项目上的救火。整个行业缺乏真正的研究力量，让我们认清行业的本质和规律，采取有效措施。

二是树立正确的企业价值观，改变行业落后的计划经济思维。企业家应充分意识到自己的创新责任，放弃"等、靠、要"，建立"平民精神"的经营理念，依靠勤奋、管理创新获取平均利润，甚至高于平均利润。

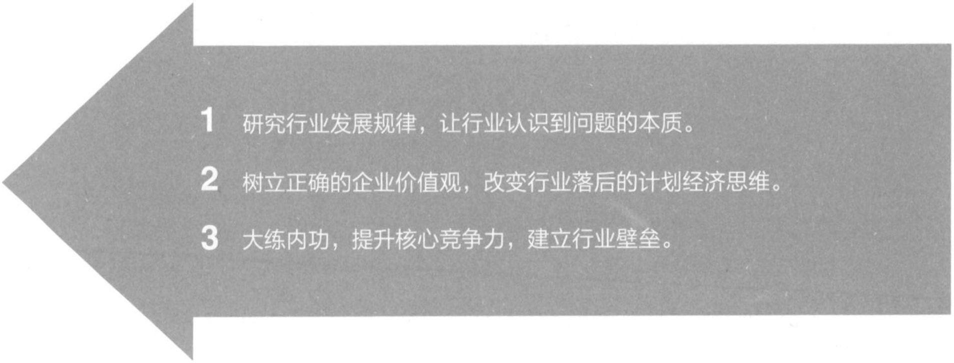

1 研究行业发展规律，让行业认识到问题的本质。

2 树立正确的企业价值观，改变行业落后的计划经济思维。

3 大练内功，提升核心竞争力，建立行业壁垒。

图1-8 行业良性发展出路

行业环境固然不佳，谁能改变？谁来改变？

等待政府的产业政策救助，向房产、多元化发展，会丧失建筑主业的大好机会，建筑业大有可为，只是我们未能看清形势，房地产一时暴利，却终会有万丈深渊来临。

救行业、救企业首先是企业自己，企业家一定要承担起创新责任。增速高达社会 GDP 增速 2 ~ 3 倍的行业宏观环境正是发展良机，多反省自己，多练内功是正道。

三是大练内功，提升核心竞争力，建立行业壁垒。

当前行业的产能过剩和恶性竞争，说到底是行业门槛过低引起的。如何筑高行业门槛，阻止有关系没能力的新进入者，依靠现存企业的自身势力，从品牌、技术、质量、成本多方面入手，提高竞争壁垒。大企业一定要突破规模不经济的怪圈，获得成本优势，才能打破产能过剩的格局，才能淘汰众多落后产能的中小企业，产业生态才能逐步进入良性循环。这种"挂靠承包"、"内部项目承包制"一定需要被"直营"代替。甘于拿点管理费，自废武功的经营现状必须扭转。

要实现规模经济优势，国内大型建筑企业一定要在信息化上实现突破。一把手要把精力转到研究管理、研究信息化上来。利用信息化实现集约化经营，提升核心竞争力，建筑业利润率的提升指日可待。

没有标杆

为什么建筑业是管理进步最慢的行业？

为什么建筑业没有又大又强的标杆企业？

为什么"十二五"是一个行业重要转折期？

中国建筑业发展到现在这个阶段，有两种矛盾的思想存在。一种是非常悲观的情绪，认为建筑业是夕阳产业，由于行业种种痼疾久治不愈反而愈演愈烈，对建筑业前景看法非常消极。另一种则是自高自大的情结。由于中国已有 6 家建筑企业进入世界 500 强排名（表 1-3），行业内又会经常有一种非常了不起的自我成就感，认为中国建筑业不管怎么说，还是有一些又大又强的企业的，如中国建筑、中铁建、中交、上海建工等。

这些企业真的又大又强吗？中国建筑业有又大又强的企业吗？笔者的观点几乎是否定的。

进入 2013 年世界 500 强的十家建筑企业 　　　　表 1-3

2013排名	2012排名	公司名称	国家	2012 年营业收入（亿美元）	2012 年利润（亿美元）	2012 年总资产（亿美元）
80	100	中国建筑股份有限公司	中国	906.0	12.9	1055.4
100	111	中国铁道建筑总公司	中国	771.6	8.2	782.0
102	112	中国中铁股份有限公司	中国	767.1	11.7	884.0
202	240	西班牙 ACS 集团	西班牙	501.0	-24.8	547.9
203	183	万喜集团	法国	496.5	24.6	811.9
213	216	中国交通建设股份有限公司	中国	473.3	12.3	719.7
240	218	法国布伊格集团	法国	432.5	8.1	484.5
302	280	中国冶金科工集团有限公司	中国	367.6	-8.1	540.1
354	390	中国电力建设集团有限公司	中国	319.7	6.8	442.2
422	473	福陆公司	美国	275.8	4.6	82.8

数据来源：财富 500 强

中国建筑企业的大只是沾了中国建筑业高速增长和规模巨大的光，水涨船高，"大"的质量不佳，更大程度上是很多个子公司、项目舢板式地拼接而已。

首先，我们要搞清楚大企业、强企业的定义。很多人，也有很多榜单将产值绝对额看作是主要甚至是唯一依据，其实这很不科学。企业是否大，有多个参数可作为标准，销售额大仅是其中之一，如公司市值、企业雇员人数、企业市场份额、企业赚钱能力，这几种判断企业是否大的参数中，销售额实际上是一个相对并不太重要的参数了。

销售额很大，资本市场上的市值很小，企业能否持续生存都很成问题，很容易被同行和外部资本并购重组。销售额大而市场份额（占有率）小，就不可能有太大的市场话语权（如定价、制定游戏规则等），这种大还是没有什么市场价值。2013年，最大中国建筑企业，中国建筑在国内市场占有率仅为3.7%，紧随其后的中国铁建、中国中铁的建筑市场占有率仅为2.9%和2.8%，而且两家铁路寡头的大量项目属于非完全竞争性市场。相比之下，国美电器集团黄光裕虽身陷囹圄，但坐拥家电销售市场份额近20%，有非常强大的定价权，这才叫大企业。

企业强更要体现在竞争力、赢利能力、市值、市场份额等关键要素上，要在客户价值、员工价值、股东价值、社会价值四方面都有杰出表现。

进入世界500强排行榜，其实是进入世界销售额500大，与真正500大、500强其实都没有太大关系。如图1-9所示，中国建筑2013年营业收入6810.5亿元（年报值），其中房地产板块收入887.3亿元，毛利为298.7亿元，建筑板块收入5902.9亿元，毛利为475.1亿元；而中国建筑的总市值为942亿元，按比例拆分，建筑板块市值仅值554亿元。上海建工2013年营业收入1020.4亿元，毛利为78.4亿元，总市值仅为173亿元。2014年5月底，建筑软件公司广联达市值达190亿元，约为中国建筑的1/5，并超过了上海建工，而2013年广联达的营业收入仅为13.9亿元，约为中国建筑的1/490，上海建工的1/73。

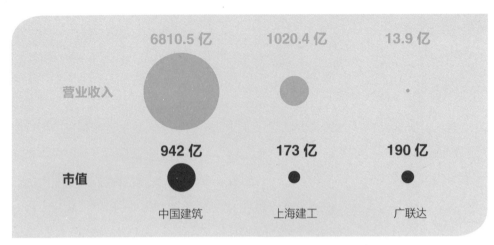

图 1-9　中国建筑、上海建工、广联达收入市值对比

从上述两家最大最强建筑企业来看，确实无法称强，如果在完全市场化的资本市场，两家公司都很容易被并购重组。笔者最尊敬的建筑企业家孙文杰先生退休述职时，就非常遗憾地表示：非常不满意股价破发，没有给股东带来良好回报。这是从成熟发达资本市场回归内地执掌大型国企，具有崇高企业家精神的企业家的真诚心声。

实质上中国大型建筑企业的大只是沾了中国建筑业高速增长和规模巨大（已达16万亿）的光，水涨船高，而不是真正意义上的"大"，"大"的质量不佳，更大程度上是很多个子公司、项目舢板式地拼接而已。

缺乏标杆是行业致命伤

中国建筑业从管理上看应是各行业中进步最慢的产业，一个重要原因是行业内缺乏诸如电信业中的华为、房产中的万科、家电业的海尔、家电销售连锁业的苏宁国美、互联网业的阿里巴巴等类似标杆企业，致使整个行业找不到前进的方向。很多建筑企业（特别是中小型建筑企业）很想找到标杆企业学习，但实在找不到好的对标企业。在项目管理方面要么是直营制管控乏力效益差的，要么是承包制谈不上现代化管理的。在信息化方面也没有一家在核心业务管理上取得突破的，其他安全管理、质量管理、采购供应链各方面大抵如此，导致近十万家企业各自在黑暗中摸索。

榜样的力量是无穷的，对标赶超是企业管理提升最重要的方法论。"学习万科好榜样"是房地产企业的一致心声，有这样的一个标杆存在，整个行业的学习试错成本大大降低，产业进步速度就会比较快。中国汽车业起步时间相当短，不到10年，但发展速度极快，最重要就是将"丰田"视为对标学习对象，管理提升极快。近些年，施工企业越来越弱势，其实也是管理弱势的一种体现。上游开发商管理进步快，自己管理进步慢，处于被动挨打地位就不难理解。

由于当前国内大型建筑施工企业还远没有在信息、采购、资金、人才和知识积累等方面体现出大型企业的规模化、集约化优势，更何谈形成竞争优势和竞争壁垒。这样就无法形成产业的良性循环：通过集约化的规模经济优势，加快产业整合速度，驱动产业进步和升级，同时形成行业标杆，再加快产业整体进步和升级。

丰田的 14 项精益管理原则——

原则 1：管理决策以长期理念为基础，即使因此牺牲短期。

原则 2：建立无间断的操作流程以使问题浮现。

原则 3：实施拉式生产制度以避免生产过剩。

原则 4：使工作负荷水准稳定（生产均衡化）。

原则 5：建立立即暂停以解决问题、从一开始就重视品质管理的文化。

原则 6：工作的标准化是持续改进与授权。

原则 7：运用视觉管理使问题无处隐藏。

原则 8：使用可靠的、已经过充分测试的技术以协助员工及生产流程。

原则 9：把彻底了解且拥护公司理念的员工培养成为领导者，使他们能教导其他员工。

原则 10：培养与发展信奉公司理念的杰出人才与团队。

原则 11：重视事业伙伴与供货商网络，激励并助其改进。

原则 12：亲临现场查看以彻底了解情况（现地现物）。

原则 13：不急于作决策，以共识为基础，彻底考虑所有可能的选择，并快速执行决策。

原则 14：通过不断省思与持续改进以变成一个学习型组织。

2015 年，万科真正稳定持续、有效率、有质量的增长才开始。也就是说，实现我的抱负和理想，明年才刚开始。

——王石　2014.4.12

大家都非常清楚万科对中国房地产业带动的巨大作用，华为对电信产业的巨大贡献。中国建筑施工企业的几位"老大"产值比这几家都要大，但行业却鲜有人知道这几家企业的老总名字。而万科的王石、华为的任正非不仅对本产业，甚至对中国社会的影响都非常巨大，这说明我国大型建筑企业对产业的影响力还太小，企业与企业家都无法引领行业的进步。

为什么没有又大又强的行业标杆企业？

以下几个原因至关重要：

一是行业内缺乏价值观先进、具有创新精神和产业理想的企业家。

关系竞争力和赚钱理念已深入骨髓的行业企业家群体，无法担当行业变革、创新的重担。在建筑业浸淫太久的企业家，已将企业家精神和创新基因荡涤殆尽了。旧的理念已成惯性思维甚至是信仰，产业理想、创新、客户价值导向的企业家信仰就会被视为理想主义而嗤之以鼻，如此环境，行业内如何能诞生标杆企业？另一个悲剧是由于这个行业对行业经验要求太高，行业问题多，对人才吸引力不强，导致其他行业创新人才进入很困难，加上对外资封闭，产业变革的环境始终难以形成。

二是行业管理本身难度太大。

由于建筑业本身的特点和规律，项目管理和企业管理都是各行业中最难的。单产品、高复杂度、工艺流程不标准、生产场所不固定、项目团队不固定，比其他所有行业的管理都要困难复杂。过去更是由于管理、技术手段和方法论局限，无法在管理上突破，严重阻碍企业管理的创新速度和产业进步，使得企业间管理水平差距拉不开，竞争优势建立困难，使产业一直处于混战之中，标杆企业的产生和成长就相当困难。

三是近年行业规模扩展太快、增长高速，活得不好，也很难死掉，企业创新和变革的压力不大。

企业近年由于集中度低下，恶性价格战竞争一直无法避免，但行业增速快，大家都没有生存之虞。这轮全球金融危机，中国制造业企业倒闭不计其数。受益于国家 4 万亿元的资金投入，中国建筑企业反而业务量更大，没有生存危机，更没有了变革的压力。

推动变革刻不容缓

形势在快速变化，"十二五"时间窗口企业的战略和变革执行力，不可能再像前 20 年一样没有大忧了。中国企业前 20 年高速发展的条件转眼之间已完全消失，人工、材料和能源的廉价时代已一去不返了，粗放管理被淘汰的时代已真正到来了。更重要的是近期由于鲁班咨询等行业各界的努力，管理方法论、管理技术，特别是 BIM 技术、互联网新技术（BSNS、WIKI 等）和新商业模式不断革命和成功，建筑企业管理腾飞已具备客观基础条件，只要有企业率先行动，将会取得成功，从而突破重围，带动产业巨变。

当前国内建筑企业战略批判

　　用"批判"二字很重，实在是深感国内建筑企业战略问题之严重，建筑业已是我国支柱性产业，企业战略的群体性麻木，对我国整体经济的影响不可小视。言之殷殷，心之切切矣！

行业高峰会议主流建筑企业发出的信息

　　笔者经常参与和关注一些行业高峰会议，但从行业高峰会议上来看，各家建筑企业的形势判断和战略应对几乎是相同的：认为当前建筑业经营环境相当糟糕，建筑企业主业赢利将越来越薄、越来越难，多元化是企业的必需战略。

　　这些行业主流战略思维和战略抉择对行业发展不仅是错误的，更是危险的。建筑业是中国的支柱产业，还会影响到上游房地产和下游建材产业，对国家经济宏观影响实在巨大，中国建筑企业当前形势下的战略思维确实应在一个十分严肃的更高的平台上去讨论。

国内建筑企业家做企业层次需要提高

　　为什么要创业？为什么要做企业？

　　要赚钱、要生存、要发展壮大，这应是绝大部分建筑企业和企业家创业的初始动因，这是正常的。但伴随中国经济高速增长已出现一批百亿甚至千亿的建筑企业时，这些大型企业还停留这样的思维层面，没有上升到以愿景和使命为驱动力的企业群，就是一个可悲的现象了。

　　要赚钱、要做得更大、生存得更好，还是一种低层次的企业经营阶段。这种阶段的问题之一是容易犯企业战略上的机会主义，什么赚钱做什么，什么事情难做就回避，急功近利心浮气躁难以避免。

　　中国建筑企业家将企业从几千万收入做到上百亿的过程中，一直拼杀在一线，

企业愿景（Corporate Vision）

企业愿景是指企业战略家对企业前景和发展方向一个高度概括的描述。由企业核心理念（核心价值观、核心目的）和对未来的展望（未来10～30年的远大目标和对目标的生动描述）构成。

管理学家彼得·德鲁克认为企业要思考三个问题：第一个问题，我们的企业是什么？第二个问题，我们的企业将是什么？第三个问题，我们的企业应该是什么？这也是思考我们企业文化的三个原点，这三个问题集中起来体现了一个企业的愿景。

一些企业的愿景：

麦肯锡咨询：帮助杰出的公司和政府更为成功。

波士顿咨询：协助客户创造并保持竞争优势，以提高客户的业绩。

索尼：为包括我们的股东、顾客、员工，乃至商业伙伴在内的所有人提供创造和实现他们美好梦想的机会。

通用电气：以科技及创新改善生活品质，在对顾客、员工、社会与股东的责任之间求取互相依赖的平衡。

联想集团：未来的联想应该是高科技的联想、服务的联想、国际化的联想。

中国石化：建设具有较强国际竞争力的跨国能源化工公司。

腾讯：最受尊敬的互联网企业。

万科：成为中国房地产行业持续领跑者，卓越的绿色企业。

忙于与业主、政府的公关，忙于内部人事关系的摆平，未能有较多时间停下来研究办企业的目的和理由，也就搞不太清办企业的目标和结果的关系，一直将赚钱做大作为企业的目标。而企业规模一旦做到上百亿时，若没有清晰的企业愿景、使命、核心价值观，就会很容易陷入困局了。

伟大的企业、成功的企业都有自己明确的愿景和使命，实现自己的愿景和使命才是办企业的最终目标，赚钱反而是手段与结果。当一个大企业还在把赚钱当作目标时，结果往往是容易陷入多元化，最终是运营陷入困境。

微软把"让每个人桌子上都有一台电脑"当作企业的愿景时，注定微软具备了成就一家伟大企业的基因。Google把"整合全球信息，让所有人更容易使用"

> 各家建筑企业的形势判断和战略应对几乎是相同的：认为当前建筑业经营环境相当糟糕，建筑企业主业赢利将越来越薄、越来越难，多元化是建筑企业的必需战略。

作为自己的愿景，这样的胸怀使 Google 成为一家伟大企业是合理的。马云将"让天下没有难做的生意"作为阿里巴巴的愿景，互联网残酷的冬天就能顶过去，就有了跪着也要活下来的坚定信念，有了 20 亿美金储备，也不会去搞房地产。微软、Google 和阿里巴巴确立这样的愿景的时候，企业都还很小，只有数十人，它们后来的成功很大一部分也是源于此。鲁班软件相对建筑企业现在还很小，但我们早已定下"推动中国建筑业进入智慧建造时代"的愿景，这样的使命感使我们在行业信息化推进极其艰难的历程中，15 年矢志不渝。

反观中国建筑企业，发展 30 年，却还没有将发展企业的层次提升上来，在赚钱、做大、求生存的循环中艰难挣扎。利润薄了就要多元化、转行，不能看到行业的机会。

理解这一点对企业制定正确的战略很重要，否则战略的走偏几乎是不可避免的，很容易成为战略上的机会主义者，随波逐流，什么赚钱做什么，却长期难以建立起自己的核心竞争力，反复折腾。

国内建筑企业战略思维六大误区

图 1-10 总结了我国建筑企业常见的六大战略误区。

误区之一：没搞清楚什么是战略，导致战略同质化

当前各大建筑企业公布的战略十分相似，同质化严重：一般都是强调要维持与稳定主业，再搞多元化，搞房地产。

战略同质化的实际效果是这些企业的所谓"战略"就是没有战略。

企业战略最重要的作用是建立差异化和独特的核心竞争力，与众不同，让客户找到选择你的理由。企业想做什么往往不是战略，不做什么很可能就是好的战略，从这个意义讲，战略就是放弃。战略思维要从客户和市场出发而不是从企业自身出发。你能做什么不重要，客户将如何选择很重要。中国大型建筑企业战略趋同导致市场无法选择，从而将陷入更严重的恶性竞争。一个行业所有的企业战略都差不多，则意味这个行业所有企业都没有什么战略。

战略的目的第一是要成为客户的首选，成为某个领域的第一，而不是赚钱。成为客户的首选，甚至你价钱高还选你，自然就能赚钱。赚钱一定是战略正确的结果，很难是战略的目标。当前中国建筑业要成为客户首选一般要成本领先，具有价格竞争力，因目前中国建筑业的品牌战略（差异化战略）还未能打响，其他壁垒还在树立过程中，而价格战确是如火如荼了。

什么是战略还可解读为：当行业有很大苦难的时候，你还在认真做，在改善管理等待产业整合机会，这就是有战略。满天下找暴利机会，想轻松赚钱，不需要什么战略，也不会有好的未来。很多温州煤矿老板的下场就是典型案例，炒楼赚的钱会在煤矿和迪拜消耗掉。时至今日，温州资本的机会主义，已导致炒房团的全军覆没。

误区之二：对行业基本面的评估错误

没有意识到中国建筑业长时期内依然是高速增长的朝阳行业，反而端着金饭碗，到处找饭吃。中国建筑业 20 余年复合增长率远超 GDP 增长速度，这是

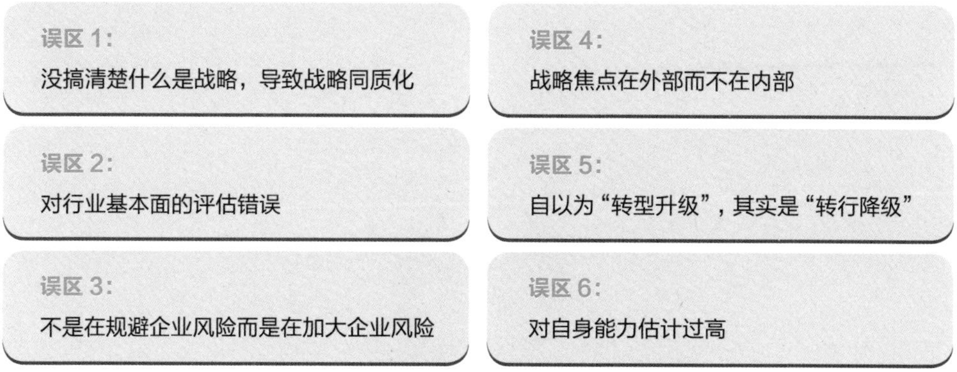

误区 1：没搞清楚什么是战略，导致战略同质化	误区 4：战略焦点在外部而不在内部
误区 2：对行业基本面的评估错误	误区 5：自以为"转型升级"，其实是"转行降级"
误区 3：不是在规避企业风险而是在加大企业风险	误区 6：对自身能力估计过高

图 1-10 我国建筑企业常见六大战略误区

中国依靠投资推动的发展模式决定的。即便本轮全球百年一遇的金融危机，建筑业也逆势快速增长，2009年全国建筑业总产值同比增长超过22%，远超全社会GDP 8%的增长速度。三大增长动力使建筑业成为朝阳产业是毋庸置疑的（图1-11）：一是中国后面还有二十多年的城市化进程；二是工业化进程，产业升级会带来大量的固定资产投资；三是区域发展计划的实施带动巨额基建。几乎很难再找出哪个行业的基本面比建筑业还要好的，而大家却想逃离放弃，不愿加大投入，不愿专注做好它，的确是奇怪的现象。

行业集中度低确实是我国建筑业众多问题的根源所在，同时也一定是行业的机会所在。当行业集中度高时，市场基本定型，行业利润大幅提升，行业门槛筑高。这时你想进去，也应该没有机会了。机会已经留给领先的企业，提前运作的企业。高速增长且行业集中度低是建筑业投资价值所在，而不是保守运营的理由。

当前建筑业经营环境的确相当差，却是有作为的建筑企业扩张和大发展的重要机会，行业好时每家企业都容易赚钱，夺取别人的份额是很难的。整个行业情况很困难时，你比人家强一点，就可能脱颖而出，"危机"总是以"危"和"机"两种状态同时存在，随着一批有进取精神的建筑企业的能力与同行拉开差距，行业集中度将迅速提高，产业环境将会大为改善。

资深建筑行业人士还会回想以前的好日子：二十世纪八九十年代，业主反过来求施工企业，工程预付款可高达30%，取费不仅不会下浮反而要业主加人工、模板、

图1-11　建筑业朝阳产业的三大增长动力

> 中国大型建筑企业战略趋同导致市场无法选择，从而将陷入更严重的恶性竞争。一个行业所有的企业战略都差不多，则意味这个行业所有企业都没有什么战略。

机械补贴。当然，这样的好日子早已一去不复返了。但当前恶性环境的形成绝大部分原因是大型建筑企业没有及时提升管理水平，没有建立起规模经济优势，建筑业成为一个没有规模壁垒的产业。当一个大型建筑企业的成本比小企业个人包工头成本还高时，恶性竞争不可能避免。从理论和实证上讲，大型建筑企业都应能建立起成本优势，规模不经济的问题在于大型建筑企业内部管理上的不求上进。

认为搞项目无利可图，而事实上项目潜在利润空间还很大，只是我们自己还没有能力做出来，项目上的利润存在着诸多的漏洞（图1-12）。鲁班咨询的研究表明，我国项目上利润再提高10个点是完全可以的。当前建筑施工企业项目管理十分粗放，无论开源还是节流方面，管理水平都还很差。目前建筑业最需要的是项目管理、企业管理的攻坚战，从这点上讲当前建筑企业的多元化战略并不是为了规避经营风险，而是一种畏难情绪在起作用，惮于内部变革与自我改良，

手工多扣漏算多，少算 5% 也平常	−2%~−5%
清单报价不核量，一进一出吃亏大	−2%~−5%
限额领料有流程，数据不畅成空文	−2%~−5%
材料飞弹浑不知，工程完工才有数	−2%~−5%
资料计划毛估估，管理粗放损耗多	−1%~−3%
碰撞返工损失大，误工误事纠纷多	−1%~−3%
材料采购管不住，抓大放小漏洞多	−1%~−15%

图 1-12　项目利润几大漏洞

是在逃避困难，当然打破现有的企业内部利益平衡确实是有巨大压力的。

误区之三：不是在规避企业风险而是在加大企业风险

很多建筑企业因为近年的项目利润空间不断下降，房地产暴利诱惑难挡，转移资源进行多元化，进入上下游行业。出发点之一就是为了规避当前的建筑主业亏损风险，以为建筑业薄利或亏损换用其他产业模块来填补。这在逻辑上存在严重缺陷。上下游产业链整合在企业一定阶段确实是一种优势战略，只是对大多数国内建筑企业来讲时机尚未成熟，而规避风险作用更小。上下游产业链整合战略作用是扩展利润空间，而非规避风险。当宏观调控和房地产形势急转直下时，上下游产业链将同时遭到打击，一损俱损。国际上相对成功（笔者几乎完全反对多元化）的多元化企业如 GE（通用电气）、和记黄埔在设计产业组合时，多个产业存在反周期的经济表现，例如和记黄埔的房地产、码头、电讯、能源产业组合从而使产业间的风险和危机能产生对冲，使整个集团的财务长期表现良好。

因此国内建筑企业现在的多元化战略一般在结果上一定是加大风险的。加大风险的影响有以下几个方面：同一产业链各板块同周期表现，不能反周期对冲；更大的原因在于建筑主业经营困难的时候老总时间资源的耗散，各种经营资源的分散，将大大削弱建筑主业的赢利能力和竞争能力，这是最为危险的。制定战略时未能考虑战略机会成本，是当前建筑企业重大战略缺陷之一。

得到什么，一定会失去些什么。

企业新增一个产业模块时，评估多元化新增板块的价值一定不能只看这个板块有多少利润贡献，而是要评估资源的分散对主营业务带来多大的利润损失和竞争力损失。

因此当前中国建筑企业的多元化战略实质，不是在规避主业风险而只是在逃避企业内部变革的压力和困难。

误区之四：战略焦点在外部而不在内部

大部分建筑企业战略思维的焦点是在外部，而不是聚焦企业内部找问题。对当前的经营困境，希望政府采取措施提高标价。另一种主流方法是，寻找行业外

　　一个企业的多元化经营程度越高，协调活动和可能造成的决策延误就越多，极大地增加了企业的管理成本。

——彼得·德鲁克

　　的暴利机会，哪里有暴利去哪里。这样将焦点聚焦在政府救援和外部暴利机会的抓取上，这是战略上典型的机会主义，与企业的可持续无关，与企业的竞争力无关。

　　2009 年的绍兴会议，60 余家特级资质企业会集绍兴，反对最低价中标，其本质是与世界潮流逆动的。哥本哈根全球气候大会表明当前人类最大挑战是更低的资源消耗、更低的碳排放来发展经济，保障人类的生存与生活。最低价中标的导向就是要用最低的资源消耗造出合格的房子，其宗旨是符合历史趋势的。当前实行的合理低价中标确实问题不少，但应该是如何完善的问题，而不是反对与中止的问题。

　　本次会议的重大缺陷之一是只反对最低价中标，却未能提出适合中国国情的招标方法，其实谁也提不出来，在当前国内的主流价值观和产业环境下，使用任何招标方法，串标、围标、倒楼、腐败等现象均难以杜绝。

　　重大缺陷之二是立论站不住脚，用来证明立论的案例——莲花湖畔大厦倒楼，与最低价中标八竿子打不着，却被反对最低价中标者反复引证，立论的可信度可见一斑。这种引证相当缺乏道德底线，似乎一旦找到倒楼理由时，就一定会继续

　　实施经评审的最低价中标的必要性

1. 实施此方法有利于节省投资，保证投资效益；
2. 有利于建筑行业的结构调整，实现建筑市场买卖双方的供需平衡；
3. 有利于建筑企业强化内部管理，提高经营管理水平；
4. 有利于规范市场行为，遏制层层转包、挂靠、阴阳合同等不良行为；
5. 有利于公平、公正的竞争秩序的形成，有效防止国有资金项目中的腐败行为；
6. 有利于企业树立市场风险意识，推动工程保险、工程担保等相关服务性行业的发展。

目前建筑企业成功的主要原因是宏观经济发展的带动，国家投资拉动，企业自身能力和企业家的杰出贡献更多只是表现在艰苦创业、吃苦耐劳和市场公关能力上，甚至相当一部分表现在"权谋政治"能力上。

将楼经常造倒。建筑人最起码的职业良知底线是：质量合格与造价无关，与亏损赢利多少无关，只要自己签约承诺，就应达到质量履约标准。

中国建筑业已占全球规模 50%，50% 以上的全球森林砍伐量被消耗在中国的工地上，温家宝总理在哥本哈根全球气候大会上作出单位 GDP 降耗 45% 的承诺，将有很大一部分必然消化在中国建筑业，用最低的消耗建造房子是中国建筑企业和企业家不可回避的历史责任。战略焦点向内，改善内部管理，精细化建造，迎接低碳时代的考验，否则必然被历史淘汰。举一个例子与建筑企业家分享，本田作为伟大的世界级企业其成本是如何控制的，每张纸要用 4 次，正面反面两次，第一遍用铅笔写，第二遍用钢笔写，这样反复四次。而我们的工地触目惊心的事实是大量的钢筋头，钢筋损耗率可高达 10%，而理论上能做到零损耗，需要我们在管理上下工夫。

误区之五：自以为"转型升级"，其实是"转行降级"

大型建筑企业最热衷的关键词是"转型升级"。利润薄了，经营环境差了，都认为应该"转型升级"，但大家在干的事情一般都是"转行降级"，不是"转型"是"转行"，不是"升级"是"降级"。

"转型"应是建筑主业经营模式、策略和能力的调整与提升，转投新的产业板块不是转型，应叫"多元化"、"转行"。无论如何，大型建筑企业在建筑主业总能称得上大学生或研究生了，转行之后，都从小学生干起，每个行业都有高手了，因此将自己"降级"了。

当前能赚钱的每一个市场领域，竞争都很激烈，专家们生存都很不易，更何况是新手。

管理学上，有个 10000 小时定律。一个企业家进入一个新行业，没有

10000 个小时学习研究，难以成为领域的顶尖专家，也就是至少需要 5 ～ 10 年的时间。这时候原来在这个行业混的人又走在前面了。

自己的客户对自己太差，就要走到上游去，事情没有这样简单。优势策略不是走到上游去，而是在自己的领域获得差异化竞争优势，获得定价权。

毫无疑问，当房地产寒冬来临时，先倒下的不会是万科、万达这类老牌房企，而是半路出家的建筑企业背景的房地产企业。

误区之六：对自身能力估计过高

一大批中国建筑企业从几千万发展壮大到几十亿乃至百亿以上，可以说是相当成功了。对这样的成功，企业家却要清醒。目前建筑企业成功的主要原因是国家宏观经济发展的带动，国家投资拉动，企业自身能力和企业家的杰出贡献更多只是表现在艰苦创业、吃苦耐劳和市场公关能力上，甚至相当一部分表现在"权谋政治"能力上。而企业可持续能力最重要的文化价值观建设、内部运营和创新能力，近年建筑企业这方面的表现上还乏善可陈，这才是我们要突破的"天花板"。多元化对企业运营、品牌能力、营销能力和创新能力都提出更高的要求，建筑企业并不擅长。多元化发展最重要的不仅是钱，不仅是人脉，这一点企业家们要清醒。

大多数建筑企业在解析自己的多元化时都表明要稳住主业发展多元，两者兼顾。这种战略观实证和逻辑都是不能成立的。建筑主业经营很困难，唯有全力以赴才能搞好。企业经营不进则退，竞争如此激烈，守是守不住的，唯有进取才有

10000 小时定律

作家格拉德威尔在《异数》一书中指出："人们眼中的天才之所以卓越非凡，并非天资超人一等，而是付出了持续不断的努力。只要经过 10000 小时的锤炼，任何人都能从平凡变成超凡。"他将此称为"10000 小时定律"。要成为某个领域的专家，需要 10000 小时，按比例计算就是：如果每天工作八个小时，一周工作五天，那么成为一个领域的专家至少需要五年。这就是 10000 小时定律。

成功。当前百亿左右的建筑企业没有突破的雄心，不朝着500亿、1000亿去努力，代价会是很大的。当前建筑企业经营困难很大原因是管理资源和资金资源不够，分散去搞多元化对企业主业的伤害必然是足够大的。

由于建筑企业主业的规模已达到一定程度，不可能完全放弃，上万的职工和大量的在手工程，不是说想停就停的，逃离困难的领域，赚容易的钱是这些企业家的真实心理。这只能说明过去企业赚容易钱赚惯了，不能适应新的市场环境。主业尾大不掉，逃避不可能解决问题，其他板块赚到的钱是否足够填补建筑主业因多元化产生的损失？一般是不够的！稳定主业、发展多元，长期来看，一般会导致主业亏损加大，多元化板块好景难长的结果。前面两句话本身是存在理论和实证上的巨大矛盾，是企业一厢情愿而已。

GE、和黄不可能是国内建筑企业的榜样

GE不能成为我国建筑企业乃至任何企业该多元化的例证，只有一条就足够了。GE的人才培养能力在鼎盛时期可以达到全球500强有150位CEO出自GE，多元化最大的问题即是人才危机而非资金问题。我国上千家建筑企业中没有一家具备向外行业输出高端人才的能力，多元化就是奢谈，仅这一点说明GE的多元化成功完全与我们无关。

另一个重要点是GE多元化是严格执行第一第二原则，成为世界第三的企业即马上卖掉，买进世界第一第二企业，这样的运作有赖于成熟的资本市场支撑。中国是完全不具备的，而中国建筑企业的多元化几乎都是从较低阶段起步的，不要说全国第一，本地区第三都难讲，另要消耗宝贵的公司资源，特别是总经理时间资源，没有任何胜算。

和记黄埔多产业反周期互补战略使财报长期很漂亮，这样的成功同样需要成熟资本市场和国际化能力支撑，和记黄埔绝对不会去新建一个品牌，企业多元化一定是并购和资本运作。实质上和记黄埔主业就是投资而不是经营了。

GE、和记黄埔有强大的资本和金融资源的支撑，我国建筑企业主业运作资

金尚大大不足，无法发动产业整合，多元化就是沙漠上盖大楼，很虚。真想转行，应彻底将建筑产业卖掉，而不是同时多元化。

中国房地产不可能永远不败

房地产是建筑业上游产业，多年暴利让建筑企业很是眼红。2008 年全球百年一遇经济危机阴影下，2009 中国房地产居然一路暴涨，让无数建筑企业家深信了中国房地产永远不败的观念，大量的企业进入房地产。

中国建筑企业的多元化首选即是房地产，实质是中国房地产市场的现状一定是不可持续的。笔者认为中国建筑业很难有利润，中国房地产必定有很高利润，将是中国建筑业的最大学费。我们一定要清醒，美国巨大的经济实力托不住房市，引发全球经济危机，迪拜石油美元托不住房地产泡沫终至崩塌，中国没有理由政

通用的多元化秘籍

在激烈的商战中，赢家往往是不断寻找并积极投身于具有良好市场前景的公司，不仅如此，赢家还必须是那些在各个领域内，都能够成为市场"NO.1 or NO.2"的业界领导者。

——杰克·韦尔奇

"数一数二"原则： GE 从事的所有业务，在业内应该是处于第一或者第二的竞争地位，否则就应该抛弃这项业务，要么出售，要么关闭。

世界级 CEO 的摇篮： 在全球企业界，GE 被誉为"经理人的摇篮"、"商界的西点军校"，全球 500 强中有超过三分之一的 CEO 曾经服务于 GE。用基础生产中的流水线加工方式培养具有超强领导力的领导者，正是 GE 的独家法宝。

"通用化"价值观： 通用的价值观包括无边界、必须把质量放在第一位和团队精神等，在并购企业时，我们都会向所收购企业清晰地说明，这些价值观是不能妥协、让步的。尽管通用提倡和鼓励多样化，鼓励成员企业和职员按照自己的创新方法去进行探索，但是，无论如何，多样化的前提是通用不能放松和改变自己的核心价值观。

府永远能托住，只是时间问题。

实证上不缺少案例，中国曾排名第二，誓言要超越万科成为第一的房企顺驰就在前几年垮台，只不过大家的忘性较大而已。

中国建筑企业的文化基因不支撑多元化

企业多元化对企业文化、管控能力与执行力提出相当高的要求，而中国建筑企业核心竞争力是关系经营而非文化与管理，这样的多元化就是在发挥自己的短处。中国建筑企业至今没有一家敢做出不行贿拿项目搞结算的承诺，当大家把倒楼的理由推到造价低身上，不存在任何道德底线时，中国建筑企业的文化基因就是存在严重缺陷的。所以中国建筑企业的文化建设应对在较低级的阶段，延伸产业给管理带来的风险是不小的，当前行业项目管理的文化做派延伸到其他产业将没有任何竞争力。

当前国内建筑企业战略建议

当前中国建筑业一个天大的产业秘密是：最快增长，最大规模的产业之一；管理还很初级，竞争水平低；集中度还很低，有极大的产业整合机会。

基于这一行业基本面的判断，建筑企业的优先战略应聚集在行业内部、企业内部，身处一个不错的产业去到处找机会，确实可惜。

中国建筑业的希望在于有一批企业家专注于产业，以坚韧的毅力，发动管理攻坚战，实行集约化经营，使建筑业产生规模效益，从而快速提高产业集中度，使产业进入良性发展。研究表明，中国建筑业最大问题是产业集中度低，而产业集中度难以提高是因为大型建筑企业未能成本领先，形成规模经济，产业整合就难以起动，难以进入良性发展期。浙江广厦前些年的产业整合努力基本上是不成功的，根本原因在于管理系统没有升级，只是简单的拼盘式扩大规模，难有实质性价值。

因此做好建筑主业的转型升级是国内大型建筑企业的历史责任和产业使命，

对我国整体经济都有重大影响，若没有这样的一批企业家，中国建筑业就没有希望！

从我国建筑业发展阶段和实际情况，笔者对当前国内建筑企业发展战略建议如下：

（1）首先实施基于增强内在能力的管理变革。

从经营理念到项目模式工作是相当多，且有难度。图1-13列出了建筑企业管理变革的要点和方面。

这一阶段变革成功的重要标志应是通过战略聚焦、建设细分领域品牌，并取得成本领先的能力，这是我国建筑企业后一阶段扩展的三大核心竞争力。

图1-13　建筑企业改革要点

（2）在能力和管控系统支撑下全国扩展：打造全国性品牌，扩展全国市场份额。

中国建筑市场高端总承包市场最终数量会大大少于现在，成不了全国主流总承包商，迟早会被人吞并，区域性公司守是很难守住的。现在几十亿、百亿左右的公司和企业家要有做成 500 亿、上千亿的雄心，没有这样的雄心，最终难以脱离困境。

（3）在细分市场份额取得领先后，展开上下游产业价值链整合，大幅提升项目盈利空间。

（4）基于上述基础，可考虑展开建筑产业板块多元化，形成互补的产业组合，增强企业抗风险能力，对大部分同是大型建筑企业来说，这将是 10 年后的事情了。

中国建筑业的希望在于有一批企业家专注于产业，以坚韧的毅力，发动管理攻坚战，实行集约化经营，使建筑业产生规模效益，从而快速提高产业集中度，使产业进入良性发展。

02

第二篇

中国建筑业新时代

- 数据时代
- 又临盛宴?
- 建筑产业进入新阶段——反思建筑企业人工困境
- 新形势下项目经营风险识别与控制

环境变化并不可怕,可怕的是沿用昨是今非的逻辑。

——管理学大师彼得·德鲁克

　　中国产业经济实质上已经全面进入一个新的历史阶段，不论是制造业还是建筑业。由于资源限制、低碳经济压力和人口红利结束，不仅仅是建筑业，中国产业经济集体性进入新的历史阶段。中国建筑业将进入从"关系竞争力"时代向"能力竞争力"时代的过渡阶段。

数据时代

建筑行业其实是一个最大的大数据行业，但现在是一个最没有数据的行业。掌握数据能力强的企业，将产生极大的竞争优势，并一定会是一种核心竞争力。

得数据者得天下，数据为王，是互联网和软件行业的行话，大家坚信不疑。互联网行业领先各行业进入大数据时代，而建筑行业基本没有企业级、项目级数据库，差距甚大。有机构预测，至 2015 年，我国大数据市场规模将达 71.5 亿元（图 2-1）。

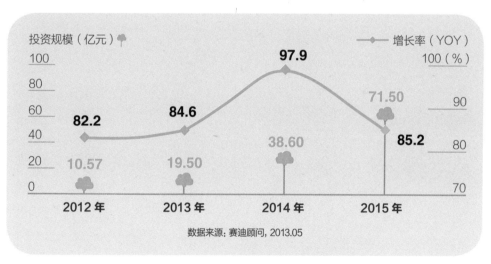

图 2-1　2012 ~ 2015 年中国大数据市场规模

Google、Facebook，包括苹果、微软都是依靠数据运营大幅赢利，阿里巴巴集团的核心价值更是在于数据，它能比政府宏观经济部门、海关、经济学家更早预测全球经济危机对中国的影响程度。这完全基于其掌握庞大的外贸、内贸实时交易数据，从询价单到订单，再到生产、出口，最后产生税收，这个时间会超过8个月，而第一时间掌握第一手询盘量变化数据的，在中国是阿里巴巴，而不是国家政府有关部门。这导致预测中国乃至世界经济变化最准的是阿里巴巴，而不是其他机构和经济学家，其中软硬件技术仅是一个重要支撑手段。

得数据者得天下，这种说法用在建筑业也不为过，但现阶段业内企业家更相信：得关系者得天下。20多年关系竞争下延续的习惯性思维，想要改变并不容易，但走在前列的企业家已不得不重新考虑了。

建筑行业其实是一个大数据行业，理应是掌握数据能力强的行业，但现在是一个最没有数据的行业，掌握数据能力强的企业，将产生极大的竞争优势，并一定会是一种核心竞争力。

光一个工程项目，哪怕一个简单的工程，实质上要实现精细化管理，都会有海量的数据产生，都有海量的数据需要计算处理、共享和应用。这些数据包括工程设计、成本、质量、安全、材料、分包和供应、支付和收入等，传统的管理技术手段——手工方法，即使是简单的工程（一个六层住宅项目）都无法满足项目全过程精细化管理（如制造业级别）的要求，大型复杂工程则差距更大。行业内大量项目实现双包制，企业内部实现项目承包制，企业数据能力严重不足是最主要的原因之一。

企业数据能力不足导致企业与项目部信息严重不对称，项目部对分包执行全过程精细掌控能力不足。承包制实质上将数据计算处理进行了外包，同时也失掉了大量的管理权限，也失去大块利润的处置权，致使企业利润不高。

长期以来建筑企业在数据能力方面难以提升，与工程行业的本质有关，数据量大、复杂度高，传统的管理技术确实难以胜任。但企业要突破项目精细化管理

有了良好项目精细化管理基础和BIM应用基础，同时实施基于互联网数据库技术的ERP、PM系统，将过程数据管理起来，企业集约化运营最大的技术难题将一一化解。

和实现企业集约化管理，数据能力是第一个关口，无法回避，必须全力加以突破。建筑企业核心业务转型升级也必须具备数据能力基础，否则喊得再响，都不会有实质性的进展，这已被中国建筑企业 10 多年的转型升级经历所验证。

庆幸的是，近年 BIM（建筑信息模型）技术和互联网 BSNS、Wiki 技术的发展和成熟，在技术能力上已经不是大的障碍，后面主要取决于企业家的意识提升和推动实施了。BIM 技术将整个工程全生命周期的所有信息和数据，创建成一个多维度结构化的数据库，这样计算处理、共享和应用这些数据，几乎可以实现实时化，甚至实现基于互联网的报表数据和图形数据共享，对项目全过程精细化管理的数据支撑条件得以完全解决。基于此，企业级项目数据库建设也成为可能，从而为企业级集约化管理创造条件。同时企业级价格数据库建设和消耗量指标数据库建设也非常重要，与前述的 BIM 相结合，将为投标能力和成本控制能力提升起到关键作用。

建筑企业转型升级总体上是一个系统工程，突破点应从经营理念、战略、执行系统和资源整合几个方面下手。尽快提升企业和项目的数据能力（计算能力）对企业而言应该刻不容缓，其获取的收益颇大，风险很小，远不如改变战略、经营理念那么难和风险大。

从中国建筑业现状来看，集团集约化运营的突破点更需要从数据的集约化着手，企业级的工程量、价格、消耗量指标数据库有了，集约化运营才会有一个良好的基础。

实施策略则应该与 BIM 专业厂商和顾问团队合作，通过试点项目示范，全面培训，大力普及和深入应用 BIM 技术，从工程量测算、成本控制开始，最终实现全员全过程（成本、进度、技术、质量和安全）应用 BIM 资源数据，提升项目精细化管理水平。

有了良好项目精细化管理基础和 BIM 应用基础，同时实施基于互联网数据库技术的 ERP、PM 系统，将过程数据管理起来，企业集约化运营最大的技术难题将被一一化解。

又临盛宴？

建筑企业应该抓住行业形势不好的时机，潜下心来，认真搞转型升级，抓好信息化建设，将项目精细化管理能力和企业集约化运营能力大大地提升一把，才是长久之计。

因宏观经济形势日趋严峻，各地政府部门终于又开始以维稳的名义启动远比2009年大得多的投资计划，如一个省的投资计划即逾万亿，以图遏制经济下滑，计划堪称疯狂，建筑业似乎又将迎来一场盛宴。在宏观形势好的时候建筑业项目来不及做，差的时候政府又投资拉动，无论经济形势如何，建筑业都不会太差，这种经验思维似乎将又一次得到佐证。

笔者却要警告建筑企业家们，虽然到目前为止建筑业还一直是宏观经济和政府政策最直接、最快的受益者，但至今仍未摆脱过山车般的冰火两重天急速转换的生存状态，承受着过大的压力，从未有过什么从容。原因何在？建筑企业家深受这种经济环境的毒害，随波逐流，而忽视了产业的本质和企业的长远目标。

事实上，各地政府和中央政府对本轮经济拉动计划的实施，远没有以前那样简单了。中国经济问题的严重性已不再是投资拉动可以轻易解决的，真正的问题在于实体经济负担过重，生存困难；在于社会信用的堕落，交易成本越来越高。根源则在于政治、经济体制长期不能改革进步，导致与生产力发展的矛盾越来越尖锐，在现有体制框架下，生产力的潜力已经被挖掘殆尽，中国经济要迎来再一次的上升周期，需完全依赖于政治、经济体制的改革突破，重建中国社会的信仰和信用体系，而这一切并不容易。

疯狂投资带来的通胀和产能过剩，使经济增长难以持续，反而会导致各种矛盾恶化，以一个更大泡沫来掩盖之前一个已相当大的泡沫，难度必然越来越大，周期必将越来越短。

　　面对宏观形势，建筑企业家需要冷静思考，不能把企业当前的解困寄托在这一轮疯狂的投资盛宴之中，对项目和形势都要有冷静的判断。这一轮很多大型项目的资金落实情况并不乐观，要认真考量以免被套。更重要的是企业经营思维要回归产业的本质，按长远目标去考虑和制定战略，并加以执行。

　　产业的本质就是要建立品牌、建立能力竞争的门槛，提升精细化管理能力和信息化突破。长期按这一本质不断去改进企业、优化运营，这样才能避开随宏观经济开过山车，才有可能在宏观经济差的时候，自己的发展速度反而逆势而上。

　　抓住行业形势不好的时机，潜下心来，认真搞转型升级，抓好信息化建设，将项目精细化管理能力和企业集约化能力大大地提升一把，这才是长久之计。

（本文成文于 2012 年 8 月，宏观经济形势严峻，各地狂推地方版四万亿计划，笔者针对此现象有感而发。2014 年以来，宏观经济又陷入低潮，建筑企业家需要冷静面对。）

这一轮很多大型项目的资金落实情况并不乐观，要认真考量以免被套。更重要的是企业经营思维要回归产业的本质，按长远目标去考虑和制定战略，并加以执行。

建筑产业进入新阶段
——反思建筑企业人工困境

中国建筑企业人工困境有其深远的社会和经济背景，不是短时期的困难和波动，而是酝酿着深刻的行业变革。

人工困境

近年中国产业经济碰到了一个意想不到的剧烈变化，企业用工从"民工潮"180°反转到"用工难"、"用工荒"。即使进入 2012 年，经济明显降温，宏观调控加剧，房地产深受打击，各地新开工项目锐减的情况下，"用工荒"问题依然难以缓解。人工费暴涨，但招人依旧十分困难，并且所有岗位的人员都难招。这种状况对施工企业造成巨大的困难，进度、薪酬、成本、劳务管理这类难题已成为项目经理、企业老总最为头疼的问题。

人工成本暴涨加大项目亏损风险。"用工难"、"用工荒"伴随而来的项目成本巨额增加，给在建项目带来巨大风险。这导致近期整个行业最大的声音就是，一致呼吁主管部门对定额人工进行大幅调整，以适应市场情况，弥补人工亏损。似乎人工问题主要靠政府政策解决，如何解决人工问题成为行业重要议题。如图 2-2，近年来，固定资产价格中的人工费价格一直维持在较高的位置。

定额人工调整不容易。建筑企业忽视了这主要是一个市场问题。当江苏某地建委在企业压力之下，向财政部门反映此问题时，财政局领导反问：现在所有的投标不都是在标准定额取费上还大幅让利吗？这说明定额总体价格水平还是偏高，为什么还需要提升人工费？这样不是会让利更大吗？建委领导顿时语塞。

确实，工程定额标准是整体概念，定额中有一些亏损项目，也有一些高利润项目，对工程来说是一个总体平衡，通过招投标由企业总体把握，是市场化行为。

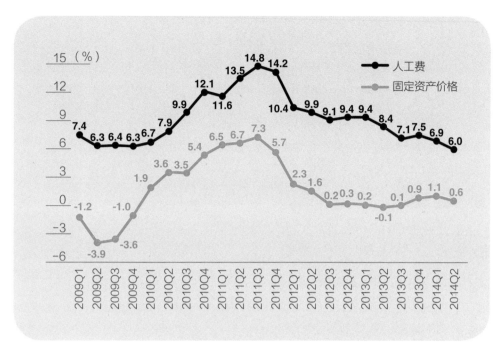

图2-2　近年我国当季固定资产价格与人工费变化趋势

建筑企业利用人工的暴涨要求调整人工定额，但不会因某些项目利润较高要求调低。目前全国各地的项目实际取费都在定额标准以下，是当前造价竞争水平的一个客观体现。

其实对整个行业来说，更需要值得警惕的是当前人工困境是如何形成的？将对产业带来什么影响？整个产业界又该如何应对？

人工困境成因

当前建筑企业人工困境有着深刻的历史经济背景，预示着中国社会和经济进入了一个新的历史阶段，中国建筑业在这宏大的历史背景下将经受严峻的考验。

刘易斯拐点在2004年左右形成。刘易斯拐点，即劳动力过剩向短缺的转折点，是指在工业化过程中，随着农村富余劳动力向非农产业的逐步转移，农村富余劳动力逐渐减少，最终枯竭。由于有效劳动力无限供给停止，劳动力薪酬大幅

刘易斯"二元经济"发展模式

经济发展过程是现代工业部门相对传统农业部门的扩张过程，这一扩张过程将一直持续到把沉积在传统农业部门中的剩余劳动力全部转移干净，直至出现一个城乡一体化的劳动力市场时为止。此时劳动力市场上的工资，便是按新古典学派的方法确定的均衡的实际工资。

一是劳动力无限供给阶段，此时劳动力过剩，工资取决于维持生活所需的生活资料的价值；

二是劳动力短缺阶段，此时传统农业部门中的剩余劳动力被现代工业部门吸收完毕，工资取决于劳动的边际生产力。

由第一阶段转变到第二阶段，劳动力由剩余变为短缺，相应的劳动力供给曲线开始向上倾斜，劳动力工资水平也开始不断提高。经济学把连接第一阶段与第二阶段的交点称为"刘易斯拐点"。

与"刘易斯拐点"相对应的是"人口红利"，由于年轻人口数量增多形成的廉价劳动力，提供给经济发展相对便宜的要素价格。"刘易斯拐点"的到来，预示着剩余劳动力无限供给时代即将结束，"人口红利"正在逐渐消失。

上升，劳动力薪酬决定于边际生产力水平，生产力低下的企业将开始受到挤压。中国建筑企业即属于生产力较低的劳动力密集型企业，受到冲击是必然的。更要意识到这种转变不可逆，不转变产业形态，问题将加剧。

中国"人口红利"在 2013 年前后消失。 专家研究表明中国人口红利将在2013 年前后消失，即人口抚养比停止下降开始升高，将从"人口红利"进入"人口负债"。由于计划生育等政策的影响，后续人口负债给中国带来的压力要比其他国家大很多。这一情况，倒逼中国经济转型，低效率、高消耗产业将面临严重冲击，建筑业无疑将深受影响。

房地产经济外部效应和劳动力政策失当尽现。 国家近年宏观政策失误加重了前两大问题带来的影响，各地政府以房地产带动所有产业的简单野蛮发展政策的恶果正在快速显现。短视的经济政策使劳动力市场扭曲，城市生活居住成本高企，劳动力福利低下，且无法改善，使农业人口不能有效转化为工业人口、城镇人口。

中国房地产经济的外部负效应已显现出严重后果，高房价、高通胀带来的生活成本使劳动力进城务工效益下降，农民工巨大的牺牲没有应得的利益，劳动力有效供给被人为阻断。否则中国人口红利的享受还可持续一段时间。

新一代农村人口的观念变化，减少建筑业劳动力供给。新一代农村劳动力，由于子女数量减少，从小照顾较好，吃苦精神锐减。建筑工人的辛苦危险和工资低下，使建筑业工人成了农村劳动力的最后选择，建筑业劳动力资源将日益枯竭。

中国产业经济进入新阶段

中国产业经济实质上已经全面进入一个新的历史阶段，不论是制造业还是建筑业。由于资源限制、低碳经济压力和人口红利结束，不仅仅是建筑业，中国产业经济集体性进入新的历史阶段，虽然我们对此准备根本不足。

新的历史阶段的特点是：随着刘易斯拐点和人口红利的结束，用工越来越难将是一种正常状态，并将一直持续。用工成本将大幅攀升，同时这一局面已不可逆，建筑业用工困难只会加剧而不可能减缓。

基于这一社会和经济全局背景，中国整个产业经济形态将被逼转型，低效高耗的粗放经济将被淘汰。要么转型升级，要么消亡，这是摆在中国产业经济前面的两条路。值得注意的是，至少在建筑行业内，几乎所有的企业家都将"转型升级"的经念歪了，将定位在自身核心业务优化的"转型升级"搞成多元化、寻找简单暴利机会的"转行降级"。

建筑企业家要意识到这一产业变革的到来。中国建筑企业家挂在嘴上讲了十余年的转型升级，已到了真正刻不容缓的时候了。

随着刘易斯拐点和人口红利的结束，用工越来越难将是一种正常状态，并将一直持续。用工成本将大幅攀升，同时这一局面已不可逆，建筑业用工困难只会加剧而不可能减缓。

重视人工困境

笔者认为，在这一产业变迁的过程中，建筑企业的警觉程度还不够，大多还只停留在人工成本如何削减的直接问题上面。对这一问题后续的产业影响还不敏感。

人工亏损，是政府的问题还是市场的问题。政府与企业面对人工成本增加，谁来承担责任。更多企业家认为政府和业主应该为此买单，调整定额人工成本费用。

建筑企业家花大量精力推动政府修改定额人工标准，其实还是计划经济的思维主导。实质上定额思维根本跟不上形势的变化，修改一次也解决不了明后天的问题，市场化的方法才是根本出路。

人工成本从整个工程造价来说，只是其中一个成本要素，按市场方法和市场价格，在企业参与投标和合同条款中反映出来即可，不应成为单独的一个成本问题，缺少预计能力和无成本优势的价格战才是导致陷入人工成本困境的主要因素。

其实更重要的是，如何应对产业变革。当前建筑企业人工困境的实质是中国建筑现有的生产方式将遭到淘汰，建筑企业家面临的更严峻课题是如何变革现在的企业模式，实现转型升级。短期的成本矛盾转嫁无助于企业的可持续发展。

当前客观市场环境引起的建筑企业生产方式变革将会是革命性的。工业化、信息化就是重要的变革方向，通过这两种手段，不断提升精细化管理水平，减少人工使用量（图 2-3）。建筑企业家不认清这一点将危及企业的生存。

图 2-3　工业化、信息化对劳动力的影响

应对之道

危机即机遇。中国建筑企业因宏观调控、房地产市场衰弱、低碳经济和人工困境引发发展困境，是引起产业洗牌和产业整合的一个契机，中国建筑业将因此

改变产业格局。企业数量一直在增加，大家都活得还可以，这样的局面将难以维持。10万家中国建筑企业将因此开始分野，有的走向衰败，有的可能因此发展更快。我们注意到以中建、中天为代表的大型建筑企业2011的产值增长率远高于行业平均增长率（图2-4），这是一个重要信号，以经济危机带动的产业整合将在2012开始加速。

改变经营理念，制定新的发展战略，实现转型升级。目前建筑企业面对人工困境，不是单纯短期的市场价格波动的问题，而是预示着产业背景已经有了根本性的变化。企业必须去积极应对这个变化，而不只是在提人工费调整的问题。

转型升级将是企业唯一的选择，即使有很多困难也需要去克服，因此必须有极大的勇气。要意识到原有关系竞争力和机会主义在建筑业的好日子可能已经到头，企业的核心竞争力将重新构建。在这一方面，谁走在前面，谁就会获取主动，而谁落后，则会有淘汰出局之虞。

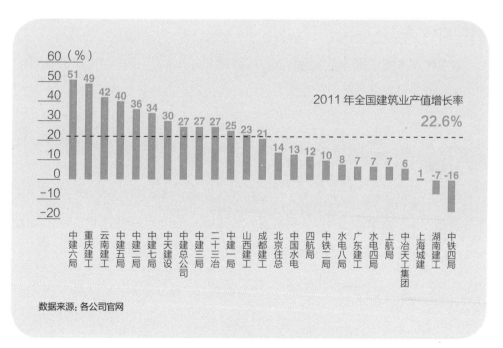

图 2-4　2011 年建筑企业营业收入增长率

停留在原有的思维上，人工困境不仅会不断加剧，而且会失去产业升级的绝佳机会，失去企业跨越式发展的时间窗口。

用市场方法解决市场问题。建立市场化理念，是建筑企业家应该强化的一个方面。由于定额思维、政府长期干预招投标市场，中国建筑业的计划经济思想一直较深。其实一个行业的生产要素价格的市场波动，应作为企业家业务风险的正常管理。

建筑行业人工困境，长期来讲不可能依靠政府主管部门调节。行政调整，整个程序相当复杂，效率相当低下，不可能跟上市场的变化。企业必定是解决这一问题的主角。

在招标投标中对成本的评估、对成本风险的把控，要成为企业非常重要的专业能力。人工成本测算要准，风险因素要充分考量。这样建筑企业要逐步建立一个良好的成本和风险评估体系。

中天建设提出"每建必优"，很重要的一个优就是合同要优，业主要优，这是获取项目良好效益的基础。应该放弃"先拿活，再想办法赚钱"的思路。

改变生产方式，提升生产力。人工困境的背后其实是一场生产力革命之战，改变劳动密集型、低效落后的生产方式时不我待。中国建筑业廉价劳动力时代已经终结，前二十年粗放管理、粗放生产可以赚钱的时代不会重现。通过改变生产方式减少用工是一个必需的途径。

在建筑业发达国家，很少看到工地上人山人海，工地现场人很少，大量工厂化预制构件运到工地，快速组装，质量和效率很高，总体用工量很少。而国内大型工程赶工期，基本上还是用人海战术，现场用工量很大。国外的工地用工量很小，这是高价人工逼出来的，我们的人海战术，也是长期以来低价人工，廉价劳

中国建筑业廉价劳动力时代已经终结，前二十年粗放管理、粗放生产可以赚钱的时代不会重现。通过改变生产方式减少用工是一个必需的途径。

30%

资料显示，金螳螂平均 3 ~ 6 个月的工程工期低于同业平均。也有数据显示，部品部件工厂化生产平均可以缩期 30%，这意味着资金利用效率可以提升 30%。

动取之不竭所导致的，而现在这一切必须得到改变，廉价劳动力已难以为继。

工厂化。 提升工厂化程度是提升生产力的一个突破方向。工厂化有利于提高工效和产品质量，减少用工，这需要集约化经营和信息技术的支撑。金螳螂对精装饰工程大幅提升工厂化制作比例，大量作业变成流水线作业，既提高工效、又提升质量，因此形成企业一种重要的竞争力。如上海市安装工程集团有限公司非常重视工厂化制作构件设备，利用 BIM 技术进行施工翻样，在工厂批量化制作，减少现场加工量，提升了生产力和成品质量。

产业化。 产业化是工厂化的升级，更大批量、成套生产，向大规模工业化更为进化。近年我国的住宅产业化有越来越多的企业在探索，如万科、上海城建、浙江宝业等。让建筑业更靠近大规模制造业，是建筑业努力的方向。在产业化道路上，有不少技术和成本的问题需要攻关，但万科一直将其作为今后长期的优势竞争力进行战略投资，期望形成重要的竞争壁垒。这样的努力非常值得肯定和期待，会带动产业的真正升级，但一般中小型企业在实力上还难以企及。

提升机械化水平。 提升机械化水平，以提升工效，是比较直接和容易见效的，这些年进步相当大，也是中国建筑业生产力水平提高最大的一个因素。当然这方面潜力依然有，还需要更多的技术攻关。

依赖科技力量。 统计表明，建筑业增长的技术贡献率还是相当低的，甚至比农业低很多，技术进步带给建筑业生产力的提升相当有限，有很大潜力可挖。在材料、工艺、机械、管理方面大幅创新，运用科技力量提升项目建设和企业运营实力。

信息化。 信息化将在协同、精细化管理上发挥巨大的作用，能直接提高管理人员甚至是一线作业工人的工作效率，特别是近年迅速升温的 BIM 技术可为工程全生命周期的管理、协同和工效提升提供强大支撑，甚至为一线作业工人的工作质量、操作工效提高辅助，加快对设计图纸的理解，减少作业错误。

建筑企业信息化更重要的价值在于，信息化是实现项目精细化管理和企业集约化管理的基础。建筑业高复杂度的本质决定了，缺乏信息化的支撑，精细化和集约化管理都无从谈起。

虽然"十一五"以特级资质标准为主导的建筑业信息化受到严重挫折，但我们仍然要继续前进，绝无退路。

集约化。集约化程度是企业先进性的绝对指标。工厂化、产业化的基础是企业级的集约化经营，而中国建筑业在这方面存在巨大的差距，集约化程度相当低。即使是所谓的标杆企业，项目承包制还是主流经营模式，制约了集约化经营的程度的提高，且现在的情况还显现出积重难返的局面，给整个中国建筑业的转型带来巨大阻力。集约化程度不提高，工厂化、产业化就缺乏基础，集中大生产的局面难以形成。集约化程度低，容易各自为战，无法统一调配，造成窝工，损失人工，增加用工成本。

精细化管理。通过创新管理、精细化管理，对人工工效提升还有很大潜力可挖。近 20 年，中国建筑业还处于关系竞争力时期，企业以拿项目扩大规模等外延式发展为主要经营手段，管理层对项目的精细化管理力度不够，导致管理过于粗放。

某别墅项目 400 栋楼分为两个标段，两个项目经理，都是同一个建设集团下属项目部，都是个人承包制，两支劳务队伍的工效却有成倍差距（表 2-1）。

在木工班管理上，一个项目经理将木工劳务包给一个班组，就没有去细管，完全凭班组自己的能力去完成作业，由于别墅项目模板工程很琐碎，一包了之，缺乏精细化安排，工效相当低，外包的价格相当高，且材料消耗相当大。

而另一个项目经理，将整个别墅项目近 200 栋分别将木工活分成三个部分分包，第一个班组做基础部分模板，第二个班组做结构部分模板，第三个班组做

项目施工方式对比 表2-1

项目经理承包制	项目施工方式一	项目施工方式二
分包方式	木工班组	分成三个部分分包： 1）基础模板班组 2）结构部分模板班组 3）屋面部分班组
管控	粗放管控：凭借班组自己的能力完成作业，项目经理难以管控	精细化管控：流水作业，专业分工，班组成员之间相互配合
成效	缺乏精细化安排，功效低，外包价格高，材料消耗大	班组之间配合熟练程度高，效率提升快，进一步降低成本，大大节约周转材料用量

施工方式一比方式二材料消耗大，成本更高，方式二班组人员收入更高

屋面部分模板。流水作业，且项目技术人员，将模板精准翻样，编好号，每一栋楼要求用在同一部位，每栋楼号核定消耗模板数量。三个班组劳务承包价按难度系数分别定价，大大降低了整体木工劳务单价。由于实现精细化管理，三个班组施工都是同一个部位，人员不乱，所做工艺经验值迅速提升，班组人员个人工作和相互之间配合熟练程度提升很快，效率提升很快，进一步降低了人工成本，同时大大节约了周转材料用量。

本案例两个项目部人工成本差距近一倍，材料消耗差距更大。且第二个项目部的班组收入好于第一个项目部。

本案例说明，在现有技术水平下，我们项目管理的工效提升空间仍是巨大的。我们的企业家、项目经理将精力转回项目内部的精细化管理研究十分必要。

转变用工理念，改善劳务队伍管理。由于我国刘易斯拐点和人口红利消失的影响，劳动力市场供求关系发生了根本性的转变。将劳务队伍仅看作是低端廉价的劳务外包队伍已不合适，要将其看作重要资源，甚至是重要竞争力了。尊重劳务工人，努力提高劳务队伍福利，实施亲情管理都是十分有必要的。

增加劳务工人待遇和福利，帮助子女入学，增加医疗保健福利，是增加劳务

队伍向心力的必要举措。

拓展劳务工人来源，建立劳务基地，发展长期稳定关系，做好来源工作也必将有助缓解用工困难。

结语

中国建筑行业人工困境有其深远的社会和经济背景，不是短时的困难和波动，而是酝酿着深刻的行业变革，洞察其成因和对行业影响，对建筑企业后续发展战略将非常重要。尽快采取行动，更是时不我待。

新形势下项目经营风险识别与控制

新一轮宏观经济冬天已经袭来，项目经营风险陡增，必须加强识别与控制，而找到合适的方法成为提升建筑企业核心竞争力的重要手段。

新形势下项目风险特点

高危行业。建筑业是一个不折不扣的高危行业。质量风险、安全风险和经营风险从投标这一刻开始，就与项目整个生命周期相伴。由于建筑行业的生产特点和现行建筑企业管理水平的局限，这三类风险控制难度远比其他行业要大。建筑企业项目经营如履薄冰、如临深渊，是一种常态。

经营风险陡增。新形势下，建筑企业项目管理风险有了明显的变化，特点是项目经营风险和企业运营风险陡增。本文所指经营风险是因经济、效益问题引发的项目风险。建筑行业新形势的背景是，以宏观调控和房地产市场拐点显现的中国经济冬天，加上清单计价更大范围的推广，导致项目利润空间越来越小，非常容易激发各种潜在的项目经营风险。这些风险原本就长期存在，只是在高利润空间下，长期被掩盖未予发作而被忽略了。

国际经济形势在全球各国通力协作下有趋好的表现，国内经济更是在四万亿的投资刺激下，正在加快恢复经济增长。但建筑企业家必须意识到不利的两点：一是中国房地产市场在全球下跌背景下非理性暴涨，掩盖了真实的供求关系，

建筑行业新形势的背景，是宏观调控和房地产市场拐点显现的中国经济冬天，加上清单计价更大范围的推广，导致项目利润空间越来越小，非常容易激发各种潜在的项目经营风险。

快速涨起的泡沫势必还会带来新一轮的调整，建筑业后几年形势判断不能过于乐观；二是本轮经济危机对建筑业整个生态链产生深远的影响。不仅是建筑施工行业（中游），上下游的建设单位和分包商、供应商，都大大增加了风险意识，这样的结果对建筑企业形成了上压下托的不利局面。开发商在过去长期销售利润率高的情况下，对成本的管控较松。本轮经济危机给开发商上了一堂实实在在的风险课，即在拿地建造时，哪怕利润空间很大，但在销售时房价都可能被腰斩，乃至亏损，因而在形势好时也要严控成本，对承包商结算审价大为收紧。下游供应商当然与建筑企业心态一样，对风险管控增强，也将加大企业经营压力和成本。

　　质量风险和安全风险应是管理底线，建筑企业一直在长期应对和改进，新形势对这两种风险的影响相对较小。本文重点讨论新形势下的项目经营风险。

项目经营风险的类别与成因

　　新形势下项目经营风险主要有外部风险与内部风险（图 2-5）。外部风险又分为业主方和下游的分包商、供应商风险。内部风险因总部对项目管理模式的不同，分为承包和直营两种情况。这两种情况的风险构成有相同之处，也有很大不同之处。项目承包制以包代管却很难将风险完全包出去，在市场形势好的时候问题较小，经济向下走时，项目经理（承包人）因亏损、业主延迟付款（引起资金链断裂）、自身道德风险（转移资金）等因素引发的公司风险大大增加。有的项目因亏损上千万，项目经理一走了之，公司总部拿钱全面接盘，已有相当多案例。一批小型企业（年营业额在 10 亿左右及以下）项目数量不多，掉头不是太困难，在最近一段时期将项目承包制全面取消改为直营。

　　外部业主方风险中有几类风险因素在新形势下值得重视：

　　投标决策风险首当其冲。 清单招标情况下，标价高了中不了，低价中标在业主方收紧审价、强化建造成本管控的形势下风险大大增加。激进与保守的确是一个问题，当前建筑企业却有两种趋向。大型建筑企业因抗风险能力稍强，不太能忍受业绩指标下滑，这些企业的经营数据因经常被行业主管部门、行业媒体披露，

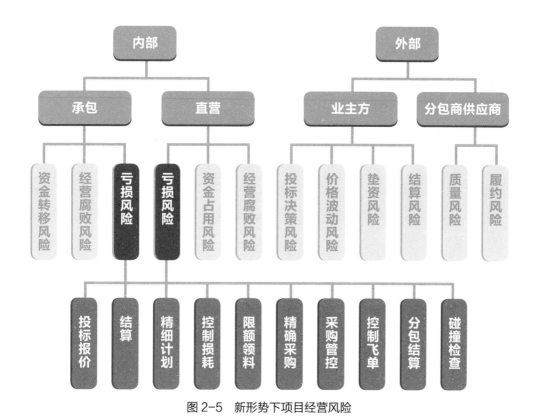

图2-5 新形势下项目经营风险

公开的行业榜单名次也对老总神经刺激较大，往往企业比项目经理激进，要求项目经理降低利润预期，投出项目经理不愿投的低价标，通过低价中标保持或扩大市场份额。中小型企业抗风险能力低些，本轮经济危机后，对低价中标控制趋紧，一些项目经理希望低于成本价投标，表示中标后因业主关系超好，钱能搞回来，往往遭到企业拒绝。投标决策风险不仅限于价格，合同条款风险是多种多样的，非本文讨论重点，故不多做赘述。

垫资风险在新形势下显然被大幅放大。业主方特别是房产开发项目与宏观经济形势高度相关,暴冷与暴热转化快,对承建商的连带效应极强,甚至将企业拖死。当前房地产宏观形势由冷转热过快、过暴并不正常，是在大量信贷资金的炒作下形成的，与国际经济大形势和国内全局形势并不相符，是在投资制造业回报不好

20%　建筑企业为房地产开发垫付 20% 左右的资金。某券商研究员表示，实际上建筑企业垫付的资金远远超过 20%。

——《中华建筑报》2013 年 10 月 8 日刊

情况下的资本寻租，并不反映供求市场实际情况，不远的将来出现较大幅度调整完全有可能。建筑企业对垫资风险判断应予慎重，对发包单位的研究功课要做足。

价格波动风险严重考验企业经营能力。当前清单计价、总价包干的项目比例越来越大，甚至数亿、十亿以上的大型项目也要求总价包死，业主建造风险向承包商总体转嫁是一种趋势。对建筑成本影响极大的建材（如钢材）、能源价格波动剧烈，且常受国际政治、经济形势影响，不可预计因素多。如图 2-6 所示，2000 年以来，螺纹钢、线材的月度价格指数波动非常大，如何在发展业务的同时尽可能规避风险已成企业的大难题。谁能在这些方面建立起很强能力，将形成一种核心竞争力。准确预测和利用市场期货等避险工具，拿下人家不敢拿的工程。当前问题的严重性在于不用说预测掌控未来趋势和风险，我国建筑企业连对当前的建筑产品价格要素也难以掌控（中建八局 ERP 中有 16 万种材料编码，其中钢材有 1 万种编码），获取信息的能力相当弱。没有实时海量的企业价格数据库作支撑，在面对海量的产品、价格、供应商时将无能为力，对市场掌控能力将非常弱小。

业主方结算风险在于审价和造价控制要比以往严厉很多。过去建筑企业、项目经理往往将宝押在最后结算上，过程中不知是盈是亏，工程结束算总账，提交结算时将亏掉项目罗列一堆过程依据不足的账单。这种经营能力将被终结，没有过程依据的结算成功率越来越低。现在水平高的业主，整个建造过程有多道成本控制体系。设计时请工料测量顾问核算设计是否超标，保险系数是否过大，根据测算结果优化实际；招标详细测算一次，控制发包价；结算时再审核，审核有时请两家审核。建筑企业控制结算风险功课须做在过程中，"我亏了所以你要给我补贴"的老观念将很难行得通了。

　　分包商、供应商失去履行能力和降低履行质量，从而累及项目部和企业。 下游合作伙伴为规避风险也将作出一系列回避风险的决策，要求项目部更多付款，更少垫资，信誉不佳的供应商也有可能降低供货质量。

　　项目经营内部风险因素有两个层面的问题： 一是总部对项目经理的风险管控；二是企业、项目经理对项目各条线的操作层风险管控。项目经理是企业项目现场委托代理人，其利益取向与企业都有明显的不同。这是一种客观存在，无论是直营还是承包制，都无法回避。二者情况又有差别，承包制项目由于过程控制企业参与较少，项目运营不透明情况严重、风险更大些。

　　承包制的资金转移风险对总部威胁是较大的。 资金抽逃到别的个人业务上，导致工程上不去，须由企业买单。这种情况有两种可能性：一种是开始时只想资金周转，因事情没有按照计划进展，资金回不来难以收场，则破罐破摔；另一种是因项目亏损想恶意抽逃资金。抽逃资金的方法往往向甲方、向企业超报比形象

图 2-6　2000 年以来螺纹钢、线材月度价格指数走势

案例：供应商风险

2008年7月，上海某物资有限公司与上海某工程有限公司签订《物资供应意向书》，成为工程公司世博工程的供应商。

11月底，犯罪嫌疑人谭某通过不正常进货渠道，以明显低于市场价的价格，购进8种不同规格型号的某品牌镀锌钢管。并在去年12月到今年3月期间，向工程公司供货，销售金额总计人民币44万余元。

所幸，工程公司在使用这批钢管后，发现有质量问题。经浙江某品牌管道科技有限公司鉴定，该批8种不同规格型号的镀锌钢管，都是假冒其公司注册商标的产品。同时，经上海市建筑材料及构建质量监督检验站检验，这批假冒品牌镀锌钢管都是不合格产品。

——《新闻晚报》2009年8月11日

记者 陆慧

进度多得多的完成工程量，多提资金后转出。现在企业总部普遍缺乏快速测算各项目形象进度工作实物量支持系统，项目部报上来的完成实物量没有快速准确审核的能力，在项目部工期与进度压力下，不得不批出，终酿成大祸。

直营制项目因本位主义喜欢占用资金会加大总部现金流风险。直营制项目部因驻有总部派出财务人员，管控力较强，这方面问题较少，但不是没有。另外直营项目部却可能从本位主义出发，多占用资金却是常见问题，项目上风险不见得大，但加大了企业总部的现金流风险与资金成本。控制这一风险关键仍是企业总部要具有快速准确测算各项目完成工程实物量的能力。大型建筑企业在全国数百个甚至上千个项目中如何解决这一能力问题，是企业老总要考虑的重要问题。

承包制和直营制都存在较严重的项目经营腐败风险。当前社会形势特别是社会主流价值观冲击下，建筑业是面临这种困境最大的一个行业。由于行业和项目的管理复杂性、管控难、上下信息严重不对称、经手金额大、行业潜规则多，项目经营腐败风险之大前所未有，且有发展之趋势。直营制的腐败风险有两个层面：一是企业如何控制项目高管的腐败；二是企业和项目高管如何管控操作层的腐败。承包制解决了直营制第一个层面的问题，且因激励机制使项目内部腐败有更强控制动机和利益驱动，这也是一直以来承包制赢利能力大大高于直营制赢利能力的原因。但仍然远不能解决项目部内部腐败因素，很多大型民营建筑企业的项目部里，采购部门大量任用自己的亲戚。问题也不可能解决，只是以拿钱的人是自家人聊以自慰，但依然令项目老板郁闷的是采购亲戚放出20万，有的自己拿到仅1、2万，难免吐血，确实屡见不鲜。一部分老板出一招，让自己亲戚采购，请老婆亲戚监督，恨不得自己和老婆都有七兄八弟，这确实是信息化时代我们建筑业的悲哀。

经营腐败的风险不仅限于采购，还包括分包、租赁采购等。分包时采用自己长期合作的队伍，价格高于市场水平很多；结算腐败又是另一大块，结算时对分包单大放水，更好的管控手段势在必行。

亏损风险将是当前形势下大量增加的项目风险。一些大型建筑企业大面积亏损，甚至是50%的项目亏损，亏损项目比例大，会导致企业灭顶之灾。在业主审价收紧的情况下，建筑企业自身的精细化管理需大幅提升，才可以降低亏损风险。

亏损风险因素有开源和节流两方面。开源方面有投标报价、结算两块大的损失；节流方面主要有常见的几大漏洞可以补：计划粗放、消耗量失控、领料失控、采购差错、采购管控困难、供应商飞单、分包结算放水、管线碰撞拆了重装。

清单投标不进行或无能力进行不平衡报价，导致亏钱丢标。很多大型建筑企业经营至今还未懂不平衡报价的原理，清单投标填一个单价了事。清单投标水平高低完全可能造成人家投标价比你低，结算价却可以比你高的局面。建筑企业不提升不平衡报价的能力与水平，容易陷入中标率低、赢利能力低的境况。这就需要短时间能算出图纸准确工程实物量，就可以采取相应对策。

与业主结算的少算漏算额巨大。由于项目预算人员的业务水平、责任心和

直营制的腐败风险有两个层面：一是企业如何控制项目高管的腐败；二是企业和项目高管如何管控操作层的腐败。承包制能解决项目高管的腐败，但无法避免操作层腐败。

辅助资料：清单招投标的奥秘——不平衡报价的影响

不平衡报价对结算的影响　　　　　　　　　　表2-2

序号	项目内容	标书中工程量（m³）	标准报价（元/m³）	标准投标合价（万元）	实际工程量（m³）	不平衡报价方案1		不平衡报价方案2		实际结算总价（万元）		
						调整投标单价（元/m³）	实际投标总价（万元）	调整投标单价（元/m³）	实际投标总价（万元）	标准	方案1	方案2
1	C20混凝土浇捣	2500	450	112	350	510	127	400	100	157	178	140
2	C30混凝土浇捣	4000	500	200	6000	560	224	450	180	300	336	270
3	C40混凝土浇捣	6000	650	390	5000	585	351	704	422	325	292	352
	合计			702			702		702	782	806	762

如表2-2，同样的招投标清单，利用不平衡报价的方式，方案一的结算总价比标准报价高出3.1%，方案二的结算总价比标准报价低出2.6%。

计算技术的局限，有的企业在项目上少算漏算是十分严重的。

有位搞审计多年的老法师在与笔者的交流中说道：一个别墅工程完整的计费项目可达到200项左右，一些承包企业才能报出130多项，少项漏算相当严重。在一般企业中，如果你去问下属预算员你的预算误差度可达到多少？一般答复是3%～5%。一个行业和企业利润率是1%～2%，一个预算员手中可漏出3%～5%实在是触目惊心的。但现在我们的企业高层已经熟视无睹，习以为常了。产生这样大的问题在于我们计算手段（量、价格）没有革新和改进，手工计算工程量，没有企业级价格数据库，加上现在年轻职员责任心和专业水平所限，大问题就在所难免。如《建筑时报》2009年的新闻报道称，中铁四局二公司经济部工程师郑杰通过对太原太中银铁路和宁黄河特大桥项目的结算资料核查中，找出"差、错、漏"金额达8000余万。

计划粗放带来无谓损耗。 由于没有强大的预算手段，各管理条线往往难以得到决策所需的精确数据，拍脑袋办事是大部分场景，无法进行精细计划。人、材、

8000余万元

机等各种资源早进、晚进、多进、少进造成窝工，工期延误经济损失等浪费和消耗。

损耗失控、发料失控、采购量出错、飞单失控也因没有及时准确的实物量数据提供导致出现问题。有些问题长时间发现不了，过程无法做计算对比，这里也与企业定额有关。当前政府定额站颁布的定额几乎已失去管理指导作用，清单招投标与市场竞争已使大家认识到建筑企业要有竞争力，必须建立企业定额。实际情况是几乎见不到哪一家大型建筑企业能建立企业定额的，迫切需要研发一套企业定额的方法论和管理软件系统。损耗超标、限额领料形同虚设，内外勾结少进多报，多出少报时常发生，形成大漏洞大风险。

采购失控造成大漏洞。建筑材料、设备、专业份额数量品种之多，传统方法实难管过来。在当前社会金钱至上主流价值观冲击下，在供应商强大公关攻势下，采购管控难题已越来越大，没有一套信息化的体系是难以控制的。

分包结算容易被开闸放水。与业主结算易因"差、错、漏"少算与分包结算把关不严形成大的漏洞。因没有强大的数据能力和信息支撑体系，有家企业曾发生过经过8人层层审批的结算单，被分包单位冒结多出一倍的量。项目管控光有制度和流程已远不够，一定要有强大的技术支撑体系，快速准确核算审批，才能不被项目部以进度、工期紧牵着鼻子走。

因设计问题造成系统管线碰撞也常引起巨额损失。机电工程经常拆了重装，引起材料、人工、工期的巨大损失，这在大中型工程中是普遍的，浦东机场二期项目机电工程因此损失2000万左右。这纯是个技术问题，而非管理问题，原因基于二维蓝图的靠人脑进行三维想象技术审核，在复杂工程中的管线结构碰撞检查难以解决问题，必须要有基于四维的BIM技术才能较全面地解决碰撞检查问题，使系统安装一次性成功。

项目风险的识别与控制

中国大中型建筑企业近年项目数量大幅增加，承接业务地域扩大，业务量高速增长。而管控的支撑体系、技术手段基本上没有什么进步，加上建筑项目本身的管理复杂度，项目风险增多，管控困难增大是正常的。中国建筑企业在做大的同时并未实现做强，只是一大片小舢板捆绑而成的船队，而不是航空母舰。

管理真相在于信息对称，管理层若有信息优势则风险更小。当前的管控危机实质是信息危机，缺乏快速准确感知项目基础数据的数字神经系统。风险识别管控主要落脚点要落在合适的信息系统支撑上，仅靠管理制度和流程的改进等传统方法不能解决主要的问题，这是建筑业生产特点决定了的。

项目部风险识别难点在于：建筑项目管理由于产品的不标准化、作业流程不标准、作业地点不固定、协作团队临时性、海量工程数据、海量材料设备品种，使管理难度远比制造业要高。在项目层面实存在两大难点：手工作业处理工程数据，使项目基础数据计算、管理、分享十分困难，各条线各协作单位协同困难；在企业层面是对项目基础数据获取困难，带来管控难题。

项目内部风险识别与控制突破点在于建立基于 BIM 技术、互联网数据库技术的基础数据信息化系统，对项目上量的信息、市场实时价的信息有非常强的计算、获取能力，能洞悉项目的真相，风险就能在掌控之中。这样的一个企业级项目基础数据整体解决方案含企业级的实物量统计计算解决方案，价格信息实时数据库，企业定额（造价指标）管理系统和一个造价全过程管理分析系统。

这样的系统为项目、企业配备了一个高效的数字神经系统，让管理层准确快速地知晓该花多少钱（量、价），甚至让管理层成为信息优势者、改变过去信息弱势的境况。有了这种能力，感知风险能力就会很强，管控就不会太难。

当前建筑企业为解决风险管控难题，往往花大钱先上 ERP 是一个误区。

中国建筑企业在做大的同时并未实现做强，只是一大片小舢板捆绑而成的船队，而不是航空母舰。

ERP 的优势在于过程数据管理，核心价值在于让用户快速知道花了多少钱。在风险点识别的管控上首先要知道该花多少钱，是最重要、也是最难的。当然项目基础数据解决方案和 ERP 相结合在理论上就更完美了（图 2-7）。但实际情况是 ERP 系统实施由于与流程高度相关，实施难度高，成功率较低，而项目基础数据整体解决方案由于与流程无关，且给项目基础带来的好处明显，易于实施。笔者认为建筑企业应先重视实施项目基础数据解决方案，并行实施 ERP 财务模块，再逐步扩展其他模块，成功率、投资回报率会高很多。

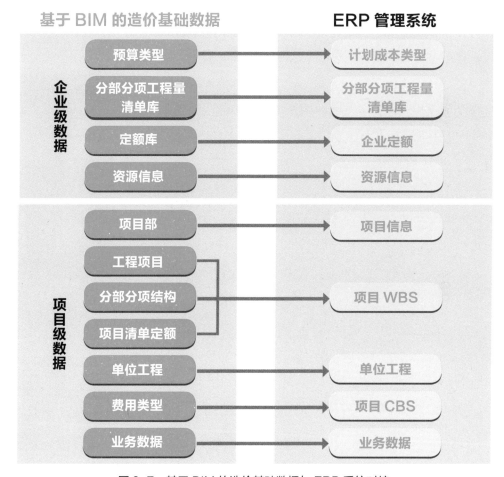

图 2-7　基于 BIM 的造价基础数据与 ERP 系统对接

项目外部风险识别难点在于不在自己掌控之中，多做功课是必需的，情况就会好很多。功课在于三个方面：

一是对客观形势的理性判断，不过于乐观、不过于悲观，慎重决策进退；二是要加强对业主和项目的研究，只管自己一摊已不行了。情报研究工作要做到客户身上去，业主的实利和信誉，项目的前景都将影响我们的命运，理性控制项目合同风险；三是对建材、设备、人工等供应市场应加强研究，多发展战略合作伙伴，以应对日益增多的清单报价和总价包死的项目。

提升项目风险识别管控内功会成为建筑企业的一种核心竞争力。这样的一种能力建设，值得企业花大力气长期去努力。特别是经济寒冬已至，提升管理内功已成重中之重的大事。

注：本文初稿发表于 2009 年 11 月。现在形势的发展印证了当时本文的许多判断，修订后重发。

03

在任何场合，企业的资源都不足以利用它所面对的所有机会或回避它所受到的所有威胁。因此，战略基本上就是一个资源配置的问题。成功的战略必须将主要的资源用于利用最有决定性的机会。

——管理学家威廉·科恩

当前建筑企业还停留在有什么关系就找什么活，有什么活就干什么活的状态。简单的战略思维，随着行业快速增长时代的结束，让整个行业陷入公关战、价格战，行业恶性竞争日盛，企业经营效益日下。真正的战略应该是通过差异化定位，明确地在客户心中建立品牌，围绕品牌定位进行资源配置，在相关价值链上建立越来越高的多重竞争壁垒，大幅提升竞争力，提升品牌溢价。

建筑企业竞争力新论及评价方法

物竞天择，适者生存。面对建筑业利润率低下的情况，提高企业竞争力成为建筑企业在残酷竞争中脱颖而出的制胜法宝。

早在达尔文的进化论中就强调竞争主导了物种演化的方向，物种之间通过竞争来争夺其生存必需的资源，而只有具有优势者才得以生存。之后竞争被广泛应用于社会学、经济学和管理学中，用来描述两个或两个以上的个人或集团为了自身利润，在一定的范围内为夺取共同需要的资源和利益所展开的较量。所谓企业竞争，就是指在市场经济条件下，企业作为商品经营者为了争取实现企业自身的经济利益，并获得有利的产销条件而发生争夺、较量、对抗的经济关系。

当前工程投标竞争加剧，项目利润空间急剧缩小，如何提升本企业综合竞争力已成为建筑企业家的重要课题，过去仅靠关系竞争力打天下的企业已碰到发展天花板。

企业竞争力一直是管理学界和经济学界研究的重点和热点，但以往的研究，笔者认为并不理想，企业竞争力的内涵来源、评价方法存在很多不完善之处，特别针对建筑业企业的专业更为薄弱些。

当前国内建筑业的转型升级整体处在迷茫之中，亟需正确的企业经营理论给予指导。虽然行业内已有不少榜单，大多只是比大小，或是管理部门缺少科学性的评比，给企业的指导帮助作用甚小。因此非常有必要在建筑企业竞争力这一课题上作新的深入探索。

所谓企业竞争，就是指在市场经济条件下，企业作为商品经营者为了争取实现企业自身的经济利益，并获得有利的产销条件而发生争夺、较量、对抗的经济关系。

建筑企业竞争力的定义

在现代社会中，企业不是单独存在的追逐利润最大化的个体，而是社会的细胞，企业的成功与社会的健康和福利密切相关。企业作为现代市场经济条件下的社会经济组织，不是以单纯追求利润为目的，而是要在积极担负社会责任的前提下，强调对客户的责任，对员工的责任，对股东的责任，实现企业和社会、客户、员工、股东的共同成长，在诸多利益相关之间建立、形成和谐发展的"企业利益共同体"关系（图3-1）。从企业成立的目的来看，企业的存在是为顾客创造价值、为员工谋求发展、为股东创造财富、为社会作出贡献。而企业竞争力即表现为为客户、员工、股东以及社会创造价值，并得到他们认可的综合能力。

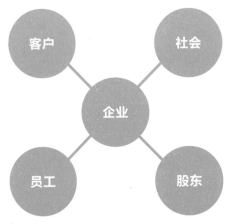

图3-1　企业利益共同体

传统的观点将企业简单地定义为"一个创造利润的组织"。认为企业存在的目的是追求利润最大化，这种发展观已触及天花板。尤其是当一个企业做大或者追求可持续发展时，就会发现赚钱不是企业唯一的目的。一个企业组织体是一个社会公民角度的企业，它除了要承载股东和数万投资者资产增值的回报和长远期待，它还承载着数十万员工安身立命的家园感，它要承载数千万客户的信赖和对他们的承诺，同样，它还要承载行业的创新与发展，社会的和谐与进步，乃至全民道德操守、伦理规范的恪守以及对美好未来的永恒追求。

> 建筑企业竞争力：在建筑业市场竞争中，企业通过对内部和外部资源的整合与管理所表现出的相对其他企业能够更有效更持续地向客户提供产品与服务，并获得客户、股东、员工和社会认可的综合能力。

能够在市场中竞争并得到顾客、股东、员工、社会的认可是企业的目的，是企业竞争力最重要的表现。但要实现这一目的，企业必须拥有关键资源，并具有将企业内部资源转化为竞争力的管理水平，因此企业拥有的资源以及对资源的整合能力才是企业竞争力的最终来源。

由此，鲁班咨询提出建筑业企业竞争力的定义：在建筑业市场竞争中，企业通过对内部和外部资源的整合与管理所表现出的相对其他企业能够更有效更持续地向客户提供产品与服务，并获得客户、股东、员工和社会认可的综合能力。

建筑企业竞争力可从两方面形象解释为：一方面是当众多企业同时竞争某个项目时，谁最有能力得到客户的选择；另一方面是当市场环境要求淘汰很多企业时，谁的存活能力最强。

按照建筑企业竞争力的定义，企业竞争力分为两个层次体现：竞争力的表现与竞争力的来源。竞争力表现为市场上顾客、股东、员工和社会的认可，这种获得市场认可的能力来源于企业所拥有的竞争资源要素与整合资源并发挥资源要素的能力。

建筑企业竞争力的表现

企业竞争力表现是企业向客户、员工、股东和社会展现出来的竞争能力，是竞争力的结果，是相对表面化的竞争力体现。通过竞争力表现考评企业竞争力是比较科学，也是比较客观和比较容易的方法。以往大量的企业竞争力评价体系将很多竞争力表现因素和竞争力来源因素不分层次混在一起，是不够科学的。

承前所述，企业竞争力表现体现在企业在市场上客户、股东、员工和社会的认可。

顾客是企业的基石，是企业存活的命脉。顾客是企业事业的发展之源，德鲁克认为企业存在的目的就是为了创造和满足顾客。客户价值是客户从购买的产品与服务中获得的利益感知与所付出的成本感知之间的权衡关系。为客户创造价值是企业生存的前提，也是保持竞争优势获得社会价值和经济价值的基础。只有不断提升客户价值，企业才能真正获得持续的价值成长。因此，为客户创造价值，获得顾客的满意与认可是企业竞争力最重要的表现。从这个意义上讲，客户价值必须成为我们企业经营者的信仰。

股东是公司的出资人、投资者，也是企业的拥有者，没有股东就没有企业。股东作为企业的发展伙伴，企业应该对股东的资本全面负责，获取合理利润，努力降低运营风险，积极稳妥地开拓新业务，努力使资本增值。因此，从股东角度来看，具有竞争力的企业应当具有良好的盈利性、成长性，才能得到股东的认可。股东满意的企业才能获得更多发展资源。

员工是企业的发展之本，是企业最重要的主体资源，是企业利润的直接创造者。企业脱离了员工，就等于无源之水。员工通过为企业创造价值来实现个人物质、精神需求的满足，企业的事业是员工自我价值实现的平台。市场经济体制下，人力资源按照优化配置原则进行分配，人才具有流动性。企业经营业绩好并能回报员工，员工能够得到需求的满足，企业就能够吸纳到优秀人才；相反企业很难吸引到优秀人才，缺少人才的企业就会失去发展后劲。企业应当在为员工提供良好的企业文化、工作环境与薪资水平的基础上，为员工创造更多的发展空间与成长成功机会。

社会是企业的发展基础，是企业赖以生存与发展的环境要素，现代企业作为社会的组成部分，必须回报社会。作为国民经济支柱的建筑企业，为国家提供了大量的就业岗位，也是我国最大的资源能源消耗行业。建筑企业作为国家的经济

要想知道什么是一个企业，必须从理解企业的目的开始，企业的目的只有一个：创造顾客。

——彼得·德鲁克

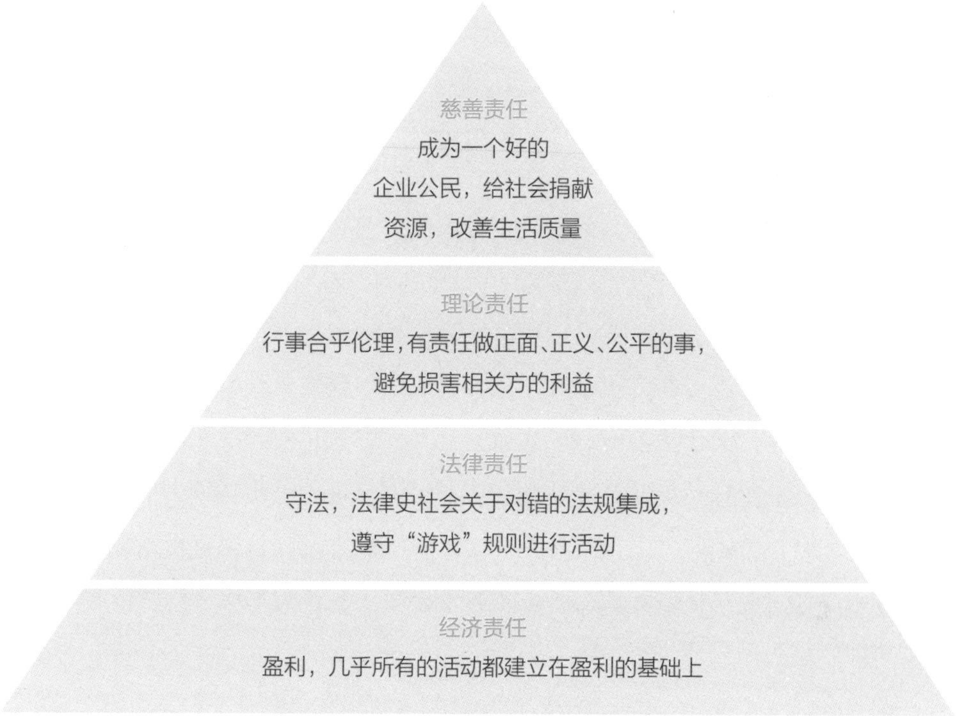

图3-2 企业社会责任金字塔（阿奇·卡罗尔）

细胞和资源使用的主体，对于合理利用各种资源，提高资源利用效率，减少各种资源的浪费，有着义不容辞的责任，必须走在全社会的前列，担当起重要角色。建筑在质量、安全、低碳建造方面必须满足社会期许和政府主管部门的规范、标准，否则很容易被一票否决。如图3-2所示，阿奇·卡罗尔认为，企业社会责任是社会在一定时期对企业提出的经济、法律、理论/道德和慈善期望。

企业竞争力的来源

企业竞争力的来源用数学模型可以表示为：

企业竞争力 = 竞争力来源 A_1 × 竞争力来源 A_2 × … 竞争力来源 A_n，

即企业竞争力来源于几大类乘积关系的竞争力要素。

如果从这些来源类别看，研究表明：竞争力来源主要有企业价值观、战略、执行力、资源四个方面，如图 3-3 所示。

图 3-3　企业竞争力公式

梳理竞争力理论，关于竞争力的来源有很多不同的学说与因素，如技术创新因素、组织结构因素、企业文化因素、人力资本因素、资本因素等，我们可以将其总结为企业拥有的竞争资源以及资源的整合与管理能力，即企业价值观、战略能力、执行力综合运用在资源要素整合，实现竞争成果。

信息经济时代，企业的资源要素包括：人力资源、资金资源、技术资源、物质资源、市场资源等是企业竞争的核心资源，也是企业核心竞争力的来源；企业对资源的整合与管理能力主要指企业的品牌管理能力、内部运营管理能力、创新管理能力以及企业文化的管理能力。总体上，企业竞争力来源因素可以相当多，是一个综合运用的效果，每一类内各要素一般是相加关系，各大类要素之间则是乘积的关系。

竞争力数学模型中，各大类乘积关系表明：

1）四大要素决定了企业竞争力，其他要素是子项。企业核心价值观正确与否，企业价值观与愿景决定了企业发展的高度；战略能力如何，决定企业的方向是否正确；企业执行力体系能力如何，即运营系统与管理系统是否强大，效率如何，决定企业的产品质量、生产能力和成本能力；资源整合能力也非常重要，各要素都要有资源支持，依赖资源投入发挥作用。

2）每一个要素都不能零分。一旦一个是零分，整体就是零分。即使拥有很好的愿景、战略、商业模式和管理体系，如果没有必要的人力资源和资金资源，商业计划照样无法执行。

3）企业成功是一个系统工程。一项得分高没有用，要有整体最高分，各项得分都不能太低，因此企业成功不是靠一二项竞争力就能搞定的，综合得分高才行。此数学模型可解释短板理论，也可解释长板理论。

短板理论

盛水的木桶是由许多块木板箍成的，盛水量也是由这些木板共同决定的。若其中一块木板很短，则盛水量就被短板所限制。这块短板就成了木桶盛水量的"限制因素"。

长板理论

将企业的优势长板加到无限长，做到极致，使其成为绝对的优势，企业营销的成败不在于最短板，而在于如何使最长板发挥出最大的效益。

过去很多企业管理理论，什么战略决定成败、细节决定成败、执行力决定成败等管理理论，都不够科学，无法形成准确的数学模型。

建筑企业竞争力的评价

同样，建筑企业竞争力的评价可以从表现和来源两个方面来衡量，一方面是竞争力的表现或者说竞争的结果，另一方面可以从竞争力的来源。理想状态下，两种评价途径应该可以得到同样的结果。但无论是从表现还是来源来看，竞争力与四个表现维度之间应为乘积关系，竞争力与来源之间也应为乘积关系，如图 3-4 所示。

从表现结果：建筑企业竞争力 = 客户认可度 × 员工认可度 × 股东认可度 × 社会认可度

图 3-4　企业竞争力评价

从来源分析：建筑企业竞争力＝价值观 × 战略 × 执行力 × 资源

乘积关系表明任何一项不可能为零，犹如水桶的容积是由最短板的长度所决定的，建筑企业必须均衡发展，同时获得客户、员工、股东和社会的认可，在人才、技术、品牌、管理、创新和企业文化等资源与管理过程中均衡提升，不让任何一个环节成为企业的短板，才有可能在竞争中遥遥领先。

考虑到企业竞争力指标评价体系设计的重要原则之一是可操作性，即数据客观、核实简单，相关性大。从企业竞争力的表现来评价的指标易于收集与量化，比对从来源方面进行评价的指标具有更高的可操作性。当然竞争力来源要素评价可作为补充，此外，指标的建立应与经济背景相适应，在现阶段信息化与创新对建筑企业后续竞争力影响力较大，需要专门列出进行讨论。具体指标见表3-1。

提高企业竞争力是建筑企业在残酷竞争中脱颖而出的制胜法宝。合理地评价建筑企业竞争力，可以为企业制定竞争战略提供可靠的依据，引导行业的健康发展。

评价项目和评价指标设置应与时俱进，可适当调整。

建筑企业竞争力评价指标体系　　　　　　　　　表3-1

评价角度	认可度	评价项目	评价指标
竞争力表现	客户	市场规模	营业收入
		客户满意度	客户满意度
	员工	员工满意度	员工流动率
			培训投入占营业收入比重
	股东	盈利性	净利润
			净利润率
			净资产收益率
		成长性	三年平均营业收入增长率
			三年利润增长率
	社会	绿色施工	绿色施工的表彰与处罚
		企业公民	接受奖励或处罚
	综合	信息化	近三年信息化投入占销售收入比重
		创新	近三年研发投入占销售收入比重

企业成功定律

企业成功是否有规律可循？企业成功是否有模式可复制？揭秘企业成功的万能定律，即企业的成功依赖于长远的价格观、正确的战略、良好的执行以及充足的资源或资源的整合能力。

管理学和经济学一直在为探索企业成功规律忙碌，学界发表的相关理论和专著如山似海。有提出"细节决定成败"、"战略决定成败"、"价值观决定成败"的理论，也有说"执行决定成败"的观点，更有人抛出"战略占80%、执行占20%"的精确数学公式，反过来的也有，不一而足。

这说明大家一直希望找到一个可以量化的企业成功定律（数学模型）。《全球商业思想排行榜》中美国密歇根大学教授普拉哈拉德就因这方面的研究一举超越迈克尔·波特、菲利普·科特勒、比尔·盖茨、杰克·韦尔奇、艾伦·格林斯潘等"大腕"跃居首位，他的新著《企业成功定律》也颇受关注。但迄今为止，并没有业界普遍认同的量化的数学模型。

成功的建筑企业家广厦集团主席楼忠福曾经说过："任何经济学家都设计不出广厦的模式，我们只有不断地试验和摸索，才能找到适合自己的方法。"楼主席的观点并没有错误，只是代价太大了。他不聘请管理咨询，只靠自己摸索，完全陷入一种管理科学虚无主义，也是错误的。事实上前几年广厦集团在发展上曾遭遇较大的挫折，楼主席重新出山，从管理学专业角度来看其实有些大问题应该是可以避免的。

任何经济学家都设计不出广厦的模式，我们只有不断地试验和摸索，才能找到适合自己的方法。

——广厦集团楼忠福

理论和实证表明，我们一定能找出一些企业成功必须遵守的规律，即企业成功的必要条件，但我们不可能找到让企业一定成功的万能的具体方法，即充分条件。这说明企业要获得成功，必须要遵守底线的规律（必要条件），不能违反，否则企业要么不能成功，要么不能持续。因此企业家必须清楚做企业哪些事情是必须做好的，哪些底线是不能碰的，哪些行业基本规律是必须遵守的，这样可大大提高我们的成功概率。

因此，企业在战略层面一定有规律可循，战术（执行）层面针对每个企业千差万别，完全依靠企业家的把控和发挥，管理学家、咨询顾问难以替代，也没有现成的管理教科书可以让企业家照本宣科。

企业成功定律确实存在较合适的量化数学模型，即企业成功定律。但市面上充斥的管理论点基本上谈不上科学，如战略决定80%、执行决定20%，执行决定成败等，笔者提出比较科学的量化数学模型如图3-5所示。

图 3-5　企业成功定律

即企业成功概率得分应是企业在价值观、战略、执行力和资源四个方面得分的乘积。这四者之间不是加法关系，而是乘积关系，这很重要。加法关系意味着某一项可以放弃，而乘积关系说明只要一项为零，哪怕是其他几项得分很高，企业成功得分也就为零了。

这个定律还揭示了企业竞争力的来源，品牌地位、市场份额、盈利能力等是企业竞争力的结果表现。任何事物都有因果，企业的因果即在于此。

每一个关键因素（价值观、战略、执行、资源），又包含有多个子因素，如企业价值观主因素包含企业的核心价值观、愿景、使命和企业文化等；战略主因素则包含品牌战略能力和遵循行业规律的情况；执行力主因素包括团队执行力、生产能力、服务能力、成本控制能力等；资源能力主因素则包含资金、人力、物资、外部资源等。每一个关键主因素的各子因素问题也存在一个数字关系，可能是加法，可能是乘积关系，甚至还需加入参数修正。

困难的是我们无法将每一项数值简单量化，每一项的最高分在不同行业、不同企业并不相同，应该为多少，完全要根据企业所在的行业、行业所处的竞争情况和企业的情况来评估。每一项的分值评估和定量分析是困难的，管理的艺术性就体现在这里，但作为一个定性的数学模型已可给我们企业经营带来很多关键性的指导。

将经营企业比作开一辆车的话，情况应该是这样的（图3-6）：

图3-6　企业成功四大要素

· 价值观相当于驾车人的交通规则意识；

· 战略相当于方向盘的掌控；

· 执行力相当于发动机的马力；

· 资源则相当于油箱中的汽油了。

价值观相当于交通规则意识、驾驶文化，决定了我们能走多远。没有合适的交通规则意识（价值观），很快就会出现闯红灯、撞车甚至酒后驾车等情况，发生扣分、扣证，甚至驾驶员被扣留等严重问题，企业之路就走不远，走不长。

战略相当于方向盘，决定了我们方向是否正确，是否能达到我们的目标。其功能非常类似于开车的方向盘，要准确有效快速到达目的地，方向的把控相当关键。在前进的过程中，有很多的岔路（方向）选择，这对于到达目的地有多重要，每个驾车人再明白不过了。方向错了，马力越足，油料越多，问题会越多。

执行力相当于车子的发动机，决定了我们能走得有多快。发动机马力（排量）有大有小，区别也很大，有的排量只有0.6，大的甚至超过4.0。执行力不同的企业绩效差距很大，执行的速度、效率像不同汽车的发动机一样差距巨大。军人出身的企业掌舵人领导的企业成功率往往很高，重要原因就是执行力强。

资源相当于油箱中的油料，你拥有多少油料是汽车拉力赛中最重要的。企业经营同样如此，如果没有（数十亿）巨额的资金注入，马云的阿里巴巴是很难成功的。所有的比赛，观众的鼓励都是"加油"，没"油"则将很难成功。当然企业的"油"在良性运营过程中，从市场客户中获得可持续增加的"油"量尤其重要。没有人会一直在企业外部"加油"，"油料"（资本）最终目的是获利，而不是做雷锋。

企业价值观

企业价值观包含企业的愿景、使命和企业运营中愿意坚守的核心价值观，也包括在企业运营中体现出未来的企业文化。

开办企业的目的是仅为赚钱做大，还是肩负社会使命，或是为消费者创造价值？将决定企业发展能达到的高度。仅以赚钱为目的，在充满诱惑的当今世界，非常容易使经营者犯错误，特别容易陷入什么赚钱干什么的战略机会主义。

赚钱（办企业）的更高境界是为消费者、为社会解决一个重要的问题，提供独特的核心价值，把这种任务当作终生的信仰和使命，这样才会产生伟大的品牌和伟大的企业。当一个企业为社会和消费者解决一个重大的问题，社会和消费者得到巨大价值的同时，企业一定会得到市场巨大的回报。微软、Google、星巴克、麦当劳、沃尔玛就是这类企业的典型代表。微软的使命是"让每个人桌子上都有一台电脑"，微软推动一场信息化革命，为全人类带来巨大的福祉。比尔·盖茨从没有将世界首富作为追求目标，却成了全球首富。Google 的使命是"整合全球信息，使人人皆可访问并从中受益"。正是这样的企业愿景让 Google 成为发展最快速的信息技术公司，发展十年，市值逼近 2000 亿美金。同样中国最成功的企业之一阿里巴巴，企业愿景是"让天下没有难做的生意"，成就了最伟大的中国企业。

反观我国建筑企业，能建立起基于客户价值和社会价值的愿景、使命的企业甚少，导致企业运营的高度不够，无法静心将一个产业做好，到处找机会挣大钱，大多没有挣到大钱，股东价值极低。

企业战略

战略是方向，是选择，更是放弃。战略正确事半功倍，战略失误南辕北辙，无法接近目标。

战略第一要务是定位，确定正确的品牌战略。向市场、向客户和用户明确我是谁，我是干什么的，我是什么领域的领先品牌，要到哪里去，要能用最简洁的语言说清楚。在现阶段，我国企业（特别是建筑企业）战略能力的缺失较严重。特别表现在没有独特的品牌特性，企业间同质化竞争严重陷入价格战，盲目多元化，过早地碰到企业发展的天花板，这是我国建筑企业效率损失最为可惜的一面。

开办企业的目的是仅为赚钱做大，还是肩负社会使命，或是为消费者创造价值？这会决定企业发展能达到的高度。仅以赚钱为目的，在充满诱惑的当今世界，非常容易使经营者犯错误，特别容易陷入什么赚钱干什么的战略机会主义。

我国建筑企业战略能力的缺失较严重。特别表现在没有独特的品牌特性，企业间同质化竞争严重陷入价格战，盲目多元化，过早地碰到企业发展的天花板，这是我国建筑企业效率损失最为可惜的一面。

执行力

执行力在我国建筑企业表现尚可，相对其他行业不能算差，但由于工程复杂性，相比其他行业，管理还是十分粗放，浪费严重，管理漏洞多，与制造业的差距十分巨大，联想集团主席柳传志说："我们是在干毛巾里拧水。"

执行力体现在执行战略的效能和生产组织能力上，服务能力也体现在团队能力上。纵观中国现阶段相对成功的企业，大部分是执行力见长的企业，而非战略见长，很大一部分原因是同行和竞争对手战略问题同样存在，战略得分都较低，这种情况下，执行力得分就相对决定市场地位的重要因素了。

资源

所有人都会重视资源的作用，没有资源，有好的战略、强的团队都无济于事。但对于当前我国建筑企业情况来讲，人力资源是最为紧缺的，后备梯队人才的建设将是相当关键。

总之，企业的运营并无一招鲜的经营绝招，而是一个较为复杂的系统工程。真正做好一个企业，一个品牌，是一场长跑。

建筑企业未来优势模式

　　建筑业竞争方式已逐渐由关系竞争力时代进入能力竞争力时代。在能力竞争时代，探索中国建筑企业终极优势模式将有助于推进行业进步的步伐。

　　中国建筑业转型升级到了实质性进展的时刻了！

　　由于宏观形势的剧变，以及少数企业的觉醒，建筑业竞争方式已逐渐由关系竞争力时代进入能力竞争力时代。在能力竞争时代，中国建筑企业的优势发展模式到底是什么样的，就成为一个非常重要的研究课题。

　　当前我国建筑企业发展模式非常多元化，按产权性质、企业文化、战略定位、业务布局、项目管理模式和信息化投入力度模式要素组合，企业主流模式是比较多样化的。中国建筑、上海建工、中天建设、中南建设、龙信建设、金螳螂等少数几家典型企业都不能完全代表现有的主流模式。

　　各种模式各显神通，各有优劣势，难分伯仲。可以肯定的是，随着进入企业竞争的终极状态，优势模式是有其规律的，不可能像现在如此多样化。就像家电连锁行业，最后只剩下"苏美"（苏宁、国美）两家，中国建筑企业竞争终极状态下的优势模式不太可能是多元并存的，寻找、探索中国建筑企业终极优势模式是非常具有战略意义的，也是当今中国建筑企业家不可回避的问题。

　　若有此终极规律，并取得行业共识，无疑将大大加快行业进步的步伐，大家循着正确的方向加快前进就可以了。困难的是，当前的中国建筑企业高层十分迷

　　随着进入企业竞争的终极状态，优势模式是有其规律的，中国建筑企业竞争终极状态下的优势模式不太可能是多元并存的。

张瑞敏：没有成功的企业，只有时代的企业

所谓成功的企业，是因为踏准了时代的节拍，但是不可能永远踏准时代的节拍，因为我们是人，不是神。企业就像冲浪者，今天冲上这个浪尖，并不能保证明天还在浪尖上。举一个例子说，手机行业，摩托罗拉曾是手机业的老大，但它很快被诺基亚超越，原因就在于时代的变化，摩托罗拉是模拟时代的霸主，而诺基亚是抓住了数码时代的机遇。

但是，诺基亚很快又被苹果所超越，因为苹果抓住了互联网时代的机遇。所以说，如果你跟不上时代，就会被淘汰，这是非常快的。特别是在互联网时代，我觉得这会是彻底的颠覆。

海尔的成功确实赶上了中国改革开放以及"走出去"的潮流，"成功地踏准了节奏"，正是海尔目前在白色家电做到全球第一的奥秘。

恋实用主义，强调自身企业的特殊性，热衷自己的特殊方法，沉醉于企业前20年的成功之道，总认为自己的做法十分高明，否则这十几年的高速增长、做大做强如何解释？可是市场竞争之道恰与此相反，前20多年中国建筑业市场化程度还很低，大家的成功之道还远非真正的市场化成功之道，更多的是靠宏观经济的带动，中国建筑业近十多年一直以20%～30%的增速增长，企业完全依靠自身能力取得发展所占的权重还较低。海尔张瑞敏最近的一个观点就颇让人深思：没有成功的企业，只有时代的企业。

而当前行业已到了转折点，逐步进入市场化竞争通道，寻求真正市场化的成功之道就成了当务之急且全新的任务。

鲁班咨询长期研究表明：中国未来最有竞争力的建筑企业模式如图3-7所示，企业性质应该是民营而非国营的；业务布局是全国性，而非区域性的；项目管理模式应是集约化直营，而非承包制的；企业应是一个高度信息化的企业而非大象型的企业；战略定位应是聚焦而非多元化的；企业文化应是崇高愿景的公司职业文化，而非家族和域族文化主导的。按这样的模式来看现有的建筑企业，符合者寥寥。这种情况导致中国建筑业缺乏较完美的标杆企业，像金螳螂这样值得称道的企业还较少。如何引导国内建筑企业意识到这一点，是行业艰巨的任务。

从上市国有企业的表现来看，除了规模优势、技术优势和人才优势外，在企业运营效率和企业效益（股东价值）表现上一直较差，如中国建筑上市5年，IPO获得500亿的融资，但股价一直低于发行价，其他几大央企也表现不佳，可以认为中国国有大型建筑企业在纯粹的资本市场中，竞争力和生存能力是较低的。

随着建筑业市场化程度提高、增速下降，地方市场壁垒拆除后，地方性企业将被极大地压制，发展空间将极为有限。企业要发展，必须在一个细分的市场上，获得较高全国市场份额，才能有竞争优势和规模成本优势。你不出去，人家会进来。

目前中国最有效率的项目管理模式还是承包制，这是行业现有管理技术条件局限所决定的。近年发展较好的中天建设集团也是这种模式。但随着BIM技术和互联网技术的发展，企业内部上下信息对称能力将极大提高，直营制、集约化运营将逐步显现极大优势。

互联网等信息技术自2013年开始，加快了对传统行业的革命，任何行业不

图3-7　中国建筑企业优势模式

中国建筑企业最终高级形态一定是集约化的经营形态，"项目承包制"将被无情淘汰。

可避免。建筑业行业特点决定了其变革会晚一些，但也不可避免。BIM和互联网技术的成熟会加快这一进程。没有强大的数字神经系统，难以想象建筑企业将如何在未来的行业生态中生存。

在战略上聚焦，才能在细分领域上领先。专业才能在细分领域进步更快，更有竞争力。当前中国建筑业最大一个问题是同质化，导致关系战、价格战激烈。通过差异化、品牌建设才能提升竞争力、提高品牌溢价。在战略上走专业化之路是唯一坦途。

企业文化要形成可与现代企业制度相融的企业文化。家族文化和域族文化普遍存在于中国民营建筑企业和国有地方建筑企业，必须加以改造。包容更多元的思想和人才，包容更多创新，才能更好地走向全国市场。

中国建筑企业最终高级形态一定是集约化的经营形态，"项目承包制"将被无情淘汰。即使现在"项目承包制"还是我国当前最有效率的项目生产方式，也绝不是先进生产力的代表，市场竞争最终将呈现自有的规律，而不以企业的特点和企业家的个性为转移。

是时候正视这一问题，并让我们的企业转到正确的轨道上来，朝着正确的目标逐步靠近，成为市场的最终赢家。

拥抱 "透明"

量、价不透明的黑箱中，建筑企业靠实物量高估冒算、材价上高额差价赚取了 1%～2% 的利润率，而其他透明化的行业，却拥有 6%～7% 的利润率，打破黑箱，拥抱透明，才是建筑企业与行业的真正出路。

"黑箱"思维

在建筑行业信息化技术推广过程中，我们常碰到一些建筑企业领导、经营主管的疑惑：这些软件技术和互联网技术确实很好，可以提高工作效率、提升精细化管理水平，但也有对自己很不利的一面：如果甲方用算量软件将量算得很清楚，自己就无法高估冒算了；如果建材价格信息都透明化的话，自己就很难赚取较大的材料差价了。目前情况下，企业才能赚取 1%～2% 利润，这两块动作没法做了，如何生存？

建筑企业过惯了靠实物量高估冒算、材价上高额差价的日子，就形成了思维惯性，不愿意想如何通过提高管理水平提升盈利能力。在移动互联网时代和信息化技术飞速发展的今天，这种思维已经严重落伍了，一个企业一旦对时代发展和技术进步失去了适应能力，对企业自身的转型升级是十分不利的，对行业而言也是"百害而无一利"的。

"黑箱"真相

如果我们对"黑箱"在整个行业的作用机理进行细致的分析，就会发现"真相"

建筑企业过惯了靠实物量高估冒算、材价上高额差价的日子，就形成了思维惯性，不愿意想如何通过提高管理水平提升盈利能力。

远不是我们自己想象的那样，"黑箱"给我们企业、行业带来的弊远远大于利。

国家统计局的数据显示建筑业的产值利润率在3%左右，但笔者所了解的建筑企业的平均利润在1%～2%之间，甚至低于1%，而我国第二产业各行业一般利润率是6%～7%（图3-8）。按照经济学规律，资本必定流向利润高的行业，最后各行业会趋向平均利润率。那为什么建筑业利润率几十年下来就一直这样低？为什么大家还一直愿意待在这个低利高危的行业？这种现象背后的真相是建筑行业的实际利润一直很高，只不过大型企业的总部利润低罢了，利润在各个层次被截流分解了，重新分配了。这个利益链是总部、子公司、项目主管、项目执行层、采购、分包商、供应商共同组成的，利益链博弈的结果是各利益方低水平维持生存，各享其成。

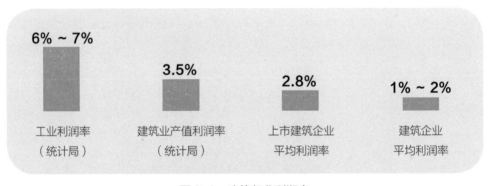

图3-8 建筑行业利润率

建筑企业在筹谋如何通过"黑箱"获取对甲方超过合约的"量"和"价"上的结算利润时，没有意识到（应说意识不够强），更多的下属、分包商、供应商在对你进行"黑箱"操作。你"黑"进来的，还远不及被"黑"出去的，你对着一个甲方不透明操作时，更多的人可能对着你不透明操作。行业里常见的现象是：企业亏了，项目经理赚了；承包经营的项目经理亏了，材料员赚了；企业、项目亏了，供应商、分包商赚了。

这才是行业的真相！

我们一定要反思一个问题，建筑行业的"量"和"价"整个市场上不透明，企业的利润率只有 1% ~ 2%；而很多行业已十分透明，平均利润却可以达到 6% 以上，是建筑行业的 3 ~ 4 倍！很显然这些企业领导和经营主管的顾虑是多余的：我现在只有 2% 不到的利润，如果没有了"高估冒算"的结算利润是否会亏得很惨。反过来，建筑行业因为"量"、"价"的不透明，损失了巨额的结算利润，远远不止目前的 1% ~ 2%。

我们在考虑市场"透明"好还是"黑箱"好时，不能只考虑到"黑箱"带来的好处，还要充分考虑"黑箱"对你企业管理带来的问题。

"透明"对建筑业的影响

随着 IT 技术，特别是互联网技术的发展，很多建筑企业家痛惜行业"透明化"将失去对甲方巨大的结算利润，现在我们来分析，"透明化"给行业、给企业带来的巨大好处（图 3-9）。

图 3-9　"透明化"对建筑业的影响

（1）招投标将更公平

市场充分透明化后，人、机、材价格信息大家都能低成本快速获取，工程成本的人、机、材这一块将使大家在同一起跑线上，大家的竞争将只会在管理费竞争这一块上，即将完全凭实力竞争，恶性竞争将大幅减少。甲方在招标过程中很容易分辨出低于成本价的恶性竞争者。而目前存在严重的高估冒算、严重不透明的市场环境下，招标人因为自己也不太清楚真实的成本价应该是多少，所以只好更多地倾向选择绝对最低价。试问哪个"理性"的招标人愿意选择低于成本价的恶性竞争者呢？这就是行业不透明对招标人和实力强的投标企业的害处，只有透明化的市场才能引导招投标的公平、良性发展，促进投标企业的优胜劣汰。

（2）降低内部管控难度和成本

当市场透明化时，内部管控简单易行，内控成本将大为降低。当前各建筑企业在内部流程控制上设置严格体系，增设很多审核程序，而不是充分授权，既增加内部团队合作的不信任性，也增加大量管理成本。由于市场不透明，管理层要获得信息，成本高昂，很多审核程序形同虚设。有个案例是某家建筑企业的分包工程量结算，经过8道程序审核签字，付完款后才发现，工程量被多结了一倍。材价上这种情况也比比皆是，市场（量、价）透明化后，诚然企业从甲方高估冒算难了，但更多的人、分包商、供应商无法从你这儿高估冒算了，管理也变轻松了。

（3）对分包、供应商管理将更加容易

一个大型工程、分包商、供应商众多，由于市场不透明，项目部要花大量资源去甄别分包商、供应商的报价信息、产品品质信息，消耗了项目部大量管理资源，市场透明化后显然这方面的管理工作更加容易了。

（4）质量控制压力降低

市场透明化后，劣质施工队伍、劣质供应商、劣质建材产品就很难混迹于市场，对工程质量的保障有非常大的作用。当前很多工程质量事故就是因劣质产品而非工程质量造成的。

综上所述，对施工企业而言市场透明化利远远大于弊。透明化有助于施工企业提高运营效率，内部管控、供应商管理更加轻松，企业能将更多的管理资源专

建筑行业因为"量"、"价"的不透明，损失了巨额的结算利润，远远不止目前的1%～2%。

> 透明化市场更有利于行业向规模经济发展，改变当前建筑业规模不经济的非正常状态。因此，市场透明化后，企业利润和行业平均利润都会大幅提升，促进建筑行业的健康良性发展。

注于工程本身，从而更有利于提高工程质量和降低营运成本。从以上分析还可以发现透明化对大型建筑企业是更有利的，市场不透明对个体包工头好处相对更多些。透明化市场更有利于行业向规模经济发展，改变当前建筑业规模不经济的非正常状态。因此，市场透明化后，企业利润和行业平均利润都会大幅提升，促进建筑行业的健康良性发展。

（5）防止业主方倒勾

我们已发现多个案例，在不透明的时代，施工企业也受到不良业主方的伤害。有的项目已经亏本报价了，业主还在压价，其原因是大家都不太清楚真实成本，你亏本了，还以为你在赚大钱，拼命压你。有的不良业主甚至反向收买、贿赂施工企业的预算人员，减少预算造价。施工企业不能以为不透明时代只有自己欺负人家，这已是一厢情愿。

拥抱"透明"，获取"超前利润"

风靡世界的《世界是平的》一书中的观点获得世人的普遍认同：世界必将被强大的信息（互联网）技术推平。建筑业由于其复杂性和海量数据，可以说是未被推平的最后一个大行业，但仍然会被 BIM 技术和互联网技术推平，这是不可阻挡的趋势。谁先适应这种趋势，谁就将赢得竞争的胜利。而想长期依靠市场信息不透明获利的观念已经太落伍了，这样的领导者会让自己企业生存能力越来越弱。当这个世界别人都很清楚真相，你最后一个清楚，你的生存会有多危险？

建筑企业家必须重新审视自己的价值观。树立平民精神，树立靠管理内功获取平均利润的经营理念。彻底摒弃依靠市场不透明（黑箱）赚取利润的思想，只有这样才能活得更好、活得更久。

当建筑企业家建立这样的价值观时，企业就会专注于练内功，企业内功无疑会迅速增长，抗风险能力和竞争力都会处在领先位置。上游企业万科的成功是我们的学习榜样，在房地产这样一个极度不规范、靠关系的市场亮出了不行贿、阳光利润的经营理念，土地全靠高价拍卖获得，结果反而做到了行业老大。万科为什么能成功？当万科全部通过正规渠道高价获得土地时，万科也获得了相对于其他企业的一种"解放"，它可以让企业内部变得很简单，企业价值观的贯彻可以很强势，建筑企业靠"黑箱"黑了很多甲方的钱，自己内部的分包商、供应商也就有了黑企业钱的依据，一个工程下来往往得不偿失。

中国建筑企业家谁先意识到这一点，比人家先行一步，先采用先进的信息化技术就能获得一种"超前"利润，这种超前利润来自于三大方面（图3-10）：

一是提高中标率。当对市场行情具有准确掌控能力时，标价可以更具竞争力，从而提高中标率。

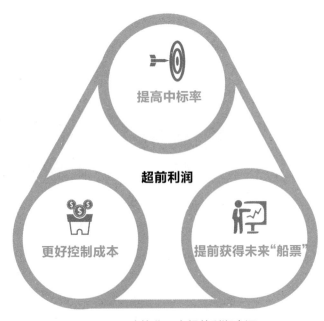

图3-10　建筑业三大超前利润来源

二是更好地控制成本。由于掌握了强大的信息获取能力，成本控制力就大为增强，企业盈利能力将大幅增加。

三是最重要的，提前获得未来的"船票"。提前获取未来竞争的资格关乎企业的未来，非常重要。

反之，如果企业采用"鸵鸟"策略，自己认为现在的市场不透明甚好，不去主动掌握信息化技术（如算量软件、材价信息系统），就会吃大亏。当你的上游甲方和下游分包商、供应商掌握信息优势时，你将会很被动：一则结算上自己就会被动，对甲方无法多算；二则自己的管理内功无法跟上时，少算漏算很多，亏损巨大。有个客户最近大批量部署鲁班算量软件就是因为甲方用了鲁班算量算得清清楚楚，自己一点也无法多冒，而自己项目部没有用算量软件精细化管理，造成 2000 多吨钢筋亏空，一时不知是被供货商飞单还是损耗造成的。如果过程中一直用算量软件在做三算对比，过程中就可以发现问题，加以控制，最后痛定思痛决定全面部署鲁班算量软件。

情况愈来愈明显，谁先拥抱"透明"，先采用先进的信息化技术，谁才可以获得生存和发展权。

建筑行业"量"和"价"上的透明度对行业发展、对建设单位、建筑企业都有极大好处。市场充分透明化，对实力强的、管理好的企业最为有利。

让我们尽情拥抱"透明"吧！

树立平民精神，树立靠管理内功获取平均利润的经营理念。彻底摒弃依靠市场不透明（黑箱）赚取利润的思想，只有这样才能活得更好、活得更久。

国际化慢行

中国建筑企业具备国际化能力了吗？

我国建筑业实施"走出去"战略效果怎样？

当建筑企业普遍将国际化作为转型升级战略时，却道一声"国际化慢行"。

我国建筑业"走出去"战略喊了多年，实际情况却是国内建筑企业在国际工程承包市场竞争力依然很弱。2013 年全球 250 家最大国际承包商平均完成海外营业额为 20.4 亿美元，为我国上榜企业的 1.7 倍；我国建筑企业在中东、亚洲与非洲的营业额占海外总营业额的 87.7%（图 3-11），很难进入发达地区市场；同时我国建筑企业的海外承包在国际市场中层次较低，一般都是施工承包或劳务承包的中低端市场，即使在亚非拉市场，很多项目都是我国经援项目或政府贷款支持项目，真正市场化的竞争项目比上述的数字还要小很多。

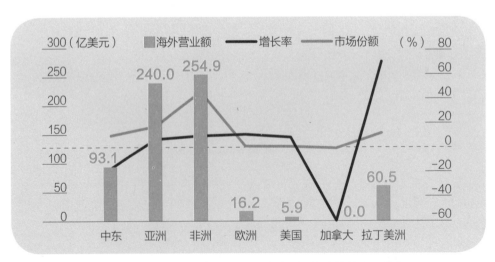

图 3-11　2013 年入围 ENR250 强中国承包商海外市场分布

不可否认，由于基数较低，前些年国际承包营业额有较快速度增长，但近两年已经有所下滑，从 2008 年的 39.4% 一直下跌至 2013 年的 17.6%（图 3-12）。不仅如此，发展的质量依然令人担忧。很多在亚非拉的项目，由于我国建筑企业的社会责任意识较差，对当地环境破坏严重，引起较大的社会矛盾，影响到国际市场的可持续发展，中国建筑等几家堪称国家队的建筑企业在菲律宾涉嫌"违标"（在国内称"围标"），将国内潜规则玩到了国际上，被世界银行列入"黑名单"，遭到世界银行封杀，波及其他地区业务。2010 年，越南政府对外公布，中止由中建总公司疏通和改造胡志明市运河的工程，致使中国建筑企业蒙受重大信誉损失。2011 年，波兰高速公路管理局公开宣布解除与中海外签署的工程承包协议，向中海外及其联合体索赔 2 亿欧元，同时禁止联合体四家公司三年内参与波兰的公开招标。

出现这样的情况其实是相当正常的。远比建筑业更早市场化、与国际水平差距更小的制造业，在国际化道路上还鲜有成功案例，TCL、联想、海尔等的国际

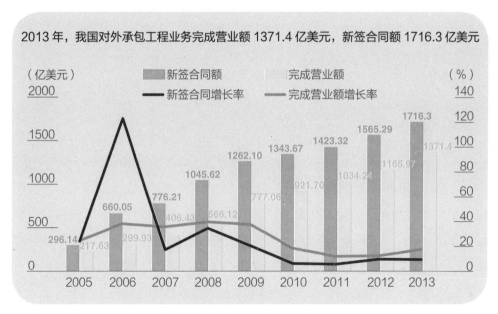

图 3-12　近年来我国对外承包工程业务发展趋势

化之路十分坎坷。制造水平虽已居世界前列，但品牌、国际化人才建设障碍重重，难以突破，与世界水平差距更大的建筑业国际化成为普遍战略显然有些过早。

国际化热的深层原因

无论从我国建筑企业的实际能力和发展现状，还是从"走出去"战略的实施效果看，国际化还远不能成为中国建筑企业的普遍战略。

当前很多大中型建筑企业将发展海外市场列为企业战略，真正的原因却是机会主义、简单暴利思想作怪。国内建筑市场由于清单报价普遍推开，合理低价中标成为普遍投标规则，特级、一级资质企业数量大幅增加，国内市场竞争加剧，利润水平大幅降低，近年全行业利润水平仅为2%，很多大型建筑企业更是在1%以下。在这样的背景下，国际化成为寻找更高利润市场的一种冲动，其实只是在寻找高利润的机会，而不能成为一种战略，与大量建筑企业将不多的钱投向房地产开发是一个道理。

另一个真相是国内建筑市场当前还处于计划经济向市场经济过渡过程中，国内市场化还很不充分，大量项目还在按国家定额计价，市场竞争还处在关系竞争状态，这样的市场环境不可能培育出市场能力很强的企业，更不可能培养出有较强国际化能力的企业。这就像一个中学生，不经过大学学习阶段，要念博士学位，遇到的问题和困难是会很大的。

事实上，从在建建筑面积规模占50%全球市场的中国建筑业来讲，国内市场大有可为，对大多数国内建筑企业来讲提国际化是不合适的。很多企业"全国化"之路尚未起步，或者说没有能力起步，大谈"国际化"是一种奢望。即使产值达千亿的上海建工集团，在上海以外市场业务仍未超过50%，只能称之为地域性公司，尚算不上是全国性公司。大量的政府计划任务，执行计划价格，导致市场竞争能力提升缓慢，大型建筑企业的成本远高于小型建筑企业，小型建筑企业的成本远高于承包项目经理。这种企业能力状况导致中国建筑业转型升级迟迟不能发动，产业集中度无法提升，恶性竞争就难以改进。

> 等待国内市场整合机会才是优先战略。对总规模已达 16 万亿的中国建筑业市场，有作为的建筑企业基于国内市场完全应该朝着 500 亿、1000 亿、2000 亿目标去努力。

国际市场也并非世外桃源，竞争水平只会更高，因国内竞争力不足而涉足国际市场，一定要准备足够的学费。国内市场因缺乏足够管控能力尚靠项目承包制完成项目实施，运营海外项目只会更悬。

正因国内市场集中度低下，国内建筑企业练好内功，等待国内市场整合机会才是优先战略。这样的机会还很大，江浙地区很多民营建筑企业规模到100亿～200亿左右已是瓶颈，而对总规模已达 16 万亿的中国建筑业市场，有作为的企业基于国内市场完全应该朝着 500 亿、1000 亿、2000 亿目标去努力，这就需要很强的内在能力，达到这样的规模和管控能力后，国际化会成为一种顺理成章的升级战略。

国内建筑企业国际化缺什么？

当前现状来看，国内建筑企业国际化能力欠缺的方面还相当多，主要体现在四大要素（图 3-13）。

图 3-13　当前我国建企国际化缺乏四大要素

企业文化价值观必须提升。做大赚钱的企业理念导向无法支撑国际化战略，管理地域空间的扩大，项目的社会环境、市场竞争环境更加复杂，唯有客户价值、承担社会责任的经营理念才能有更大的外部适应力，同时会有更高的内部管理效率和运营效率，国际化运营才有基础。

品牌能力。当前国内建筑企业品牌战略能力普遍低下，大而全，小而全，差异化小，缺乏核心竞争力。以关系为主要竞争手段的国内市场品牌能力影响较小，因此导致国内建筑企业品牌能力低下。在国际市场上会大不一样，我是谁？我是干什么的？你为什么要找我？三言两语要能说清，否则难以跳出施工承包与劳务分包的低端市场，国内建筑企业在国际市场已是后来者，在专注领域做出核心竞争力，应是一种重要的战略。

管控和支撑能力提升。本地本市和国内的工程管理起来还比较吃力，行业问题频频，倒楼倒桥不时可见，发展海外市场成为普遍战略就是一种笑话。一个项目孤悬海外，经营环境十分陌生，团队远离总部，如果总部的管控和支撑能力低下，海外工程无疑是在赌博。总部如何能成为海外项目的大后台，总部的经营、技术、知识、数据资源如何能为海外项目所用，总部又如何能对海外项目与市场了如指掌，将资金风险、经营风险安全控制，信息化能力建设必不可少。信息化互联网才是克服管理距离的最重要技术支撑手段，这不会是一日之功，而是需要长期持续投入。

人力资源。这方面的挑战也相当大，国际化工程经营人才对外语、专业能力和承受压力等综合能力要求很高，而当前中国建筑企业吸附高端人才的能力还不足够，这又是一个相当大的系统工程。

主管部门与企业该为国际化做些什么？

先将国内市场国际化。主管部门在提倡"走出去"战略的同时，接着该做的一件事却应是将国内市场国际化。中国改革开放30余年，加入WTO也已十余年，很多市场已高度开放和国际化，而建筑业市场至今依然十分封闭，这是个十分特殊的产业现象。这与主管部门越来越高的准入门槛，也是世界最高的准入制度设计有密切关系。不要说国外企业，甚至是港澳台企业都难以进入。这与国际建筑市场十分不协调，成熟国际市场准入门槛很低。极高的准入门槛保护了国门，也保护了落后，大大减缓了中国建筑业市场化进程，也减缓了中国建筑企业能力提升的步伐。号召一个几乎是零开放的市场内的企业杀向国际是幼稚的，甚至有些一厢情愿。中国建筑企业的品牌、战略和信息化能力低下，与这种状况关系甚大，引入"鲶鱼"已很有必要，在家里与高手练练手，代价要小很多。

事实上，这些看上去极高的准入门槛却是假的，当前任何有关系能拿到项目的项目经理拿个特级牌照挂靠很容易。

加快企业的转型升级，而不是多元化和转行降级。转型升级在于企业内在能力上的提升，而不是寻找暴利机会。中国建筑业市场很大，机会很大，出众的内在能力，一定大有作为，国际化自然也水到渠成。

信息化。不论提升企业管理能力还是国际化战略，都需要有强大的信息化系统的支撑，没有数据掌控能力，凭经验拍脑袋的决策方式到国际市场经营将如同赌博，通过信息化克服管理距离的困难是十分必要的。

现阶段国家如何实施海外战略

应该由专业化的海外业务公司来承担，不应搞扩大化。应组建专业的海外公司，专注海外市场，长期建设培养海外业务团队，才有可能将海外业务做好。

极高的准入门槛保护了国门，也保护了落后，大大减缓了中国建筑业市场化进程，也减缓了中国建筑企业能力提升的步伐。

南通绍兴建筑企业发展模式挑战与突破

南通、绍兴发展模式优势何在？

南通、绍兴建筑业面临什么样的挑战？

南通、绍兴两地建筑企业后续优势谁更强？

南通、绍兴建筑业成就

江浙地区建筑业在前 20 多年的市场竞争中，体现出较大的优势。2013 年江浙两省产值总量达 41778.6 亿元，占全国 26.2%，占比提升了 0.3 个百分点，即是一个重要佐证。一批江浙建筑企业从几千万元的地方建筑工程队，快速成长为产值上百亿的建筑企业集团，增速远超国有大型企业。从以前国有大型建筑企业的劳务分包商成为平起平坐的竞争者，江浙民营建筑企业在中国建筑业的发展中已占据重要地位。

南通、绍兴建筑企业则是江浙两省建筑业杰出代表，江苏和浙江是全国建筑业产值规模最大的两省，而 2013 年南通和绍兴分别占了两省产值的 23.4% 和 27.4%，二者在江浙两省的核心地位可见一斑（图 3-14）。表 3-2 列举了南通、绍兴两地建筑业发展的一些经营数据与对比情况。

南通、绍兴两地建筑业模式在近 20 年的发展过程中，有非常多的相同点，各自也有非常明显的特点。通过对两地发展模式的比较研究，对中国建筑业发展有非常重要的借鉴作用。

两地发展模式的共同优势

如图 3-15 所示，南通、绍兴建筑业的发展模式有着共同的优势。

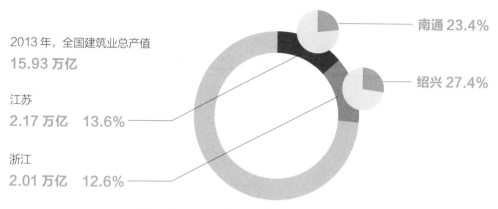

2013 年，全国建筑业总产值
15.93 万亿

江苏
2.17 万亿 13.6%

浙江
2.01 万亿 12.6%

南通 23.4%

绍兴 27.4%

图 3-14　南通、绍兴在全国建筑业的地位

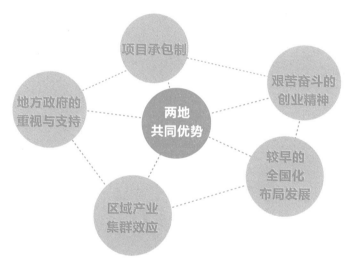

项目承包制

艰苦奋斗的
创业精神

地方政府的
重视与支持

两地
共同优势

较早的
全国化
布局发展

区域产业
集群效应

图 3-15　南通、绍兴发展模式共同优势

"项目承包制"发挥了巨大作用。 利用强大的激励机制，充分调动每一个项目经理的资源（业务关系、资金、人力），江浙建筑企业获得快速发展。

随着产业成熟度的提升，以经济利益强刺激的"项目承包制"潜力挖掘殆尽，优势逐渐丧失。规模较大的江浙民营建筑企业增速放缓，发展风险增加，已面临发展的天花板，亟需转型升级。

地方政府的重视及大力支持。 两地政府部门都非常重视建筑业发展，按当地

南通、绍兴两地建筑业发展状况对比分析　　　　表 3-2

比较项目		南通	绍兴
2013 产值		5421.73 亿	5497 亿
企业数据		近 2000 家	接近 1000 家
鲁班奖数量（2006～2011）		69 项（2011 年获 7 项）	27 项（2011 年获 3 项）
所有制		民营为主	民营为主
政府支持力度		支柱产业，大	支柱产业，较大
行业结构		多元、专业化进展较快	房建为主
市场布局		全国化，国外拓展进展较大	全国化，国外市场较小
发展方式		集约型进展较快	集约型进度较慢
信息化		力度较大	力度较小
组织结构转型		加强形成高资质、龙头企业优势，占总量 80%	
企业管理提升		所有权、经营权分开 职业化进展较快	职业化进展相对较慢
提升企业核心竞争力		力度较大	力度相对较小
资质及排名（2012 年）	特级	15 家	17 家
	一级	150 家	133 家
	中国建协百强	13 家	4 家
	中国承包商 60 强	7 家	9 家
	上市	1 家	3 家
2012 年企业规模	大于 100 亿	7 家	11 家
	大于 50 亿	17 家	24 家

支柱性产业定位来发展，从而出台一系列的体制、金融、人才培养、财政政策，对两地建筑业的发展起到非常大的推动作用。

区域产业集群效应。两地作为建筑之乡，建筑企业众多，从业人员庞大，行业产业链配套较全，为两地产业发展提供了良好的市场基础。这与江浙两省其他产业的集群发展效应比较类同，如义乌的小商品市场带动区域集群效应。

全国化发展。两地区本身是地级市，本地经济总量和建筑业规模都是相当有限的。这种状况迫使这些地方的企业一开始就进行全国发展，甚至向国外市场发展，最早完成全国业务布局。很多大城市的建工集团为什么落后这两地民营企业，一个重要原因是这些地方建工集团有当地市场的保护，全国化发展启动较晚，失去先机。

艰苦奋斗的创业精神。发展初期，两地建筑企业的生存发展环境是极为困难的。百万建筑业大军在全国各地最艰苦的地方，承揽最难干的活，交付最好的工程质量，终于创出信誉，赢得今天的大发展。

南通、绍兴发展模式挑战

增速持续困难。近年江浙大型民营建筑企业发展速度明显放缓，横比和纵比发展速度都在减慢。2013 年全国建筑业产值增幅达 16.1%，意味着低于 16.1% 的企业增速，在整个市场份额的占比是减少的，即没有跑赢大盘。实际上，南通建筑业总产值的增速已从 2011 年的 30.8% 降至 2013 年的 22.6%，绍兴建筑业总产值增速则从 2011 年的 27.8% 降至 2013 年的 13.4%。处于产业整合期的企业发展速度要明显快于平均行业增速，才能甩掉众多竞争对手脱颖而出。以目前江浙民营建筑企业的管理手段和管控能力，这显然是过高的要求。

随着项目数量和项目地域大幅扩张，管理难度激增。由于"项目承包制"项目经营决策权大部分下放在项目部，企业总部对项目成本风险、资金风险处于信息劣势，管控风险大增，加上众多其他因素，不得不放缓发展速度。

随着项目数量和项目地域大幅扩张，管理难度激增。由于"项目承包制"项目经营决策权大部分下放在项目部，企业总部对项目成本风险、资金风险处于信息劣势，管控风险大增，加上众多其他因素，不得不放缓发展速度。

"承包制"江浙民营企业在价格竞争力方面会出现以下困难：有的项目总部怕承担亏损风险，阻止项目部报低价；有的战略性项目总部希望降低报价，项目部却不愿意牺牲利润。

从鲁班咨询的调研来看，很多大型江浙民营建筑企业已转向以求稳为主的保守型经营战略，这当然是项目数量和地域空间大幅扩张带来的管控和支撑能力不足导致的压力所致。对质量、安全和成本风险的控制，同时对项目经理道德风险的控制都处于困难境地。

大型项目和政府项目竞争不利。"项目承包制"是典型的项目部独立作战，较难整合一个企业内部整体资源实施单个项目的攻坚战，而国内高大难项目、抢进度项目和巨额垫资项目越来越多。在这些项目中，直营制大型建筑企业能体现出较大优势，在全企业内调动资源，实现突击，提供巨额前期建设资金，容易获得较高的客户满意度。

由于民营建筑企业经营手段相对灵活，业主方和相关顾问单位项目责任人责任较大，而发包给国有大型建筑企业责任要小很多，导致"项目承包制"民营企业在竞争国有投资大项目时处于不利位置。

每当宏观调控或经济危机来临，因政府银行支持较少，抗风险能力相对较弱，特别是名义上由承包项目经理承担项目风险（实质上最终由企业承担），也会影响到业主选择的倾向性，对民营建筑企业不利。

"项目承包制"为主的建筑企业项目管理模式，弊端之一是企业难以形成一个整体性的航母，难以发挥集约运营优势，这样在向更大规模、更高端市场发展时将碰到极大的阻力，与国营大型建筑企业竞争中处于弱势。

价格竞争力渐失。在前20年的市场竞争中，江浙民营建筑企业具有较大的成本优势，价格竞争力较强。在中小型项目上就形成了较大优势，同时成本优势使企业完成了较大的资本积累，在市场中快速崛起。随着国有大型建筑企业管理水平提升，特别是信息化管理手段的大力应用，集约化程度不断提高，使得二者即使"项目承包制"现在还很有效率，但绝不是建筑业先进生产力的代表，只是一种阶段性效率优势，行业成熟后一定是精细项目管理、集约企业经营的天下。

的成本控制能力接近。但由于人力资源劣势，江浙民营建筑企业的二次经营能力，明显弱于国有大型企业。国有大型企业利用集约化优势，在关键大型项目上更敢报低价，甚至在一些战略性项目上敢于亏损报价，也让江浙民营企业在价格竞争中颇难应付。

"承包制"江浙民营企业在价格竞争力方面还会出现以下困难：有的项目总部怕承担亏损风险，阻止项目部报低价；有的战略性项目总部希望降低报价，项目部却不愿意牺牲利润。投标决策凸显内部博弈的困境。

核心竞争力建设困难。"项目承包制"下的高强度经济利益激励是江浙建筑企业前 20 年的核心竞争力，以此充分调动项目经理个体积极性。可惜的是，江浙建筑企业在前 20 年一直过度依赖于此，其他可支撑、可持续发展的核心竞争力并没有很好建立起来。"项目承包制"使江浙民营建筑企业成于此、困于此。"项目承包制"使江浙民营企业产生了过度的路径依赖，导致变革异常困难。在企业文化建设、品牌战略、管理体系和信息化建设等诸多方面造成老体制积重难返，在这些方面难以建设独特的核心竞争力。

人力资源补充困难。"项目承包制"模式使整个企业在人才价值观上，更倾向于用人，而不是培养人。年轻人才的高流动性和项目性经营思维决定了项目经理更愿意高薪用人而不是着眼于长期培养人，缺乏人力资源的长期战略。人才资源的补充能力将是今后竞争最重要的公认的决定性因素之一，虽然大型国有建筑企业年轻人才流失率高企，相对于民营企业仍然有更强的人力资源优势。

民营建筑企业人力资源建设同时还受到"家族文化"、"域族文化"的局限，使人才补充渠道受限。

企业效益提振乏力。"项目承包制"导致收入来源与产值是一个固定比例，由于整体市场集中度难以提高，价格战是当前国内建筑业的重要竞争手段，项目部利润水平在降低的同时，总部收益率也难以提升。

提高总部管理费点数，项目经理很可能将下一个项目挂到其他企业，这也是由于企业总部对项目部支撑能力（即核心竞争力）不够多导致的，项目经理即可自由流动。

收入提升乏力，管理成本在不断增高，效益提升就非常困难。这往往会让企业总部对人员编制控制较紧，又导致人力资源后劲不足。

如图 3-16，总结了南通、绍兴两地发展模式的六大挑战。

图 3-16　南通、绍兴发展模式挑战

建筑企业优势模式

中国建筑企业模式从产权性质、战略、业务布局、项目管理模式、信息化投入强度、文化基因等几个关键方面的不同，形成了企业模式的多种组合。

现在整个行业还处于不自觉状态，在摸索中前进。主流的模式中有多种组合，各种模式并未显示出长期独特的优势。市场法则一定有其内在规律，中国建筑业概莫能外，但究竟什么样的企业模式才是中国建筑业长期最有优势的企业模式，是一个很有价值的问题。

鲁班咨询长期的研究结论是：中国建筑企业长期最有优势的企业模式，应是产权性质为民营而非国有；二是企业战略为专注、专业聚焦战略，品牌专一，领域专家战略，领域第一战略；三是在业务布局上为全国布局，而非区域业务布局；四是项目管理模式为直营，实现企业集约化管理、项目精细化管理；五是信息化投入大；六是职业文化和专业文化，而非域族文化。

南通、绍兴发展模式突破策略

中国建筑业宏观层面还是相当不错的，行业规模一直高速增长。行业集中度还较低，还有脱颖而出的机会，项目管理利润空间也还有相当大的潜力，江浙民营建筑企业在建筑业主营业务上还大有可为。

即使"项目承包制"现在还很有效率，但绝不是建筑业先进生产力的代表，只是一种阶段性效率优势，行业成熟后一定是精细项目管理、集约企业经营的天下。很多江浙建筑企业家对现阶段发展问题早已开始研究对策，并展开行动，但江浙民营建筑企业突围之路并非平坦。

变革有巨大的风险，江浙民营建筑企业突破天花板之路的策略相当重要（图3-17）。

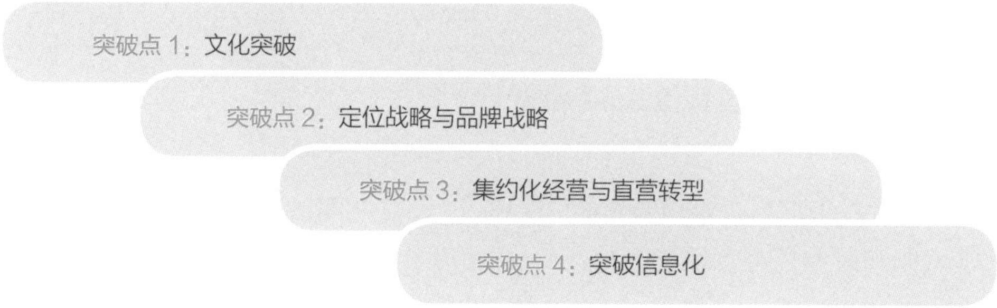

突破点1：文化突破

突破点2：定位战略与品牌战略

突破点3：集约化经营与直营转型

突破点4：突破信息化

图3-17　南通、绍兴发展模式突破策略

文化突破。江浙建筑企业的发展大都有"域族文化"的色彩，项目经理和高层管理人员大都出自同一家乡地区，通过乡情和信用成本，代替了大部分管控上的难度。但这也限制了吸收全国的人才资源，实现更大规模的发展。项目经理资源即是下一步发展的要点。前20年延续下来的地域文化要彻底重建颇有难度，各管理层级已经形成利益裙带关系，要有高招才能破解。

江浙民营建筑企业创业初期的企业理念是简单的赚钱导向，企业文化的定位相对较低。市场的成熟、企业规模的扩大和竞争的压力，要求企业文化境界提升，诚信、客户价值、承担社会责任的文化基因将是企业做大的必要条件，从"域族文化"到"职业文化"、"专业文化",是必须进化的一个过程,改造文化基因是一个严峻考验。

定位战略与品牌战略。抢占定位是当前建筑业竞争最重要的策略。"项目承包制"非常依赖优质项目经理资源,为了扩大资源范围,企业就很难执行聚焦的品牌战略。企业品牌没有定位,就难以产生独特的竞争力。江浙民营建筑企业的同质化比较严重,从战略到管理模式,这样不可避免导致低水平的价格战,从对业主的投标价格到内部的管理费费率都是如此。

突破同质恶性竞争的出路在于实施定位战略和品牌战略。有所为,有所不为。尽快找好自己的优势专业领域,力争进入全国前三,实现全国业务布局,这才是持续竞争之道。围绕自己的定位,优化资源配置,不断强化自己优势,建立竞争门槛,才能摆脱长期的恶性竞争。

向多元化、向上游房地产发展是江浙建筑业下一步发展的严重威胁。

集约化经营与直营转型。集约化经营一定是方向,采购100万吨钢材一定比采购1万吨更经济,资金效率更高;运营300亿资金一定比3个亿资金成本要低。小前端大后台是未来领先的企业模式,一个项目的质量、安全和成本要取决于总部的能力,而不是仅取决于项目经理的能力,这就需要强大的后台支撑。

集约化经营有多个方面:人力资源、技术、采购、管理、信息,前几个方面目前都还较难做。信息的集约化运营应率先起步,这个工作做好了,企业对项目的管控能力和对项目部的支撑能力都能得到大幅提升,从而带动其他方面的集约化转型升级。

突破信息化。管理的项目数量和地域可有很大的突破。当前江浙建筑企业最大的管控风险是项目经理套取项目资金挪作他用,当具有一个敏捷的数字神经系

江浙民营建筑企业的同质化比较严重,从战略到管理模式,这样不可避免导致低水平的价格战,从对业主的投标价格到内部的管理费费率都是如此。

统，实现总部与项目部信息对称，这一风险就能得到很好的控制。

对项目部支撑能力大为加强。当企业总部具备了量、价、造价指标、企业消耗量指标数据库时，企业就有能力为项目部提高投标效率、中标率和过程成本控制提供强大的支撑，这时即使收取较高的费点，项目经理也不愿离开你，利用强大的数据库支撑能力的吸引力，逐步加快变革力度，改造企业，从而避免过大的风险。

为直营创造条件。要进行直营，必须有强大的信息系统，具有极强的总部控制能力和对项目强大的支撑能力，才能实现大量项目的直营。

信息化建设如此重要，前些年我们的努力却鲜有成功。现行的建筑行业信息化过多地引用制造业的 ERP 经验，而没有遵循行业的本质和规律，导致很多失败案例。江浙民营企业应先着力于 BIM 技术的应用推广和企业级基础数据库的建设才是信息化建设成功之道。

南通、绍兴建筑企业发展模式趋势

两地虽然发展的前期路径较为相似，但在市场压力和竞争推动下，已出现较大分化（图 3-18）。

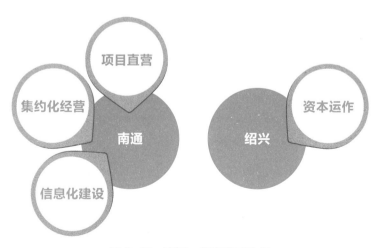

图 3-18 南通、绍兴发展分化

南通的企业在项目直营、集约化经营、信息化投入方面推进较大，意识相对较强，这将对后期竞争力提升带来非常积极的影响。

在战略上进行定位，实现聚焦战略，较为专注的企业也较多，这将在后续体现竞争优势。如龙信集团在精装饰住宅上不断精进，逐步积累专有领域的产业链优势。当一个地区建筑业每个企业的专注力度提高，同时整个地区的建筑企业更加多元化，更加专业化，才是一个好的局面。

在信息化的投入和进展方面，南通企业相对绍兴企业普遍要领先，中南、龙信等南通建筑企业，已将信息化作为自己的重要竞争力建设项目，持续不断地投入和提升，这方面对后续竞争力影响将甚大。

绍兴建筑企业在资本运作上积极尝试，有三家上市公司。相比而言，绍兴建筑企业的资本运作是比较积极的。打通资本市场融资通道、提升上市企业的品牌价值，对于企业资金实力的提升有着重要的作用，但要更好地实现可持续发展，定位战略、发力信息化、向直营转型都等更为重要。抢占优势定位和市场领域，确立竞争品牌，建立管理门槛，最为当务之急。在向现代企业制度转型、提升信息化和 BIM 技术推广应用方面，绍兴建筑企业已落后不少，这方面值得绍兴企业迫切关注，这些因素会拉大核心竞争力建设的差距。

04

赢在品牌

- 多元化战略反思
- 向装饰行业学习
- 中国建筑企业品牌建设误区与出路
- 上海建工如何突破品牌之困

伟大的品牌是公司维持超额利润的唯一途径，伟大的品牌感觉了感性收益，而不是理性收益。

——"现代营销学之父"菲利普·科特勒

　　品牌建设自有其内在的规律，任何企业都必须遵守，才能用最少的资源和投入，获得最大的品牌溢价。中国建筑企业20多年来，一直深处关系竞争力的市场环境，对品牌的原理研究甚少；企业家大多是工程专家、公关专家、人治专家，但普遍品牌素养不高，这是我国建筑业转型升级的一个大问题。

多元化战略反思

持续近 20 年的国内施工企业同质多元化战略，从全行业来看确实到了该调整的时候，研究战略、加快学习是当前建筑企业家非常重要的任务，起步晚的企业将失去机会。

多元化与专业化，一直是近几十年企业家和管理学界争论的焦点，也是企业战略矛盾所在，但在建筑业前 10 年，多元化战略还是施工企业的当然选择，如今这个时点作较彻底的反思和梳理已非常必要。

管理学从理论和实证都表明，多元化战略思维从来都是一厢情愿，鲜有成功案例，无论从国际到国内，无论是其他行业还是建筑业。

专注、建立专家品牌，从统计学上看，本应是企业经营普遍的成功之道。但因市场机会太多，企业做大的野心太强，多元化战略一直很有市场。

近 20 年来，多元化战略成为中国建筑施工企业的普遍之选，此风远甚于中国的其他行业，带来的后果也更为严重。其中一个结果就是导致近年行业进步太慢，行业诸多问题有增无减，如质量、安全、恶性竞争、民工、工程腐败等各种问题不但得不到好的改进，甚至变得更为严重。企业效益和赢利能力没有得到较好改善，承包制依然是项目管理的主流模式。如果媒体愿意报道，地方政府不揭盖子，近 20 年盖的楼房桥梁中，倒楼倒桥应该是天天都有的"新"闻。中华大地上，几千年前修的建筑屹立不倒的大有所在。中国建筑业到底出了啥问题，企业理念和战略错误首当其冲，多元化则是最严重的错误表现之一。

中国建筑业到底出了啥问题，企业理念和战略错误首当其冲，多元化则是最严重的错误表现之一。

很多企业实现多元化的战略后，今天已表现出不良后果（图4-1）。

一是主营业务进展减缓，竞争力下降。多元化战略直接负面影响到主业，因为企业的资源和管理层精力都是有限的。

二是管理未能提升，十多年还是一套老的管理模式。管理创新需要花时间研究和实施，最费管理层资源。建筑业从项目管理到企业管理，复杂度远超其他行业，不钻进去将很难提升和改善管理。

三是多元化未获预期目的。多元化的机会是短暂的，第一个机会也许赚了大钱，但不是规律，规律是专家品牌才能长期保持高收益。

四是损失品牌价值。即使是有限多元化，也需要正确的品牌战略配套，需要一套复杂的战略、品牌和运营设计，策划和运营难度相当之高。简单的品牌延伸，往往损失主营业务的品牌价值，而建筑企业的多元化战略往往落入这个陷阱。

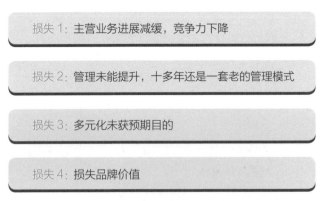

图4-1　建筑企业战略多元化的损失

现在梳理中国建筑企业多元化的战略，正当时候。2013年中国建筑业规模已达15.9万亿元，占GDP约7%，可以说是第一大产业，建筑业资源、能源消耗最大，行业影响到社会方方面面，这个产业综合素质、竞争力的提升，对全社会的综合福利影响相当之大。

而战略就是方向，方向性的问题不解决好，一个企业、甚至行业都很快会碰到天花板。

前 10 年建筑企业战略回顾

中国建筑业特殊的发展历史背景，使企业和行业走入了特定的历史轨道，这一点对建筑业可持续发展而言是非常不利的。即近 20 年在中国经济主要增长模式——投资拉动的带动下，行业一直以超过 20% 的速度在增长，行业机会太多，从而让建筑企业一直以"抓住机遇"为企业战略，即使期间有短暂的宏观调控，也因时间太短而无暇反思和调整，第二波大机遇就接踵而来。这样的几轮循环，导致施工企业的战略形成路径依赖，虽然企业规模从几个亿增长到几十亿，但企业运营模式、核心竞争力几乎无大的变化，无法使企业从本质上上一个台阶。

当然责任不应全怪罪在历史环境上，行业内企业家普遍缺乏创新意识，缺乏创新责任仍然要列为主因。缺少学习与创新的企业家群体，是建筑施工行业进步艰难的更重要原因。这一点与建筑业的上游行业——房地产业相比差距甚大，中国房地产业的历史很短，正因为有了像万科、万通、龙湖、碧桂园等一小批创新型企业，才带动了全行业的快速进步。

实质上，"抓住机遇"的战略思维就是没有战略，必然滑向"多元化战略"，因此"多元化"就是"没有战略"的战略，什么赚钱干什么，到处抓机会。

什么是"战略"？战略就是放弃，想干什么不一定有战略，不干什么往往是战略。战略就是眼前有一些赚大钱的事，还不干；有的事很长时间不赚钱，还在

盲目多元化是条死路

我们看到国内多数建筑企业"样样做却样样做不精"，一旦面对国际化的竞争，就出现品牌和技术空心化、专业人才过度分散、企业竞争力削弱……

而这种近乎灾难性的原因，来自国内建筑企业的同质化属性。由于缺乏自身的核心专精领域，大量的企业在一个相当狭窄的范围内激烈竞争，导致利润水平不断下降，没有过多的力量进行施工技术和项目管理技术的研发。

似乎所有声音都在提醒：盲目多元化是条死路！

——来源：《中国建设报》2013 年 9 月 17 日第三版

努力地提升，可能就很有战略。

纵观前 10 年，所有行业论坛、行业媒体上企业家的声音，都在谈多元化，谈行业外的机会，形成一种共识，建筑业做大，获得资源，去别的行业找机会赚钱。业内几乎只有鲁班咨询（特别是笔者本人）一直在强调专业化、聚焦，但未能对行业有大的影响，是非常可惜的。

多元化战略表现。前 10 年国内建筑企业多元化战略是普遍的，多元化实施策略比较典型的：

一是进入上游房地产。这是建筑企业最想做的，做得最多的，确实有些企业赚到一票，但一般仅是机会，而不能成为战略。施工企业平时受惯业主的欺负，带资垫资，且这些年上游暴利，当业主朝南坐，这些诱惑确实令人难挡。但这仅是光鲜的一面，一旦市场调头向下，一个楼盘被困住，就有可能不能翻身，因为房地产资金占用量太大。

部分建筑企业甚至介入造城运动，从土地一级开发做起，意图从投资、工程总承包一揽子业务上下游通吃。这样做的风险在于，这样的业务模式与传统的建筑业实在相差太远，其中市场、资金、政府计划可行性、项目管理甚至拆迁等风险不是一个建筑企业快速转变身份的开发商所能胜任，冒险和机会主义的成分相当大，笔者也不看好。

二是进入同一个行业多领域，如同时进入房建、钢结构、市政、地铁等。行业内的多元化也较为普遍，很多企业都在争取拿更多的资质，进入各个大的工程业务市场，一个不大的企业横跨房建、市政、钢构、桥梁、公路等。这些业务之间并没有多少战略协同，但因为这些领域都有机会、关系资源，建筑企业为增加

一个总承包企业如果未先在一个特定的领域遥遥领先，再顺势发展其他领域，而是同时低水平发展多领域，由于资源的分散，很难取得好的整体效果，反而会被各领域内专家选手击败。

拿项目的机会，纷纷进入各细分领域，而并非真正的战略导向。

这种行业内多元化战略对大多数施工企业来说也缺乏竞争力，不可持续。一个总承包企业如果未先在一个特定的领域遥遥领先，再顺势发展其他领域，而是同时低水平发展多领域，由于资源的分散，很难取得好的整体效果，反而会被各领域内专家选手击败。

三是投资酒店。这也是很多民营企业非常喜欢的事情，高耸的星级酒店，在自己名下，是相当体面的事情，但前提是，需有大量的现金流支撑。而当前问题是，项目本身占用资源会很大，主营业务资源需求应对还不是绝对轻松的情况下，再应付大量的现金流支出无疑是釜底抽薪。

伴随多元化的是国际化战略。国际化战略，其实是多元化战略的一种延伸，机会主义主导的结果。就中国建筑业规模而言，行业产值年增速达 20% 以上，国内市场的专业技术管理人员充实都是来不及的，国内的工程管不好，如何管理跨国工程，如何全行业"国际化"、"走出去"，不合常理。想走出去依然只是抓机会，暴利思想作怪。以中国当前的情况，国际市场应组织专门主攻海外市场的企业来做，而不是全行业杀出去。

从统计结果看，即使中国建筑国际化之路有可圈可点之处，但增长困难，赢利更差。

国际化必须是在国内工程能管得很好的情况下向外发展，国内工程管不好，这么多倒楼塌桥的，凭什么管理远在天边、语言不通、法律不懂的国外工程。

其他多元化的投资五花八门，非常之多。有投矿的、有投能源的、有投农业的、有投养老产业的……这些产业总体上都无法为中国施工企业的竞争力格局带来根本性的变化。

最大问题在于这些多元化投资都是基于机会，而不是基于战略。抓机会是靠运气，而不是靠能力，更接近于赌博，输者为多。

图 4-2 列举了常见的几种建筑企业多元化领域。

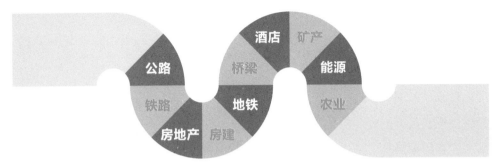

图 4-2　建筑企业多元化战略表现

多元化战略难以成功

多元化难以成功的理由是多方面的（图 4-3）：

一是难以建立品牌。随着竞争的加剧，竞争台阶的提高，市场将是专家的天下，也就是成功建立领域内领先品牌的企业取胜。多元化导致企业很难在特定的领域建立领先的品牌，从而陷入苦战，报价没有溢价。

市场与客户难以接受一个多路出击的公司在某一领域很专业这样的观念。

二是难以提升业务管理水平。由于同时要顾及多个业务条线，内部业务流程的改进、管理体系的提升，就会比较慢，管理资源投入，特别高层领导的时间资源将受到限制，这是管理改进的重大制约。这样会导致业务能力、成本控制能力都不及竞争对手，最后导致竞争力下降。

三是难以摆脱人才困境。多元化战略往往第一受制于人才资源，资金资源往往不是第一位的。美国 GE 为什么能做多元化，其中一点就是它对高级管理人才的培养能力，有统计称世界 500 强企业中，曾经有 150 家企业的 CEO 出自 GE 公司。仅这一点，GE 多元化战略的相对成功（也只能是相对成功）与中国企业根本无法相提并论，中国没有一家企业有这样的人才培养能力。过去 GE 多元化战略，往往是中国企业多元化的依据和榜样，这其实是个错觉。

四是资源往往不够。无论是战争还是市场竞争，往往就是拼资源的斗争，聚焦就成为常胜之道，多路出击定是大忌，军事家深谙此道。而商场上企业家如此钟情多元化，是做大思想导向引起的，而让业务发展良好，恰恰应该与战争一样竞争取胜导向才是对的。

一个企业最重要的资源当属老总的时间资源，管理学规律表明：一个管理者进入一个新领域要有一万个小时的学习时间，才能成为专家。

事实上，多元化难以成功的理由还有更多，专业化、专注、聚焦才是成功的普遍理由。

图 4-3　多元化难成功的理由

后 10 年正确战略思维

清楚企业家使命，明确企业理念。从市场和客户的角度看，企业和企业家的使命是帮社会和客户解决一个问题，提供某种价值，多挣钱是从股东价值来考量。但股东价值的获得首先是基于市场和客户价值，市场价值和客户价值越高的企业挣钱越多，股东价值越高，这是一般的合理逻辑。

直奔挣钱反而很难挣到大钱，为一个社会理想、为改变世界而创立的公司才可能成为伟大的公司。Google、苹果、微软、Facebook 莫不如此。苹果的愿景是："活着就为改变世界"；微软的愿景是："让每个人的桌子上都有一台电脑"；Google 的愿景是："让每个人都轻松获得全球信息"；Facebook 的愿景是："让所有的人都紧密相连"。这些企业都实现了自己的愿景，也成就了自己，成为全球一流企业。

鲁班软件的愿景是："推动中国建筑业进入智慧建造时代"，也获得了很多同行的支持。

> 对当前中国社会和国家竞争力来讲，需要的是一批企业家专注于某一领域几十年甚至几辈子，做到全国最好，做全球最好，这样对社会、对国家贡献最大，同时也能带来最大的股东价值。

麦当劳专注于一个鸡腿，可以造就世界十大品牌；星巴克专注于一杯咖啡，也成就非凡。做一个小事，会成就大公司，而做很多大事，只能是小事业，逻辑正是如此。

事实上，对当前中国社会和国家竞争力来讲，需要的是一批企业家专注于某一领域几十年甚至几辈子，做到全国最好，做全球最好，这样对社会、对国家贡献最大，同时也能带来最大的股东价值。

投资专家品牌，抢占细分市场。中国建筑业 2013 年产值规模已达 15.9 万亿元，是最大的产业。现在行业内看上去竞争相当激烈，其实中国建筑业还处于发展的初级阶段，集中度低，竞争手段初级，行业内的机会还比较多，很多大的战略机会还没有人去抓住。

这些机会主要在于行业内还有很多的细分市场还没有领先的专业品牌。国内近十多年大家普遍采用同质化的多元化战略，致使市场留下的空白还较多。谁通过聚焦与专注，率先抢占全国性的细分市场的领先地位，将会有非常好的作为。

单点突破，向全国市场拓展。聚焦与专注战略在单点突破的基础上，要注意定位全国市场，市场和品牌的定位都是如此。中国建筑在大谈"国际化"和"走出去"的同时，其实"全国化"的战略都没有做，许多地方建工集团和地方施工企业还只能局限在一个一个城市或区域。地方色彩深厚的品牌名称需要调整，进行重新定位和包装。在单区域取得优势后，要逐步向全国业务布局拓展，从而扩大业务网络和业务规模。

选择性延伸产业价值链。在做好单点突破，建立细分市场的领先品牌后，向同一业务的前后端延伸价值链才是最应该做的，纵向做深比横向无关联地做宽要重要得多，有价值得多。

从单纯的施工承包扩展到 EPC，从采购到 BT、BOT 和运维服务，目的不是单纯的产值做大，而是为了以下三点：

一是加大护城河，提高竞争壁垒。让别人进入难度不断加大，对保护竞争力、提升利润率至关重要。综合集成能力越高，竞争门槛越高。当前建筑业竞争门槛太低是行业混乱的最大问题，而门槛之所以低，是大型建筑企业创新能力不够，没有将竞争门槛加高。

二是提升客户价值。通过价值链的延伸，集成更多的服务，提升客户价值，就会提高竞争力和赢利能力。

三是扩大利润点。建筑业的产业链相当长，从项目策划、融资、项目管理顾问、设计规划、施工、采购、运维服务，其中施工承包利润率反而是较低的，通过价值链的延伸获得更多赢利点和更高利润率是可行的。

图 4-4 总结了后十年建筑企业的战略思维方向。

清楚企业家使命，明确企业理念

投资专家品牌，抢占细分市场

单点突破，向全国市场拓展

选择性延伸产业价值链

图 4-4　建筑企业战略思维方向

结语

前 10 多年，国内施工企业的同质多元化战略，从全行业来看确实到了调整的时候，研究战略、加快学习是当前建筑企业家非常重要的任务，起步晚的企业将失去机会。

向装饰行业学习

应对增速减缓的挑战，建筑业应该积极向装饰行业学习

工程总承包行业需积极准备应对行业增速减缓的挑战，重要的方法之一是研究和学习装饰行业当前的业态和竞争策略，克服当前业内非常严重的机会主义依赖。装饰行业的进化显然比总承包行业更快，进入到更高级的竞争业态，从中可了解到总承包行业的未来趋势。

上市装饰企业金螳螂等企业的市值产值比是中国建筑、上海建工、中国中铁等总承包上市建筑企业的数倍（图4-5），说明优秀的装饰企业比优秀的总承包企业有更好的赢利能力和业绩增长能力。这种情况的根本原因不是因为分处不同的行业，是装饰行业比总承包行业更早进入纯市场化的竞争业态，行业进化更快，致使竞争企业在战略能力和精细化管理能力上比总承包企业要强很多。

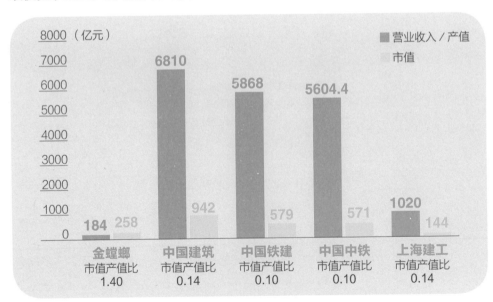

图4-5 2013年金螳螂与几大总承包巨头的市值、产值对比

在装饰行业，品牌定位上出现了诸多细分领域，如博物馆装饰专家、机场装饰专家，专攻某一细分领域，筑起很高的竞争壁垒。

特别是在竞争战略上，装饰企业较早地开始了卓有成效的定位战略，进行差异化竞争策略，获得了很好的市场效果，更快促进了行业升级。

金螳螂在高档精装的定位战略下，在装饰领域价值链的设计、施工管理、工业化生产、信息化管理、管理团队建设等方面都有非常卓越的表现。拥有 4000 多名高水准设计师的设计院，光这一点，就筑起了很高的竞争门槛。建立了 10 多万平方米的生产车间，进行集约化的加工生产，实现现场直接拼装，大大减少了材料切割等高噪声高污染的现场作业，在工业化生产的路上大步向前。这种工业化生产方式也大幅提升生产效率、提升了经济效益。在信息化方面大力投资，使企业项目管理范围大为扩展，管控能力也得到提升。团队建设也非常强大，特别是高管团队，在创始人出事的情况下，公司的经营照样获得高速的业绩增长，保持股价稳定。

2012 年，金螳螂收购享誉全球的国际顶级酒店设计公司——美国 HBA，进一步提升和巩固公司在高端市场设计、施工上的领先优势，实现由"中国顶级"到"世界领先"的跨越。

若真要寻找标杆的话，金螳螂可以称得上是整个建筑业的标杆企业。

装饰行业值得总承包企业学习，不仅是金螳螂做得好，而是有一批企业都做得相当好。深圳中天装饰公司定位于"中高档住宅批量精装饰专家"，专为大型开发商的大型中高档住宅项目配套精装饰服务，获得了高速的发展，一季度签约可满足全年产能，全年的经营费用基本为负。

在装饰行业，品牌定位上出现了诸多细分领域，如博物馆装饰专家、机场装饰专家，专攻某一细分领域，筑起很高的竞争壁垒。笔者甚至见到定位于理发店精装的企业老总，经过深度沟通，笔者对其业务战略深为赞许。理发店的数量相当庞大，如能集约化运营，也可以做出很大的业务规模。总之，装饰业发展竞争说明中国建筑业足够大，运用定位战略做细分领域专家大有机会。

反观建筑总承包业，业态还非常落后，还在关系竞争力和机会主义的漩涡中难以自拔，该到反思和调整战略的时候了！

金螳螂：专注铸就品牌

打开金螳螂公司的官网，呈现给观众的标题语是：

竞争对手尊敬的公司

客户首选和信赖的公司

社会认可、股民追捧的公司

员工值得依托、实现自我的公司

这四句话，其实很震撼。这四句话体现了正确做品牌、正确做企业的方法，长远可持续发展之道。

让竞争对手尊敬，对自己的要求就要很高，不能光靠关系竞争力，要靠真正属于自己的实力，用质量、成本、技术、品牌、文化和团队来战胜对手，让对手口服心服。

企业品牌价值的真正实现要靠客户价值、员工价值、股东价值和社会价值的实现，这是企业真正生存的目的和意义。光有一个很大的产值，甚至一个很大的利润（如炒股票的基金），品牌价值是不成立的，还远远不够。金螳螂管理层若全力履行此诺言，则可认为完全知悉了企业与品牌之道，这在行业中几乎难找到第二家。

金螳螂已连续11多年成为中国建筑装饰百强企业第一名，并成为中国装饰行业首家上市公司。2012年、2013年公司被美国福布斯杂志授予亚太地区最佳上市公司50强。公司连续入围中国民营企业500强、中国服务业企业500强、ENR中国承包商60强、中国最具竞争力建筑企业100强。目前公司市值排名苏州地区所有上市公司第一，并被国内众多投资机构联合评选为2012年中国最受尊敬上市公司10强和2012年中国最佳企业公民最佳商德奖。公司连续荣获中小板上市公司50强、中小板上市公司最具成长性第一名和中小板上市公司10佳管理团队第一名。并被省政府授予"民营企业纳税大户"和"就业先进单位"。2012年又被授予"国家高新技术企业"、"国家火炬计划重点高新技术企业"，并在装饰行业中首家获批建立"博士后工作站"。

截至2013年金螳螂已获得中国建筑工程鲁班奖51项、全国建筑工程装饰奖169项，成为行业获得"国优"最多的装饰企业。

图 4-6 列举了近年金螳螂营业收入与市值的变化情况。

注：营业收入来源于历年财报；市值为当年最后一个交易日收盘价与股本乘积

图 4-6 近年金螳螂营业收入与市值变化

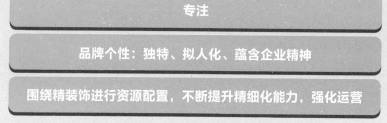

图 4-7 金螳螂的品牌之道

金螳螂的品牌之道可以分解为三大部分（图 4-7）。

专注

金螳螂是国内较早进行专家定位的企业，聚焦于精装饰行业，心无旁骛，专注努力近 20 年，即成就装饰行业领域第一。

难能可贵的是，即使在房地产暴利的前几年，金螳螂的客户——这些大开发商大发横财的时候，公司能坚守主业，在很多暴利机会面前不为所动，没有进入房地产。而在此时，大多数建筑企业都对上游红了眼，纷纷进入房地产，被套住不少，更对建筑主业造成伤害，资金、人力都被分散，主业的提升无从谈起。

正因专注、集中精力干一件事，建立起强大的人才培养体系、项目管控体系和信息化管理系统，金螳螂实现了所有项目的直营。超过100亿产值，全部靠自营完成产值的企业全国范围内为数不多。

金螳螂的经营理念是：不挂靠、不转包。向客户和公众作出公开承诺。这与我国做大的企业实际做法相差很大，向现代企业制度和管理上与大多数企业拉开了距离，做到这样需要强大的管理内功，需要强大的信息化系统支撑。不专注、不聚焦是难以做到的。

品牌个性：独特、拟人化、蕴含企业精神

金螳螂的品牌创建也相当值得称道，据管理层的介绍，取名金螳螂，包括几层含义。螳螂的奉献精神：为了繁衍后代不惜牺牲自己；螳螂的勇气：齐庄公佩服"螳臂挡车"的勇气；螳螂的危机意识："螳螂捕蝉、黄雀在后"，时刻提醒员工保持清醒头脑；金螳螂：螳螂中的稀有品种。

围绕精装饰进行资源配置，不断提升精细化能力，强化运营

专注聚焦的品牌战略能让金螳螂的企业资源聚焦于一点，在精装饰领域的能力上比别人进步更快。围绕一个焦点提升运营能力，进步自然就快。目前金螳螂在精装领域的系统能力如设计能力、工厂化制造能力、商务能力、信息化管理系统等方面都遥遥领先同行。拥有4000多位高水准的设计师（含1000多位外籍设计师），10多万平方米的加工厂。

金螳螂幕墙却是个问题

金螳螂在精装领域的强势，并不意味着进入幕墙领域也能如意，同样会遭到专家品牌的阻击。幕墙行业与精装饰十分接近，但已形成独立的细分领域，金螳螂非常想进入此领域，甚至认为有助于精装饰业务的发展。问题是在此领域早已有强大的专家品牌：如江河、远大。与这些专家品牌竞争时，金螳螂幕墙难占到便宜。金螳螂装饰越强大，金螳螂幕墙就越难以超越专家品牌。金螳螂幕墙是金螳螂装饰品牌的延伸，犯了品牌延伸的错误。金螳螂品牌代表了装饰，就很难成为幕墙的代表，难以超越一个品牌只能代表一个词的规律。

总体上，金螳螂的品牌相当成功，但仍有些延伸产生的问题，若在幕墙品牌上投入过大，则会对装饰产生一定的伤害，这一点金螳螂高层一定要足够注意。笔者建议至少需要的策略是，应该创建一个新的幕墙品牌进入竞争。

中国建筑企业品牌建设误区与出路

品牌建设要解决的问题是让客户选择你而不是别人，这就要给出理由：为什么应该选择你。

品牌建设自有其内在的规律，任何企业都必须遵守，才能用最少的资源和投入，获得最大的品牌溢价。中国建筑企业20多年来，一直深处关系竞争力的市场环境，对品牌的原理研究甚少，只认为大就是品牌，响就是品牌。企业家大多是工程专家、公关专家、人治专家，但不是品牌专家。中国建筑企业家群体普遍品牌素养不高，这是我国建筑业转型升级的一个大问题。

我国市场经济历史甚短，即使是电子消费品产业的海尔老总张瑞敏对品牌战略的把控也还存在较大问题，建筑企业家缺乏品牌素养就非常正常了。只是中国建筑业将进入一个新的发展时期，品牌战略确实将成为重要的核心竞争力，如果掌握不正确，整个行业将付出极大的代价。

品牌原理

品牌建设要解决的问题是让客户选择你而不是别人。这就要给出理由：为什么应该选择你。因此掌握品牌建设规律要从研究人的大脑信息处理方式、思维方式和运作规律开始。

心理学家和品牌专家经过数十年的努力，发现人类（消费者、客户）大脑思维（人的心智）与企业品牌建设非常关键的几点结论：

建筑企业家大多是工程专家、公关专家、人治专家，但不是品牌专家。

（1）大脑容量相当有限

人类大脑如同计算机存储器，它会给每条信息（品牌）分配一处空位并保存下来。从这一点看，大脑运行原理与电脑十分相似。然而大脑与电脑有一项重大差异：电脑对存入的信息通盘接受，而人脑只接受与其现有认知相符的信息，对其他一律排除。

人类大脑不仅拒绝接受与其现有的知识或经验不符的信息，也没有足够的知识或经验处理这些信息。现在是个传播过度的社会，大脑是一个容量不足的容器，无法记住那些像兔子一样大量繁殖的品牌名称。特级资质就位后，目前总承包特级企业已超 280 家，一级企业近万家，有资质的企业近 10 万家。你没有特别的地方，你的客户很难记得你，也很难找到理由选择你。

为了应对产品品牌和企业品牌的爆炸性增长，人们学会了在大脑中对产品和品牌进行归类。你可以设想在人类心智中有一系列梯子，每个梯子代表一类产品，每一层上有一个品牌名称，就是这样大致地归类。你在某个梯子位于第几层决定了自己的市场地位和前途。客户大脑中容不下超过 7 个品牌的位子，多了就不可能记住了，而钱则会被前两名赚走。根据市场研究机构 IDC 和 Canaccord Genuity 的研究报告，2014 年一季度苹果和三星的智能手机利润占了全球智能手机产业利润的 106%（因为诺基亚、黑莓、摩托罗拉、索尼、LG 和 HTC 今年第一季度的智能手机业务都出现了亏损局面），其中苹果在全球智能手机市场份额为 15.5%，却占据了全球手机利润的 65%（图 4-8）。华为从 1998 年开始，投资数十亿做手机，已达到智能手机出货量第三名，2014 年第一季度出货量为

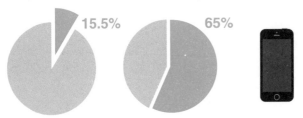

2014 年一季度，苹果在全球智能手机市场的份额为 15.5%；利润占据全球智能手机 65% 份额，高于去年同期的 57%。

图 4-8 2014 年一季度苹果手机占全球智能手机市场份额与利润份额

1370万部，比去年同期的930万部增长47.3%，所占份额为4.9%，但仍处于亏损状态。

（2）大脑厌恶混乱

过度刺激大脑和过多的信息加入会让大脑产生厌烦，从而产生排斥。"最高明的智慧是简单"，近年苹果的成功是极简主义的成功，符合信息爆炸时代成功的逻辑。iPhone只有一个产品型号，只有一个按钮，小孩不用教也能学会操作。而很多企业喜欢谈论"融合"，把各种技术合并，生产出具有更多功能的新产品，然而结局往往是失败。这是因为人们对复杂的事物有抵触情绪，大家喜欢简单的东西，大家按一下按钮就一劳永逸。有些产品概念注定要失败，这并不是因为产品无用，而是因为它们不合情理，过于混乱，大脑无法接受。

（3）大脑缺乏安全感

逻辑不能保证说服客户，大脑总是倾向于感性，而不是理性。大脑对购买风险十分敏感，非常缺乏安全感。解决这一问题的方法往往是将别人的观点作为自己判断的依据，即所谓的从众心理。这种将他人做法视为正确的倾向非常普遍，大家认为，如果多数人这么做，那么这种做法就是正确的。由于大脑缺乏安全感，制造"赶潮流"效应是商业常事。企业展示企业的传统和文化，以打动客户。

（4）大脑拒绝改变

人类对许多问题都有自己的态度。人们似乎清楚地知道自己喜欢什么（特别是不喜欢什么），人们以为自己了解自己和掌握真相，任何试图改变大家信念的行动都十分艰难。这是可以理解的，因为能够改变某些态度的方法无法改变其他态度。

（5）大脑会失去焦点

某一个事物成功占据我们的脑海，往往是因为简单和领先的位置。即一个成功的品牌往往因专业而成功，但随着商家往品牌倾注内容的增多，大脑会因为失去焦点逐步将品牌排除到大脑以外，其他专家品牌将予以代替。

图4-9总结了大脑的五大思维特点。

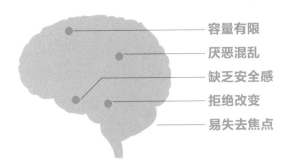

容量有限

厌恶混乱

缺乏安全感

拒绝改变

易失去焦点

图 4-9　大脑思维特点

认识到这几条品牌的基本原理，品牌建设就有章可循了。

品牌法则 1：抢占客户心智

品牌建设的关键是占有客户的心智，即客户大脑中的位置。自己认为是什么不重要，客户认为你是什么才重要。品牌策略设计就要从客户和竞争对手出发，而不是从自我意识出发。

品牌建设非常像搞房地产，即地段、地段、还是地段！客户大脑中的位置就像房地产中的地段。客户头脑中对每一个细分业务都有一个"梯子"，业务发展战略是尽量尽早占据最有价值地段（梯子）的头名。

建筑企业品牌建设就是抢占细分市场最有价值的头把交椅。让客户认同你是某个领域的第一品牌。如果人家已经占了位子，则应该退而求其次，寻找市场规模小一点的细分市场，最重要的是争取第一名。

在中国建筑将达到的 18 万亿元的蛋糕中，重要的不是你能做多少事，做得有多大，而是在某一件事中尽可能做到全国第一，做全国最大的份额。

显然现在大家都在总承包企业的一条道上挤并不是上策。中国建筑业的市场规模足够大，一个很小的细分领域就可以做得很大。因此最优势的品牌竞争策略是争取细分领域的第一，即最大份额，而不是最大市场的小老弟，也不是几个小老弟拼起来的所谓大公司。

值得注意的是这个细分市场必须是定位于全国，而不是区域市场。区域市

难以守住，应属不得已而为之。人家总会进来，地方保护总会破除，市场化程度会逐年提升。上海建工的一个教训可能就是区域市场太大导致的危机意识弱化和不够进取，未及早向外埠扩展，失去最佳时机。

由于中国建筑业一直处于关系竞争力阶段，主动应用品牌策略抢占市场的企业很少，大家都在追求大而全的总承包资质。导致至今为止，抢占细分市场领导品牌的机会还很多。只有精装饰、钢结构、幕墙等细分领域有了一定的成型市场，加入竞争将会相当困难。

第一个抢占细分市场品牌将获得极大好处，可用最低的成本获得最大的利益。第一个进入客户大脑的品牌将具有巨大优势，因为人们的大脑不喜欢被改变。

第二个到的将很难改变格局。率先打出某某领域的专家非常重要，将获得极大的便宜。品牌领域先入为主的现象十分普遍，后来者改变格局代价不菲。

品牌法则 2：力争第一

第一品牌在任何领域的市场上都有极大的品牌溢价，苹果获得智能手机的第一品牌，利润可占全行业的 65% 以上，金螳螂获得精装饰第一，市值达 300 亿，是上海建工市值的近 2 倍。

现在自己所处领域不是第一怎么办？将自己重新定位，不断缩小自己的焦点，使自己尽可能获得细分领域的第一。如总承包你还不是 280 余家特级企业之一，就趁早找一个有希望做到细分市场的全国第一，如龙信的精装住宅专家，或者别墅建造专家，还有基础工程专家、机施专家。当你将品牌口号率先亮出来时，力量将是相当大的，获得的收益将远超自己的想象，只不过大部分企业家不敢尝试。

在产品日益同质化和过度传播的营销环境中单单满足客户需求不能带来成功，品牌成功的关键在于抢占客户心智。

——定位之父、营销战略家阿尔·里斯

现在自己所处领域不是第一怎么办？将自己重新定位，不断缩小自己的焦点，使自己尽可能获得细分领域的第一。如龙信的精装住宅专家，或者别墅建造专家，还有基础工程专家，机施专家。

品牌法则 3：聚焦

根据大脑运行规律，加上激烈的竞争现实，我们就能得出：品牌建设的真谛是，一个品牌只能代表一个词。如宝马代表驾驶的感觉，沃尔沃代表安全，金螳螂代表高档精装饰。这符合一个哲理：少的就是多的，多的就是少的。

当你想节约品牌建设的投入，让一个品牌代表很多词、很多产品（业务）时，你的品牌反而什么也代表不了。金螳螂代表精装饰，因而金螳螂幕墙就很难超越同行；华为是世界第二的通信设备品牌，就很难做好属消费品牌的手机。小米手机轻松超越实力强大的华为。

你想让你的品牌代表很多词（业务）就很难成功，除非人家不推出专家品牌，这种情况无法控制，寄希望于别人与自己一样犯错，相当于将控制权交予别人。但这种情况在中国确实存在，违反品牌规则，却取得成功，如海尔、TCL 等，这只是同行与竞争对手都犯了品牌战略的错误，自己的执行力较强，就获得了成功。这种成功难以持久，容易被击破。当格力打出专注于空调的品牌后，所有的厂商在此领域都一败涂地，格力一个空调产品，总产值和赢利能力都不输海尔，专家品牌的力量可见一斑。

品牌竞争的策略是在一个细分的市场获得很大的份额，而不是在一个很大的市场获得很小的份额，通过做很多的业务形成一个大饼，这样的企业集团利润往往极为低微。

违反聚焦法则的一种错误是品牌延伸，一个品牌获得成功后，同样一个品牌用到越来越多的产品上，如海尔、联想都在犯同样的错误。建筑企业同类的错误也很多，中天建设作为一个总承包品牌，获得了巨大的成功，但延伸出了中天钢构、中天路桥，就很难获得大的成功。品牌的规律是，中天作为民营总承包企业，获得了成功，就将妨碍中天钢构、中天路桥获得成功。后面延伸的业务不太能成功就是因为前面的业务太成功。随着时间的延续，品牌延伸将伤害前面获得巨大成功的业务。

聚焦、简单品牌和业务战略容易获得成功，除了客户认知导致的品牌效力外，企业的资源特别是企业家的资源集中于一点往往是成功的根本原因。一个企业最重要的资源是企业家的时间资源，分散将导致各方面改进的资源受损，最终会导致竞争力不足。

品牌建设中的"日本病"

品牌建设中的"日本病"，就是把品牌放在很多不同的产品类别上，这根本无法建立起一个非常专注而有效的品牌。例如，日本企业的平均利润与整体营业额之比是 1%，但是美国排名靠前的 500 家企业在这个数字上是 7.9%，是日本企业的将近 8 倍。很多人都认为索尼是一个强势品牌，因为索尼涉及很多产品，也涉及各种营销，从财务表现来看，其税后利润率连年在 2% 以下，近两年甚至出现连续巨额亏损。

品牌法则 4：合适的品牌名

品牌建设之路上，品牌名称相当重要。从心理学研究结论看，品牌名起到的作用犹如品牌的钩子，将品牌挂在客户大脑中特定的品牌梯子上，挂得牢不牢、好不好，客户是否容易记住，与品牌名的好坏关系相当大。研究表明，一个好的品牌名要符合以下几点：

（1）独一无二

人为什么要取名，就是将一个人从一堆人中很快区分开来、很快找到。这样独一无二就很重要。一个很多人都相同的名字，往往给人印象不深刻，常被人混淆。

（2）拒绝通用名

商家常犯的另一个错误是喜欢用通用名，即用一个行业专有名词来充当品牌名。这在有众多竞争对手存在时，是十分不合适的，而在建筑行业这种情况却普遍存在。如上海隧道股份、中国建筑、上海建工，都有通用名的问题。通用名如上海建工旗下的上海安装公司其实没有品牌名称，对品牌建设十分不利。

（3）拟人化

品牌名最好是人名，或者拟人化。人名往往容易区分，独一无二。另外人们最容易记住是一个有故事的人名，拟人化后，品牌就容易注入人的情感，通过故事扎根人们的大脑，如王老吉，国外的大品牌戴尔、惠普都是创始人的名字。这些人创业的经历故事，往往成为品牌经典注解，让顾客永远难忘，从而达到品牌传播的目的。

（4）响亮

叫得响相当重要。心理学研究表明，人的记忆由听觉决定，人在思考问题的时候，心理其实有声音的效果在起作用（仔细体会），即听觉比视觉的刺激更有效、更重要。

一个响亮的名号就显得相当重要了。

（5）为了传播，不是为了保密

行业内一个奇怪的现象是：行业内存在大量的无名号码公司，如中建一局、上海一建、广东一建、中化十六建、中核二十二公司、中国二十冶等，很多很多。这是大型国有建筑企业改制遗留的结果。过去由于市场化程度低，这个问题一直未予重视，其实这是我国建筑企业品牌建设中的一大历史问题，早晚得痛下决心解决。

宝安机场的改名故事

1998年，深圳机场定名为黄田国际机场，发现不少境外乘客特别是台湾乘客不愿意到该机场，舍近求远在香港或广州白云国际机场乘机或降落。究其原因，才了解到"黄田"在闽南语中与"黄泉"谐音，乘客很容易将"去黄田机场"联想到去"去黄泉之路"，多么不吉利的名字！

2001年10月，深圳黄田国际机场不得不将"深圳黄田国际机场"更名为"深圳宝安国际机场"，"宝安"与"保安"谐音，含有"保护平安"之意，更名后，该机场接待的境外乘客明显增加。

施工行业存在大量的号码公司，是反商业逻辑、反品牌逻辑的。企业取名不是为了保密，而是为了传播与营销，是为了扩大影响，让客户容易想到你，记起你，用代号就大错特错了。

大家都知道部队名称都用番号（号码）作代号，用番号是为了保密。

建筑企业是商业公司，不是部队。企业取名不是为了保密，而是为了传播与营销，是为了扩大影响，让客户容易想到你，记起你，用代号就大错特错了。我国很多大型建筑企业是从部队改制过来，如中建、中化建等很多建筑企业，习惯建立号码公司是相当自然的事，是军队习惯思维的延续。但随着工程建设兵团改制成企业，由战斗序列进入商业市场，情况是完全相反的，思维应相反才对。战斗贵在出其不意，让敌人找不到你，突然出现在敌人面前。而商业的逻辑则是为了让客户最方便地记住你、找到你。

施工行业存在大量的号码公司，是反商业逻辑、反品牌逻辑的。上海建工的一建到七建实质上是号码公司，无法形成品牌个性和特质，几个兄弟站在一起，很难讲清我是谁？我是什么领域的专家？客户为什么选择我？为什么选择一建而不是七建？一建比二建好吗？七建是集团中最小的吗？北京一建和上海七建比哪个更强大？这些问题给上海建工集团的整体品牌建设造成了巨大的困扰。

这种情况本应早改变，但由于近二十年我国建筑业高速增长，企业竞争压力并不足够大，一直没有予以重视。

奇怪的是从专业角度看，这些存在问题的品牌，由于做得大了（上百亿），成了当地政府非常重视的企业，这些企业名称很多成了当地政府的保护品牌，有的政府甚至不允许企业整合变革。问题在于政府官员并不懂品牌原理和实践，这是一门专业的活。

图 4-10 总结了五大品牌法则，任何企业在进行品牌建设时，必须遵循这五大法则。

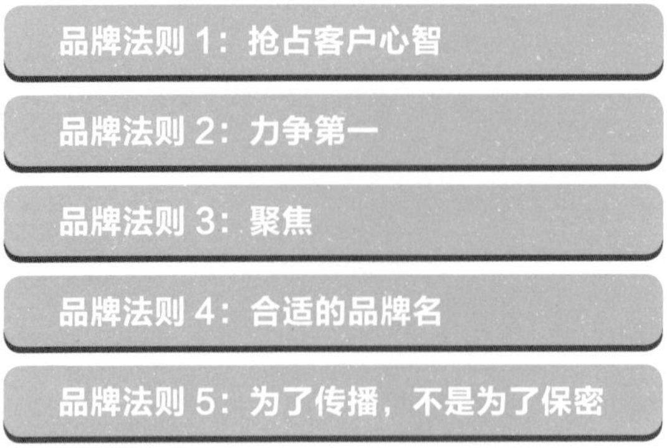

品牌法则 1：抢占客户心智

品牌法则 2：力争第一

品牌法则 3：聚焦

品牌法则 4：合适的品牌名

品牌法则 5：为了传播，不是为了保密

图 4-10　五大品牌法则

中国建筑企业的品牌误区

不能说中国建筑企业家没有品牌意识，其实大家很重视品牌，嘴上也常挂着品牌二字，但对品牌缺乏学习和研究，不得要领，存在很多误区并为此付出巨大的代价。

品牌误区 1：越大越有品牌

有品牌的企业似乎都很大，微软、苹果、宝洁等，行业内的中建、上海建工等，因此大家以为要成为大品牌，必须做大企业。

其实成就品牌，与企业大小无关，与企业在所在领域的地位有关，是第一名还是第八名，若是第八名在很多领域将变得毫无意义。在手机领域，苹果和三星占据了 106% 的利润，后十名几乎已无利润可言，摩托罗拉、诺基亚，都已是破产被收购的对象。

在大与强，大与品牌之间的关系认知上，更多的企业家都认为：因为大才强，因为大才有品牌。而从商业的规律则是相反的：因为强，才变得更大；因为有品牌，企业才能更大。

这其实是低端的品牌思维，到了现代的品牌战争，运用正确的品牌战略可以轻易击败你，改写格局。苹果从一个手机外行进入行业，三五年颠覆了诺基亚、摩托罗拉这些巨无霸，金螳螂成立才 10 年多一点，市值已远超上海建工。

大与个人为王的情结有关，与客户认知的品牌关系不大。一句话，品牌在于中国企业 500 强榜单实际上只是 500 大。强而不大，没有足够的影响力，不至于垮；大而不强，迟早要垮，而且垮的影响也许会更大。

——中国国资委主任李荣融

客户的头脑中，占据了客户的头脑才会成为成功的品牌。光一个"大"字显然不能解决问题。

品牌误区 2：能做的越多越有品牌

常收到建筑企业老总的名片，上面印着企业资质清单，如：一个一级资质，三个二级。一张名片的印制反映出我们的企业品牌思维的初级，这样的名片传播对生意毫无好处。

几乎所有的建筑企业家都希望自己的企业拥有的资质证书越多越好，总以为能做的越多越好，能做的越多越有品牌。很多企业的广告，都会将自己拥有的 10 多个经营资质罗列一遍，殊不知这种花了钱的广告给客户的影响却是负面的。

这种情结与行业主管部门的引导有关。由于政府的误导，将经营资质当作稀有资源进行控制，企业就去盲目追求。

其实品牌建设规律恰好与此相反，做得越少将越容易成就品牌。上百年的商业竞争史，充分证明了今后将是专家的天下，杂家将没有安身之地。随着竞争日趋激烈，这一点将表现得更为充分。我们更应该这样看，这个世界，专家都很难活，何况杂家？

希望做多，与前面说的喜欢做大一样，源于人们以自我为中心的思想情结，但与品牌规律相违背，但在建筑业中这类问题却比比皆是。

品牌误区 3：叫得越大越有品牌

上海建工给子公司更名为集团企业，就是想将各子公司叫得更大一些，以免与外地建工集团竞争时吃亏，其实上海建工一个子公司实力可能远超当地一个建工集团，但在外地竞标时往往吃亏，更名要改得更大，势所必然。

即使叫得大，会对行业客户有不小影响，却仍然不是品牌建设最关键的，有很多却是负面的。大往往无法体现专业形象，在专家品牌竞争面前则容易失败。

腾讯入股京东：品牌定位营销里的专注聚焦法则

腾讯出资 2.14 亿美元入股京东，获得京东 15% 的股权，并在后者上市时追加认购 5% 的股权，从而成为京东重要股东和战略合作伙伴。这件事看似偶然，但在资深媒体人、品牌定位营销专家任超一眼里却是一种必然。

"腾讯入主京东，为的就是摒弃自己不成熟的电商基因，然后整合京东的电商优势和腾讯的社交优势，协同发展，这样，腾讯可以发展自己屡屡受挫的电商行业，京东也可以利用腾讯社交方面的优势，继续拓宽市场，而这也体现出了品牌定位营销中的二元法则和专注聚焦法则。"品牌定位专家任超一用品牌定位营销专业知识分析时说道。

腾讯一直想在电商行业有所作为，但自己没有电商基因，做不起来。腾讯选择了摒弃自己不擅长的，不再强制自己进入电商行业，先给自己做减法，然后整合电商行业的二三名，发展伙伴，和他们做加法，专注聚焦，利用彼此的优势在电商领域协同发展，所以腾讯选择了京东。然后利用自己在社交领域的优势，相互促进，这样腾讯就可以在电商行业真正立足了。

任超一分析认为，腾讯最初是做社交的，一直在做电商，但一直以来都是铩羽而归，而这次腾讯选择先做减法，摒弃掉自己不擅长的电商领域，然后立足自己擅长的社交领域，再寻求突破，而这也是腾讯品牌定位的重要一步。

全球最大企业之一微软，又微又软，却很厉害，全球最大企业之一苹果公司（市场已超 5000 亿美金）也仅仅是个"水果"而已。

有个品牌故事是这样的。古时候，城中有一条街，有三个布店，竞争相当激烈。其中一个布店打出的广告是，本布行是全国最大的布行，第二个布店打出的广告是全城最好的布行，第三个布店打出的广告则是本条街最好的布行。你认为竞争中这三个布店谁会胜出呢？当然是第三个。

叫得大往往给不出选择的理由，反而容易被各个专业品牌所击破。

品牌误区 4：质量等于品牌

很多企业重视质量，以为品牌源于质量。质量应该是品牌的重要部分，但不是全部。

一是质量是底线，还远未完成品牌建设。品牌建设的根本任务是抢占客户的心智资源，成为某个领域的第一选择。

二是质量有很高的成本。建筑工程的质量每提高一点，都会有巨大的成本。企业要做好这方面的平衡，因此质量的提升总是有限度的，重要的是达到标准，而不是无限提高，也就是说从质量提升品牌的路子上是有限度的，有巨大成本的。

三是质量的来源是什么要交待清楚。正确的品牌策略能让客户明白我为什么会比别人的质量好，在达到同等质量的情况下，让客户认为你的好。聚焦、专业的品牌定位，往往获得这方面的好处。专家品牌将我的质量比人家好的理由表达得非常清晰、可信，富有逻辑。

品牌误区 5：品牌延伸、多元化

做大后做品牌延伸是企业界最容易犯的错误。海尔、长虹、TCL、华为都有这方面的大问题，建筑业自然不能避免。当建筑业利润低下时，大量的企业向房地产、多元化进军，实现稳住建筑业、实施多元化的战略，一大批冠着建筑企业名字的房产公司、酒店和其他企业大量出现，这些其实都是品牌战略的灾难。

这种品牌延伸和多元化战略无法挽救建筑企业利润低下的格局，当房地产下行时，万科、SOHO 的抗风险能力一定超过建筑企业的房产公司。当前很多建筑企业已深陷房产泥沼之中，而笔者三四年前一直在呼吁警惕房地产危机时，绝大部分行业人士不以为然。

大而全、小而全是中国企业界的通病，尤以建筑业最为严重。这也说明建筑业竞争还不够充分，竞争充分的行业总是专家品牌制胜。

质量≠品牌

很多企业家认为，企业只要把产品质量做好品牌也就自然有了，品牌就是质量。质量始终是品牌塑造以及升级的基础，如果质量失去保证，很难拉动品牌形象。但质量≠品牌。

品牌是建立在产品品质差异化不大或者叫品质同质化的基础之上的。在产品品质差异很大的时候竞争不会很激烈，工业化给我们带来的是大量的机械化生产，机械化生产带来的是产品质量同样和产品数量巨大，这样就加剧了市场竞争。在产品不能区别而又要面临竞争的时候，企业才需要通过品牌的塑造来应对市场竞争。

所以，质量是最基本的管理而不是等于品牌。

10亿

品牌延伸、多元化对新业务难有帮助，更伤害原有主品牌，让原有的品牌失焦，将带来更大的财务损失，往往以数十亿计。

品牌延伸的结果往往是三个月内让新业务有一个较高的知名度，三个月后，就都是坏处了。即使是真有实力做新业务，做多元化，品牌战略上也要有清零的思想，重新打造一个新品牌，才会有光明的未来。

品牌延伸、多元化对新业务难有帮助，更伤害原有主品牌，让原有的品牌失焦，将带来更大的财务损失。因为这种损失很难评估度量，所以大家都不以为然，其实代价非常巨大，往往以数十亿计。

品牌误区 6：大量的通用名

建筑业企业有大量的通用名，如中国建筑、上海建工、上海安装、上海隧道、武汉建工等，这类品牌命名方法有极大的错误，较大的后遗症。无法建立个性的品牌，无法独有。

假想这些品牌名去掉前面的区域名，则变成了无名的公司，而一个地名显然不是任何一个企业所能独有的。同时地名将自己的品牌进行地域局限，上海建工正由于前面冠着上海二字，地方区域性品牌的味道太重，严重影响其业务向外扩展。

这类问题是历史遗留问题，现在到了该着手解决的时候了，越早代价越小。

品牌误区 7：品牌太散，未重视号码公司品牌问题

由于企业规模已非常大，需要很多山头让弟兄们去占据，既扩大业务，又让大伙有成就感，为此成立了很多的号码公司。这样带来的问题是每个子公司都在经营品牌，都在重复布局，导致利润低下，纯粹为做大规模，但市场价值做不大。

聚焦，将资源集中一个词，一个品牌，才是正确的品牌之道。

品牌误区 8：地方品牌局限

国内有一大批地区性建工集团企业，在本地区实力都很强，如上海建工、

浙江建工、河北建工、武汉建工……，都是原来的国有建筑企业改制而来。这些地区建工集团在后面几年将受到严峻挑战，央企、全国性民企两头夹击，不会太好受。

这些企业受制于本地区发展，受到区域性品牌局限，很难向外拓展。问题是建筑业作为一个大行业，全国大一统乃至国际化都是行业未来的趋势，不为此做好品牌整合，麻烦将近。建筑业市场将按全国一体化演变，建筑企业必须做好新格局下自己的定位。

守是守不住的，你不出去，人家会进来。一旦对国家投资项目出台严格的招投标规范，一旦失去地方政府的庇护，地方建工集团的日子也不会好过。

正确的战略是在一个细分市场下占全国大份额，这样的战略无疑最有前途，而不是做了很多块，每块都只占到一个很小的比例，都只占到一个地区的份额，可持续发展的竞争力却不会大。

2013 年 10 月，"苏州二建建筑集团有限公司"正式更名为"中亿丰建设集团股份有限公司"也是出于业务的发展需要与品牌的提升需求。

图 4-11 总结了建筑企业品牌建设中常见的八大误区。

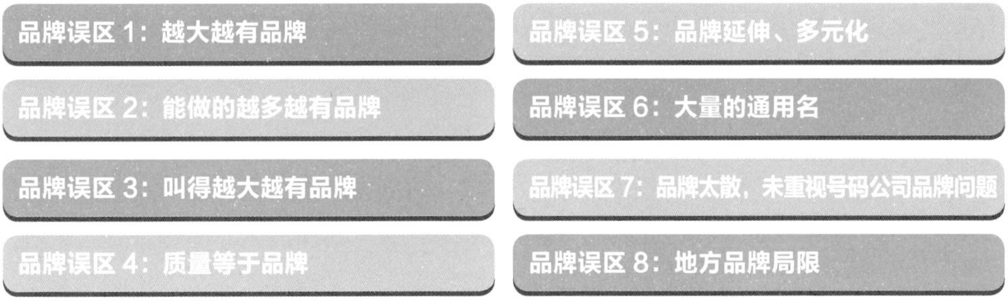

品牌误区 1：越大越有品牌	品牌误区 5：品牌延伸、多元化
品牌误区 2：能做的越多越有品牌	品牌误区 6：大量的通用名
品牌误区 3：叫得越大越有品牌	品牌误区 7：品牌太散，未重视号码公司品牌问题
品牌误区 4：质量等于品牌	品牌误区 8：地方品牌局限

图 4-11　建筑企业品牌建设的八大误区

建筑业全国大一统乃至国际化都是行业未来的趋势，建筑业市场将按全国一体化演变，建筑企业必须做好新格局下的定位与品牌整合。

品牌案例的启发

宝洁公司品牌策略

以宝洁公司的洗发水品牌策略为例（图4-12），为了占有最高的市场的份额，宝洁先后在中国市场推出6个品牌，分别主打不同的细分市场：海飞丝——去头屑，潘婷——营养头发，飘柔——柔顺，伊卡璐——草本护发，沙宣——时尚，威娜——专业美发。其品牌策略目的就是在每一个大的细分市场建立用户可信赖的独立品牌，从而力争拿下洗发护发的最大市场份额，宝洁公司显然做到了。

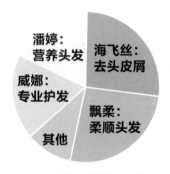

图4-12 宝洁旗下洗发水品牌与功能

宝洁构筑了一条完整的美发护发染发的产品线，占据洗发水产品各细分市场第一把交椅，最大限度地瓜分了市场，一家公司总市场份额超过了50%，利润应该超过全行业的70%。

人家一个产品用6个品牌，而中国最牛的公司之一——海尔公司数十个行业、上千种产品用一个品牌，做房地产、做电脑、做手机、做金融、开饭店等全都用一个海尔品牌，这就是中国最牛公司和国外真牛的公司的差距。真的非常不专业，不会受到消费者的选择，并且严重伤害了原来起家的主业——白色家电。

宝洁的成功品牌实践证明定位战略的重要性，一个品牌只能代表一个词，领域第一的专家才有未来，才有高利润。

但即便如此，2014年初，宝洁首席执行官雷富礼表示，为进一步缩减开支、简化经营和使发展提速，集团将在未来两年内剥离90～100个年销售额不到1

削减品牌将使宝洁的研发团队集中资源，开发更能引起消费者共鸣的新产品创意。

——宝洁 CEO 雷富礼

亿美元的小型品牌，从而专注发展 70 ~ 80 个核心品牌，以创造出增长更快、利润更高且更易于经营的集团品牌。对此，日化专家冯建军表示这并不奇怪，"宝洁是一家日化用品公司，削减业务是回归到主业上来。此外，宝洁作为上市公司，业绩不好会受到股东和董事会的直接抗议，同时也是公司盈利导向结构的变化。"

海尔与格力

海尔进入数十个行业，生产上千种产品。格力主要只生产一种产品——空调，但企业经营情况、效益和发展潜力哪个更好呢？

从表 4-1 的数据对比，明眼人一眼就看出，从企业运营各个角度看，格力集团更为成功。一个产品线的利润超过上千个产品的利润，海尔集团干得要比格力累很多倍，但效益要比人家差很多倍。一个企业、一个老总应该选择什么干法，这在海尔、格力的比较中应很清楚：找个基数较大的细分市场，全力占据第一的位置。这样既轻松成功率又大很多，效益会好很多。

海尔最大的错误不是多元化，而是品牌延伸。海尔的管理和人才培养能力足够强，适度多元化完全可能成功，但不能单个品牌延伸，高端人士不会买海尔手

2013 年海尔集团与格力电器经营数据对比　　　　表 4-1

2013 年经营数据	海尔集团	格力电器
产业	约 20 个	1 个
产品数量	>1000 个	以空调为绝对主打
销售额（亿元）	1803	1200
销售额增长率	10.5%	20%
利润（亿元）	108	108.7
利润增长率	20%	45%
净利率	6.0%	9.1%

机，也不会买海尔电脑。因为这些领域都有专业的品牌供高端人士选择。

近年，除了空调之外，格力也在开拓其他小电器领域，但启用了全新的品牌"TOSOT"。作为新领域的尝试，而原有品牌下，格力＝空调，而且是格力＝好空调，这个概念已经深入人心，其品牌价值已经成为无价之宝。在进入一个新的领域之前，对原有品牌的保护成为最先要考虑的问题。格力进军小家电采用新的"TOSOT"品牌，具有低风险、低成本、易运营、易推广的多重优势，背后又有格力强大的技术研发团队和销售渠道，同时又能迎合现代消费者的消费心理。

万科的成功之道：从做减法到产业化

万科的成功之路是从不断地做减法开始。

2007年10月29日，伴随万科走过19年的老标志被新标志取代。这时，人们已经淡忘，其实万科曾经是一家以电器贸易起家的多元化公司。

万科说，只专注于住宅，于是开始做减法。其他企业却说，不能将鸡蛋放在同一个篮子里，需要多产业发展，广区域布局。硬汉王石不是一个理想主义者，他的"专业化"想法被市场检验为正确。

在转型为单纯的房地产企业之后，万科在这3年很快成为行业内的"带头大哥"。如果没有当初的"减法"，可能万科依然将在"杂乱"中继续混沌一阵子。

1992年，房地产占万科利润的30%，在董事长王石看来，这一块并非最大，但是在当时的发展速度最快。由此，1993年春节后，万科的管理层召开了一个"务虚会"，大家找了个安静的地儿，既不谈利润，也不谈指标，而是提出了将房地产作为公司的发展方向。

当年，王石第一次提出其当时备受争议的"减法"理论。当时的"减法"几乎囊括到万科所涉足的数十个行业，其中有零售、广告、货运、服装，甚至还有家电、手表、影视等。

现在企业心都很大，心大了事就小了，心小了事就大了。

——万通控股董事长冯仑

"减法"越做越大。从 2001 年到 2002 年，万科的万家超市转手华润集团。当时的"断臂"行为甚至令业内扼腕，因为就连首富李嘉诚也都是零售搭着房地产一起做，怎么王石就非要将鸡蛋放在同一个篮子里。回忆起来，王石却认为那次"减法"是十分必要的，当时的零售占整个公司资源的 10%，但是房地产已经占到资源的 90%。最终，零售业务被砍掉。

在将五花八门的产业关停并转的同时，就是看家的房地产业，王石也是一门心思地收缩战线，产品线一缩再缩，在其他房地产企业还在乐此不疲地寻找现代服务业"蓝海"的时候，王石将写字楼、酒店、商场、保税仓全面收缩，最终就剩下住宅一个篮子。当时，无论外界和公司，都在质疑万科正在进行的区域分布以及其他业务的收缩。

若是提到谁从 2006 年开始将纯粹的减法发挥得淋漓尽致，唯有万科一家。当一些地产企业开始在资本市场上长袖善舞，通过资本运作以及土地升值大举获利之时，万科显得有些另类，一直到 2005 年，万科还在忙着将销售公司剥离，由专业的房地产销售代理公司全权代理。

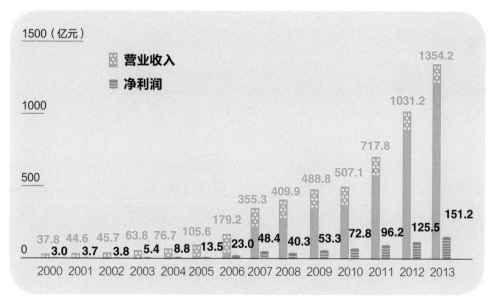

图 4-13　2000 年以来万科的营业收入与净利润增长

当年，万科在房地产一片清冷之时取得第一轮增长。当时王石放话：专业化万科的真正发力，还要看 3 年之后。

3 年之后，万科超了 500 亿元。

图 4-13 展示了 2000 年以来万科的营业收入和净利润的增长情况，至 2013 年，万科营业收入已经达到 1354.2 亿元，属于全国营业收入规模最高的房地产企业。

3 年又 3 年。这一次，放话的是万科集团总裁郁亮。

"任何一家优秀的大公司都经历了从专业能力优势向管理能力优势转变的过程，万科也正在其中，管理对万科而言比以往任何时候都重要。"郁亮说。

例如，以前万科的设计师自己设计，对项目本身倾注了很多心血。太投入的结果是某些时候尽管花了钱请别人做，还忍不住自己要动下手。但是走在通往"千亿"的大道上，郁亮已经看到不可能再事事亲力亲为。这又成了一种"减法"。

"我们还需要提高整合资源的能力。原先大家着眼于全面发展自己的能力，现在要学会发挥、利用别人的能力和优势。"郁亮说，要完成这一轮的精细化转变，还要 3 年。

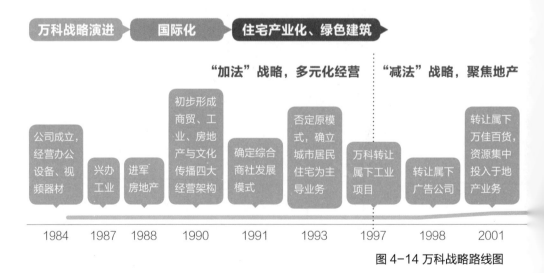

图 4-14 万科战略路线图

此时的万科，已经在住宅开发的大道上彻底理清了思路。按照郁亮的说法，以后的万科就是要"根据客户不同社会阶段、不同生命周期的需求，推出不同品类的产品。例如单亲家庭、单身家庭、双人家庭、丁克家族、养老的家庭，三代同住的家庭。就像宝洁品牌下有很多细分的品类一样"。

一直摆脱不了"理想主义"光环的王石，又一门心思地推行"住宅产业化"。2007年，万科在经历了长达6年的摸索之后，首个以工厂化方式建造的商品住宅在上海开工。其"理想主义"再次有泛滥之嫌，甚至有人将王石的"理想主义"话题重拾。但是王石依然不以为意，因为在无休止的"标准化"讨论背后，没有产业化，无法快速提高建造周期，那么企业必然在"千亿"道路上遭遇瓶颈。

"企业的边界取决于规模效应和管理成本的消长。当一个企业的规模效应已不能抵消克服管理难度上升的成本时，这个企业就到了增长的极限。"王石说。

无他，一切还是围绕着如何快速地把住宅盖好而来。

图4-14展示了万科的战略变化情况，从多元化一直做减法，再到国际化，并开拓房地产的新兴领域。

建筑企业品牌整合运营

中国建筑业每年新建建筑面积达到了全球的50%，面对很快将达18万亿的建筑市场，企业家面前是一个巨大的施展舞台，可叹的是目前为止有作为的企业家极为罕见。问题在于企业家学习不够，在经营理念、战略、执行系统建设方面乏善可陈，品牌战略的缺失和整合运营能力的缺失也是其中极为关键的一个大问题。

制定了正确的品牌战略，围绕品牌战略进行品牌整合运营是一个品牌战略执行的过程。这时我们会发现过去很多的错误，很多花钱又多余的动作，做了很多花钱还让品牌减分的事。正确的品牌战略让品牌运营非常清晰、投资低而收效高。

以下是建筑企业品牌整合运营的一些要点（图4-15）：

图4-15　建筑企业品牌整合运营之道

投资于专家品牌

中国建筑市场如此之大，企业的品牌能力又普遍处于低级状态，因此中国建筑市场还有非常多的专业品牌发展机会。向细分市场进发，建立竞争壁垒，占领细分市场的全国最大份额，将是最有优势的竞争策略。从目前情况看，愿意这样干的企业并不多，知道如何干的企业更少，但也不是完全没有，笔者多次提及的金螳螂就是一个好的典范。

如果你是一家总承包企业，现在还不是特级企业，可省些心不用钻营搞特级牌照，而应找个细分市场做老大。中小型建筑企业现在的特级资质战略是一种追随战略，多你一家不多，少你一家不少，已不是最有优势的战略。

随着市场化程度的提高，特级资质的牌照将越来越不值钱，品牌会越来越值钱。

细分市场定义的机会应该还很多：住宅建造专家、甚至别墅建造专家（趋势不太好、政策限制）、围护结构专家、基础工程专家、隧道专家、某类桥梁建造专家、机施专家，甚至细分到酒店装饰专家、景观建造专家等，但机会将越来越少，捷足先登最为重要。

品牌传播

建筑企业的品牌传播能力还很低级。建筑企业品牌传播方面投入还都很小，但也有一些广告投入，广告的制作问题很大，几乎没有投资回报。

广告几乎千篇一律。罗列公司牌照、标志性工程照片堆砌、董事长在办公室照片、企业口号，文字很长。两家企业广告放在一起比较，基础差别不大，工程照片和企业名字换一下，几乎可通用。

一大堆特级、一级、二级的牌照罗列出来，不会为品牌传播加分，反而会减分。客户需要的是专业，领域里的最佳，而不是什么都能。

董事长并不是公司的品牌，特别是国企，换届较快，登董事长照片只是个人表现，并不为客户重视。建筑业是最大的行业，大企业多，董事长照片登得最多，但对行业、客户、社会有影响力的企业家几乎没有，即没有如行业上游王石、冯仑这样的思想家。企业家要出名需要思想影响力，要有创新能力，要能让企业成为行业标杆。

企业广告重要的是表明客户选择你的理由，即你的定位，你的客户价值在哪里。

建筑企业修建了这么多高楼大厦，具有极大的广告资源，如能善用，则是非

一个非常雄伟的建筑，我们都很难找到大楼的铭牌，什么公司哪一年造的？互联网时代，产品就是自媒体，就是品牌传播载体，建筑企业可以善加利用。

常经济且效果好，只可惜大部分企业没有善加利用。一个非常雄伟的建筑，我们都很难找到大楼的铭牌，什么公司哪一年造的？互联网时代，产品就是自媒体，就是品牌传播载体，建筑企业可以善加利用。

执行系统建设

品牌要落地，执行系统要有配合。目前大型建筑企业并不能算是航母，而是很多小船拼接而成。强大的品牌要有很好的企业利润，很好的协同管理、统一管理，发挥规模经济优势，才能形成品牌。承包制为基础的发展模式会有品牌的天花板，项目经理更多的代表个人的管理风格、流程和品牌思想。

这就要求企业在项目精细化管理、企业集约化管理上进行突破。这需要中国建筑企业大力投资信息化建设。工程项目管理的复杂性，决定了要有强大的信息系统（如 BIM 技术）支撑，才会有统一的管理和较高效益。

重视企业市值

上市建筑企业数量已不少，但可悲的是，中国建筑企业的资本市场价值低下，市值产值比很低（图 4-16），这是赢利能力低下造成的。市值是企业品牌价值

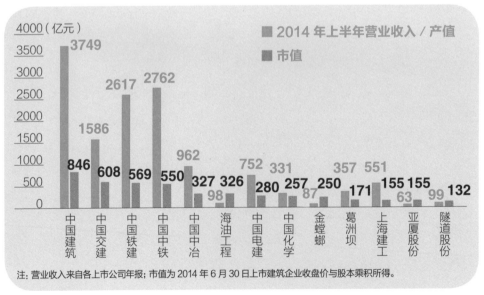

图 4-16　2014 年上半年产值超百亿上市建筑企业营业收入与市值对比

> 公司定位于"中档住宅批量精装修专家"，每年第一个季度接的单子足够一年生产能力，第二季即不能再接业务。营销费用是负值，没有回扣、公关等预算。

的客观反映，市值很低而自己感觉品牌价值很大是有些问题的，这种情况下，更需要的是危机意识。

在完全市场化的市场，市值低下意味着生存能力低，意味着被并购的命运。

提升管理和赢利是必需的，经营理念、战略、管理和资源整合都需进行系统工程，考验很大，但必须去做，否则会是悲剧。

文化重塑

全国化、国际化的大品牌，一定是开放包容的，不能是地方性的。文化改造是为了赢得人才。让全国的行业新人都愿意进来，愿意长时间呆住，文化的重建在许多企业是必需的。

浓郁的地方特色，办公室满是方言，不利于人才的进入和长留。

承担行业责任，放弃关系竞争力，更多的靠管理、靠质量、靠赢利能力，最后是靠品牌制胜，将赢得人才。

建筑企业品牌成功案例剖析

深圳中天装饰

深圳中天装饰与浙江的中天建设集团无关，是由中海建设几位高管出来创业所创办，历史不长，但发展后劲将很强。

公司定位于"**中档住宅批量精装修专家**"，短短十年发展，业务遍布16个主要城市，获得中海地产、万科、龙湖、招商地产、金地集团、佳兆业等地产巨头战略合作伙伴的地位。具备了近2万套住宅精装的交付能力。每年第一个季度接的单子足够一年生产能力，第二季即不能再接业务。营销费用是负值，没有回扣、公关等预算。

公司常务副总亲自抓信息化，每年大量投入信息化建设，以提升管理能力和复制能力。

这样的企业才是中国建筑企业未来的标杆。研究发现，装饰行业的精细化管理、品牌战略和信息化建设都走在整个行业的前面。

中天建设：从县级建筑企业到民营建筑企业的第一

中天建设的品牌路程，是我国民营建筑企业成功的典型代表。从一个县级建筑企业到全国产值规模第一的民营建筑企业，也是全国单法人产值规模（2013年600多亿产值）最大的建筑企业，超过所有央企。有很多成功之道值得我们研究学习，中天建设的成功过程中，品牌的成功运作是重要的一方面。其在品牌运作有关几点本文着重加以介绍。

图4-17列出了中天建设的企业愿景、使命与价值观。

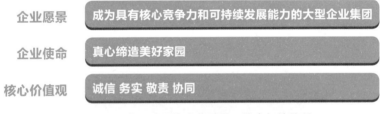

企业愿景	成为具有核心竞争力和可持续发展能力的大型企业集团
企业使命	真心缔造美好家园
核心价值观	诚信 务实 敬责 协同

图4-17 中天建设的企业愿景、使命与价值观

非常早的全国性品牌建设。 由于作为县级市，本地业务少，早就在全国"打工"，这样一早就有了建设全国品牌的强烈愿望。从"浙江东阳建筑安装总公司"到"中天建设集团"，去掉了两个地名，脱掉区域局限。"中天"二字甚至有"中"字头味道，巧妙让县级建筑企业挤入"中"字头方阵。

积极进行全国业务布局。 正由于本地项目极少，不得不向全国找饭吃，在非常早的时期，东阳建筑企业就踏遍全国，四海为家，随着近20年的积累，已进入全国领先建筑企业的第一方阵。全国性业务网络使得与大客户战略合作具有较大优势。大客户在全国有项目，我在全国有好队伍为你服务，成为一种重要核心竞争力。

注重质量。每建必优是中天建设质量管理的原则，全国性品牌，要有一流质量来保证，这方面公司毫不含糊，在万科、绿地等战略性大客户的业务中竞争，口碑领先。

注重企业文化建设。承担社会责任，注重员工发展，中天上下聚集了一大批优秀人才，为中天的事业确立了良好的基础。特别是中天汇聚了浙江一大批有实力的项目经理群体，是快速发展的关键因素。

同样的，中天建设集团在近年发展过程中，仍存在品牌整合和延伸的问题。这说明我们成功的企业，还不十分清楚成功的一些重要原因。图4-18总结了中天建设在品牌建设中存在的优势与问题。

图4-18　中天建设品牌战略的优与劣

如中天近年推出的中天钢构品牌，就会遇到困难。钢结构领域已存在诸多专家品牌，要做好，如何建设品牌需要非常合适的策略。杭萧钢构、精工钢构、宝冶等都已十分强大，还有国外品牌。要顺利进入这个领域，要有策略。

延伸出的中天房产，如当作战略实施可能伤及全局。即使作为战略要进入，"中天房产"的品牌策略是不合适的，会付出高昂的代价。利用强大的资本实力，收购控股一个专业的房地产品牌在战略上更为合理。要注意这块业务分散集团资源，通过收购控股则可以减少管理资源投入。

上海建工如何突破品牌之困

一则更名公告透露几多无奈，但更名无法解围品牌之困，关键在于企业的品牌战略建设。

2012年5月30日，上海建工集团正式向外发布相关子公司更名公告，将旗下各子公司名称换"大"，原"上海市第一建筑工程有限公司"更名为"上海建工一建集团有限公司"，其余二建、四建、五建、七建依此类推。

上海建工此举背景应是旗下子公司近年向埠外业务拓展过程中遇到品牌竞争诸多不利之处，其优异的业绩未能在竞争中充分发挥出优势，即存在品牌困境。

上海一建做过大量类似金茂大厦、环球中心、东方明珠等超级工程，但在外地遇到的一个小小工程公司也称集团公司，业务竞争中在品牌沟通上就很吃亏，这个问题是客观存在的。

此举同时意在强化"上海建工"这一主品牌，即集团品牌，将"上海市第一建筑"转为"上海建工一建集团"，"上海建工"这一集团名称成为各子集团的前缀。

上海建工此举正如公告中所言，公司全国化、国际化的战略已对公司品牌战略提出严峻考验，必须着手解决品牌战略问题了。

问题在于，上海建工此举还只是在解决很低端的品牌面子问题（加上"集团"变得大气些），还远不是品牌战略的关键问题、深层次问题，这样的举措并不能从根源上解决上海建工后续发展的品牌战略困境。

上海建工随着行业发展和上海地区建设周期性（类似世博大项目减少）变化，

上海建工此举还只是在解决很低端的品牌面子问题，还远不是品牌战略的关键问题、深层次问题，并不能从根源上解决上海建工后续发展的品牌战略困境。

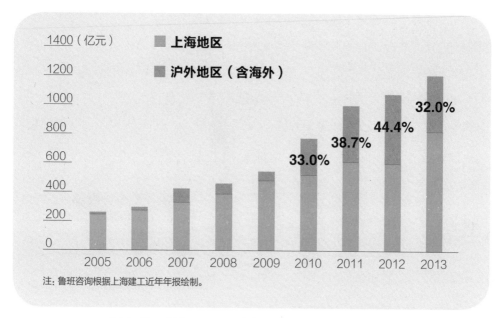

图 4-19　2005 ~ 2013 年间上海建工新签合同额分布

显然到了一个新的历史发展阶段。这一阶段的显著标志是：在中建等央企大举发展上海市场业务的同时，上海建工必须开始向外埠拓展的征程。

近年上海建工外埠业务占比情况如图 4-19。虽然逐年在增加，但至 2012 达到顶峰，为 44.4%，这一数据与中建等央企、中天建设等民企有很大不同，这些企业外埠业务应占远超 90% 以上的比例。这意味着很多中国建筑企业在高喊国际化的同时，其实全国领袖级企业的全国化之路才刚刚开始。

上海本埠建设规模巨大，作为上海国资委旗下企业，有天时、地利、人和之优势，虽以上海业务为主，上海建工合同规模亦达千亿，导致前些年向外拓展的动力严重不足，未及早进行全国性的业务网络布局，这将成为上海建工今后中长期发展非常不利的一面。

麻烦的是行业未来的趋势。上海作为超大型城市，发展过了高峰期，大规模新建会转型到老建筑的维护和改建。上海建工要发展，全国化、国际化都是必然的战略选择。

在全国化、国际化发展的进程中，已经落后人家的上海建工作为实质上的中国建筑业领先企业，在品牌战略上面临哪些挑战、应该遵循什么原则、该采用什么战略、该如何运营品牌，本文将试图给出理论解析、实证研究和解决方案。

研究该问题更大的价值在于，行业内面临类似上海建工集团发展困惑的企业还很多，地方性建工集团就超过百家，除此之外大量行业建设集团同样面临类似

图 4-20　上海建工集团股份有限公司组织架构

的品牌战略问题，几乎所有的建筑施工企业都处于品牌战略的初级阶段，因此本文研究的问题将具有行业的普遍意义。

上海建工品牌问题与挑战

上海建工作为地方性大型建筑企业，近年来取得了快速的发展，最新的组织机构如图 4-20 所示。

身处上海，作为政府项目的得力铁军，上海建工本埠的业务量大、工程项目质量好（高、大），早期向外埠发展、布局全国市场的意向较弱，导致上海建工至今还只能算是地域性的公司。这一点落后于很多民营建筑企业，使得上海建工在后续的全国性竞争中无疑处于不利地位。

以本埠业务为主的上海建工，整个集团的品牌战略问题并不成为大的问题。本身的地方品牌标志对上海业务是有一定好处的，问题恰恰在于，地方品牌的标志却不利于企业全国化和国际化的发展。

近年公司加大了全国业务布局的步伐，虽然有些晚，但依托上海建工强大的实力，在高端项目仍会有不俗表现，可以后发制胜。但发展速度如何，业务拓展效率如何，发展策略将显得非常重要，其中品牌战略首当其冲。

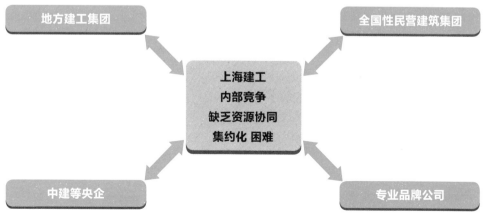

图 4-21　上海建工竞争之困

在向埠外扩展业务的进程中，按上海建工现在的企业品牌格局势必遇到内外两方面的困难和挑战（图 4-21）。

外部竞争之困

在上海竞争一个高端项目，上海建工与中建等央企，与中天建设、龙元建设等民企各方强手竞争自然不会吃亏。上海建工地方强势品牌的作用，加上地方政府的影响和照顾，竞争优势尽显。

但到了外地竞争，地方品牌之局限充分暴露。

（1）与地方建工集团的竞争

如，上海一建到了北京，与北京一建的竞争就会在品牌影响力上吃大亏，上海的一建公司为什么要到北京来揽活？

是不是上海的活揽不到了，才要到北京来找活？

上海的公司如何保证北京项目的业务资源（采购资源、劳务队伍资源）是最强最优的？是否会拉高成本？

上海一建在北京如何取得比北京一建更强的项目管理优势？……

这些问题与客户沟通起来很费劲，只有当客户充分了解上海一建的详细过往业绩后才能增加信任，但在客户的评标委员会中让每一个掌握投票权的评标人都充分了解这一点是相当困难的。

如果对方出面的是北京建工集团，以一个集团对一个公司，在品牌形象上会更吃亏。

（2）与全国性民营建筑集团的竞争

如果与类似中天建设集团、龙元建设集团、龙信建设集团等民营企业竞争时仍然难讨好处。

这些民营企业出身于地方县城，由于当地工程量建设少，20 年前就在全国讨生活，形成了非常重要的全国性业务网络，这已成为这些企业的核心竞争力之一。这些企业在全国大城市的发展早已被认可接受，中天建设到西安来发展，西安的业主和政府主管部门会认为是自然的事，事实上，中天建设已成了西安、广州等地的强势品牌。

而上海建工旗下公司进入这些市场与这些企业竞争仍将吃亏（图4-22）：

一是当地过往业绩差距。在上海的震撼性业绩与在当地的业绩仍有不同之处，客户需要确信你在当地能与上海做得一样好，这需要证明。有些原来只能做上海建工劳务分包的企业，已渐渐长大，在当地完成了业绩积累，而上海建工却要从零开始。

二是项目管理运营资源导致的成本能力不足。业务规模不足，本地化人员缺乏，分包和供应商资源要从零开始积累，对业务发展不利。

三是当地人脉差距。人家苦心经营了十多年的市场，一定会产生本地化的优势。上海建工在业务来源、招投标、政府部门照管等方面的效率与成本方面存在劣势，对业务竞争不利。

当地过往业绩差距
项目管理运营资源不足
当地人脉资源不足

竞争无优势

图4-22　上海建工埠外竞争无优势

（3）与中建等央企的竞争

上海建工与中国建筑等央企除上海外的地区业务竞争中，存在三个方面的不足：

一在名头的"大"字上尽显劣势。中国建筑，中字头，代表"国家"，在客户心智上与全国性品牌关联。上海建工，似乎只代表"上海"，在客户心智上与地方性品牌关联，品牌影响力上自然吃了大亏。

二是在品牌的地域适用性上尤为不足。中国建筑在全国各地承揽业务，客户会认为是自然的事。事实上近 20 年来，中建公司的业务就是这样在发展的，拿下全国各地的大项目，是其天经地义的业务战略。而上海建工近年才出现在全国各大城市的建筑市场，客户认知度较低，"上海建工"的地方性品牌标签更是在客户认知上带来负面效果。

三是业务网络成熟度上落后人家太多。业务网络的布局相当重要，建立项目信息收集渠道、建立供应低价优质的分包和材料供应渠道是必需的，但这需要时日。上海建工由于过去在上海市场份额太大，规模也大，失去了及早向外发展的动力。有所得必有所失，因前期上海市场太好而失去全国布局的先机，这也应算是市场发展的辩证法。如何弥补这一问题，是上海建工后续发展的一个重要课题。

（4）与专业品牌竞争之困

近年中国建筑业市场，崛起一批专业品牌，如装饰领域的金螳螂、钢结构的杭萧钢构和精工钢构等，这些专业品牌在细分领域具有非常强的竞争力，同样将对上海建工这样造成严重的威胁，这些领域上海建工亦设置了相关的专业业务部门，发展却不好（如装饰、钢结构等），原因即在于此。

更为严重的是，细分的专家品牌不断增多，将使大而全的集团企业业务不断被蚕食，上海建工若不及早应对，将会付出大的代价。

号码公司的内部竞争之困

上海建工旗下的子公司众多，从一建到七建，并没有明显的品牌区隔，即没有差异化定位，在上海地区更存在明显的业务竞争关系，在早些年甚至有相当多的重要项目就是内部几个公司在竞争压价。

这种竞争可以说有利有弊，但总体上是不利的，产生的内耗较多，因市场上有足够多的总承包竞争对手，内部竞争显得多余。集团旗下的号码公司序列是过

上海建工近年才出现在全国各大城市的建筑市场，客户认知度较低，"上海建工"的地方性品牌标签更是在客户认知上带来负面效果。

去计划经济年代的一种延续，并不符合市场化的集团业务发展。目前的情况会有几个弊端：

（1）有的项目内部竞争严重

业务定位差不多的子公司都想做同一个项目时，集团较难统一协调，只好任其拼争。虽然近年加大了内部协调，在外地布局上也进行了区域与行业的统筹，此问题应有所缓解，但协调带来了额外的工作，不应成为主要的竞争策略，协同的形成则应是集团的战略目标，应通过战略定位进行自然的资源配置才最有效率。

（2）不能发挥资源的协同效应

各子公司都有很强的资源积累，但很多是在重复建设，需要用到的时候，协同也较为困难，因为核算、考核各大子公司间都大不相同。

（3）集约化经营困难

未来竞争的决胜能力，其中一方面一定会体现在集团级集约化能力运营上面。人才、采购、资金和信息数据的集约化能力，决定了规模经济能力，会成为中国下一阶段竞争力的一个重要方面。相同业务板块多家子公司，增加了集约化实施的难度。因各公司的业务流程、管理方法差异化较大，绩效考核分开，阻碍集约化经营的进程。

图4-23总结了近年来，上海建工与中国建筑、中天建设以及金螳螂在营业收入及净利润的增长对比情况，可以发现近两年上海建工的营业收入增长与净利润增长乏力，落在竞争对手之后。

企业文化与团队建设之困

上海建工由于长期的地方品牌标签，使之在企业文化和积淀中难免不够全国化，更谈不上国际化，会成为全国布局的一种羁绊。这种积累沉淀是不自觉的，是潜移默化的。

若上海建工要向全国发展，文化的改造和重塑是必要的。全国业务的发展，需要更开放和海纳百川的胸怀，需要在办公室推行普通话，要更具有风险精神，

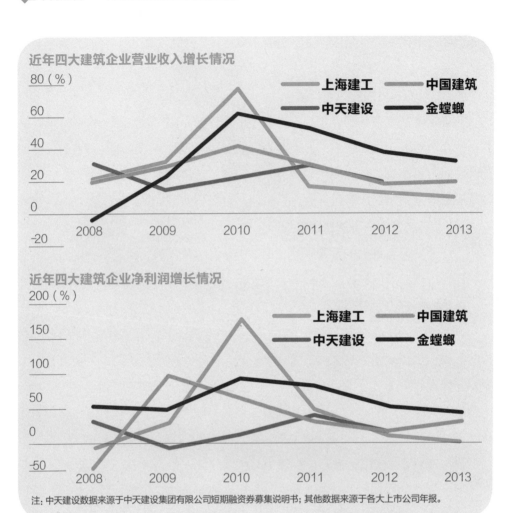

近年四大建筑企业营业收入增长情况

近年四大建筑企业净利润增长情况

注: 中天建设数据来源于中天建设集团有限公司短期融资券募集说明书; 其他数据来源于各大上市公司年报。

图 4-23　近年四大建筑企业营业收入与净利润增长情况

更具有创业心态。

　　要放在中国建筑业近 20 万亿的大格局中考量, 就要有更宏大的战略格局, 要有更加适应全国市场的文化特质。去掉上海标签, 定位于全国领先甚至国际领先的建筑企业集团是必需的, 施工技术水平确实已经达到国际先进, 但企业文化建设就没那么容易。

　　在重要的业务市场生根发展, 本地化的团队建设势在必行, 从上海本土向外地派遣人员，相当困难，且成本很高。但当前品牌格局会造成向全国发展过程中遇到团队建设的困难：

一是应聘人员会产生疑问，上海建工是否会长期发展下去，是否做完项目就撤了。人才都想找到一个长期发展的平台。

二是感觉是个外地公司，企业文化的融入给当地人才的进入形成障碍。这方面中建公司、中天建设等去地域化品牌的企业反而要容易一些。

业绩之困

上海建工的品牌问题已经一定程度反映在业绩和股价上面，下面两图反映了这个情况。影响业绩增长和股价趋势的重要因素之一是品牌战略和由此导致的业务成长和赢利能力。

金螳螂的产值不及上海建工的 1/5，但其市值却是上海建工的 1.8 倍，PE是上海建工的 4 倍，其中即有品牌溢价。这个溢价是市场给予金螳螂专家品牌的奖励（图 4-24）。

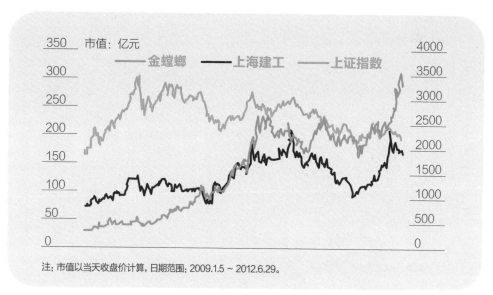

注: 市值以当天收盘价计算, 日期范围: 2009.1.5 ~ 2012.6.29。

图 4-24　2009 ~ 2012 年上半年间上海建工、金螳螂市值对比

做大市值，就是为了做大股东价值。上海建工长期市值和产值相背离严重影响增长动力，1998 年上市以来，仅从资本市场募得 15 亿资金，与中建股份一次募得 500 亿外部资金差距太大，严重影响上海建工与中国建筑的后期竞争力。即使与金螳螂累计从股票市场募得资金 16 亿相比，差距也相当大，与上海建工的市场地位严重不符，这与业绩（赢利能力）有最大的关系，业绩又与品牌战略有最大的关系。

发展之困

正因为上海建工受制于品牌、管理等各种因素，增长和效益缺乏亮丽表现，发展受到了局限。2010 年中国建筑整体上市，IPO 获得了 500 亿的发展资金，这笔巨额资金对这几年中建的发展是非常重要的。而上海建工，在 1998 年上市之初获得 10 亿的融资后，2011 年通过向原股东配股募集资金 5.2 亿元，随后分别于 2010 年和 2011 年向母公司定向增发共价值 63.9 亿元股票只为获得母公司其他资产。上市 14 年共融资 15.2 亿元，上市融资功能未能显现。2014 年定向增发 40 亿元，但由于市值不大，为了不牺牲较多股权，必须自己认购 15%，面临资金困窘的尴尬。

建筑市场有着巨大的资金需求，却无法利用资本市场获得更多的发展资源对上海建工的发展将是严重的制约。

高产值、低利润、低市值将是上海建工的后续发展需要改变的一个局面，品牌战略是重要举措之一。

推动企业发展的两大引擎是有竞争力的品牌和良好的利润，通过客户给的溢价和投资者给的溢价，获得比其他竞争者更多的发展动力，是管理层需要考虑的

推动企业发展的两大引擎是有竞争力的品牌和良好的利润，通过客户给的溢价和投资者给的溢价，获得比其他竞争者更多的发展动力，是管理层需要考虑的关键问题。

关键问题。

由于品牌对企业集团发展的关键作用，上海建工启动品牌改造工程是正确的。品牌再造，是面临民营总承包企业、央企总承包企业和专业化品牌的切割蚕食，上海建工必须走的一步，并且越快越好。但该如何做，如何做到位，是一个较为复杂的课题。

上海建工管理层当前最需要考量的是当上海市场完全市场化竞争，政府项目与外地企业、央企在同一起点上竞争的时候，我们该怎么办？我们会面临什么问题？这个策略有了，这个竞争力有了，上海建工的发展就会快了。虽然这个情况也许很长时间以后还不会发生。但必须拥有置之死地而后生的考量，才会避免上海本土品牌消亡的悲剧。

这是上海建工应该具备的危机意识。

上海建工的品牌策略

上海建工的品牌整合问题越来越迫切，需要一个长期的整体策略来考量，对上海建工可持续发展至关重要。笔者提出一些基本的战略供参考（图4-25）。

解决品牌的地域性局限

上海建工实质是地方性区域品牌，目前从品牌名字和市外业务量来讲确是如

解决品牌的地域性局限	提升业绩利润
淡化集团品牌，强化子公司专业品牌，按专业品牌重组	突破项目精细化管理、企业集约化管理
	企业文化改造与团队建设
解决集团公司、子公司通用名和号码公司的问题	做好品牌传播，抢占子品牌在各领域的领导地位
按新的品牌战略配置资源、整合运营	
人力、物力资源重组	

图4-25 上海建工的品牌策略

此，这样会影响向外业务的扩展，一定得作出调整，去掉上海二字的地域局限是相当必要的。不论市政府如何看重这个品牌，对竞争力的提升和品牌提升产生了局限，这是不可回避的事实。早调整早主动，早调整代价小些，晚调整代价更大。现在的做法（各子公司改集团）还只是小动作，远未涉及品牌战略的根本问题。

淡化集团品牌，强化子公司专业品牌，按专业品牌重组

上海建工产值规模已超千亿，但竞争对手中国建筑的一个子公司也达到了千亿，发展下去将落后一个数量级，要应对竞争，品牌战略要有变革的思维和变革的决心。

按产业链重组，建设有竞争力的专业品牌应是上海建工的重要品牌战略。一个集团最重要的资产是你握有多少最有价值的品牌，妄想一个集团品牌包打天下的时代已经过去，其他市场已进化到了专家品牌的天下，杂家已无竞争力，建筑市场的进化只是时间而已，现在已为时不早。

上海建工具有非常强的实力，具有丰富强势子品牌资源，可以建设多个专业品牌，抢占多个细分市场领导品牌，以获取各细分领域全国市场的最大份额。以此来解决作为号码公司的子公司品牌建设问题，也解决内部竞争的问题，最后单独分拆上市，各自打通资本市场，获取更多的发展资源。

上海一建在超高层建筑领域理应获得第一，定位在超高层建造专家是合适的。

上海二建在逆作法地下工程施工中首屈一指，可否形成独立较有规模的细分市场？

上海建工各子公司建设像南浦大桥、杨浦大桥、卢浦大桥等非常重要的桥梁建筑，应组建专门的桥梁公司，力争进入全国桥梁领域前列，这个领域会碰到中交、中铁的挑战，如有问题，则通过桥梁领域的再细分（如斜拉桥）以保证取得第一品牌位置。

上海基础公司要树立基础工程专家的品牌定位，抢占全国基础工程第一品牌。

按产业链重组，建设有竞争力的专业品牌应是上海建工的重要品牌战略。

> 各专业品牌公司内部是事业部制、尽可能扁平化管理。专业品牌公司→区域公司→项目部。这样需要强大的信息化系统支撑。

上海机施公司则应瞄准中国最大的机施专业公司。

上海安装公司要瞄准全国第一的安装专业品牌，主要竞争对手是中建安装，独立的专业品牌是必需的。

通过重组在住宅、工业建筑某些方面还可形成很强的全国领先品牌。

这些品牌资源不尽快去挖掘，将被消耗浪费，如钢结构、幕墙、精装饰领域，将遭遇激烈竞争，已失去先机，上海建工已无机会。现在最重要的是珍惜还存在的这些机会，整合利用好，加以发扬光大。

这些专业子品牌给予专门的定位后，还应该给予独立的全国性品牌包装，独立的运营系统设计，独立的资源配置。

集团总部最终应是投资控股公司，学习宝洁的品牌策略，按产业链分别定位的独立多品牌要在各自的领域获得全国领先份额的地位。有研究报告指出，世人的生活基本已由 10 家公司所控制，但普通人并不知道，但对 10 家公司所控制的各个品牌却耳熟能详，每个中产阶级都在大量使用，这就是品牌的奥秘，品牌竞争最后的恐怖现实，而中国企业家能洞察其真谛的却很少。

随着行业竞争水平的提升，上海建工今后最有价值的品牌不会是集团的品牌，而是在各个行业细分领域内领先的各个专业品牌。如领先的甚至是第一份额的专业基础工程品牌、机电安装品牌、机施品牌、超高层品牌等。甚至在品牌推广的时候，集团品牌甚至要故意低调，主推各专业子品牌，这就像宝洁的品牌做法是一样的。

各专业品牌公司内部是事业部制、尽可能扁平化管理。专业品牌公司→区域公司→项目部。这样需要强大的信息化系统支撑。

当前上海建工集团总部不太重视专业子品牌的推广，反而非常重视"上海建工"这个集团品牌的推广，品牌战略上应该有严重问题的。

解决集团公司、子公司通用名和号码公司的问题

上海建工、上海安装、上海基础、上海机施公司等都是通用名，是一个公司无法独有的，缺乏品牌个性，对长期品牌建设非常不利。不仅要去掉上海二字，还要增加品牌特有名字，变成国内专门领域独一无二的品牌名称，这个不能偷懒，取个名字很不容易，但不能因为取名难，就用一个通用名。

一建到七建是号码公司，对建设品牌也极为不利，一定改为专有名词。响亮、专业且独一无二的品牌名称是必要的，否则品牌困境依然难消，品牌时代继续沿用老大、老二、老七排序代表公司名称必定是吃亏的。

这一点我们不能偷懒。策划一个好企业名很不容易，但这件事一点也不能省。

按新的品牌战略配置资源、整合运营

按新的品牌战略，对集团企业整个体系逐步进行整合运营，是品牌战略确定后艰难而繁重的工作。困难不在于品牌策略的操作，在于人事关系、利益关系的调整，这样的风险也较大的，但从竞争和发展的角度看，也是无可回避的。IBM向服务转型，PC事业部卖给联想都有很大挑战。

单从品牌运作的过程来看，会简单较多。通过梳理发现，过去很多的重复投入、投入效果相反的情况可以得以避免。

人力、物力资源重组

这个非常困难，风险也相当大。但面对后面激烈的竞争，也是不可避免的。最高效地运营所有人力、物力资源，已非常重要。挑战是巨大的，这个要靠管理层的智慧和利益协调。

中亿丰更名

2013年10月8日，苏州二建正式更名中亿丰建设集团股份有限公司，企业发展翻开了新的历史篇章。董事长宫长义有着非常理性的体会："提升企业综合实力，努力把企业做大、做强、做好、做精，是时代赋予我们的使命。主动创新求变，破解发展瓶颈就是中亿丰建设正视自身、面向未来、突破自我的实践态度。"

提升业绩利润

通过简化业务提升利润，提升股东价值，避免资本困境。

市值不仅代表股东价值，还代表了融资和兼并能力。中国建筑业快到产业整合期，上海建工不做好这方面的准备，将丧失很多很好的机会。

上海建工的市值过低，是一个问题，可能是故意保守做低利润。但现在的市值，若上海国资委放手，则会成为并购对象。利用资本市场再融资能力不足，也将使发展动力不足。同时大量后续出现的行业机会将很难抓住。更重要的是，随着 BT、BOT、EPC 项目的增多，中国建筑业市场的后续竞争对资本运营能力十分倚重，做大市值是重要的，这样才会有更大的融资能力。

品牌价值与市值非常相关，这是市场经济的铁律。

突破项目精细化管理、企业集约化管理

上海建工的利润之道，必定是项目精细化管理，企业级集约化管理的突破，BIM 技术的深入普及应用，信息化系统的强力实施不可或缺。率先突破核心业务成本管理能力瓶颈，获得更高项目利润是管理能力提升的关键策略，上海建工需要走在全国前列。

企业文化改造与团队建设

建立全国性的公司文化是公司的重要任务之一，为各区域公司团队建设奠定基础。

上海建工企业文化地方特色过浓是需要改造的，建立全国性品牌，要有相融的全国性文化支撑。让全国青年人才为我所用，让各区域公司顺利招到本地人才，并留住人才。

做好品牌传播，抢占子品牌在各领域的领导地位

针对中国建筑的竞争，上海建工必须反其道而行之，淡化集团公司品牌宣传是必要的，突出推广专业子品牌。利用一切手段务必让各子品牌进入全国前三，如通过集团内业务重组、并购和全国性扩张等手段。现在中国建筑也有产业链布局，但也存在号码公司管理，各子公司定位不清，重复和内部竞争等问题，上海建工只有率先突破才能获得主动。

上海建工大规模的品牌整合，会有大量的工作，也会有大的投入，相对于已达千亿规模的上海建工，仍然是刻不容缓的工作，较高的投入与较高的风险也是必须面对的。

在较短的时间做好整合，推送给整个行业就非常重要了。

结语

上海建工必须对自身品牌充满危机意识。

曾几何时，上海是中国制造业的代名词，上海货是质量和优质产品代名词。当前，上海的工业品牌大都沦丧，上海建工作为一个强大地方品牌的走势如何将令人关注。

上海建工作为一家国有控股企业，新一阶段的发展，需要企业最高层关注十分长远的发展战略，包括业务战略和品牌战略，改造原有的企业基因，涅槃重生。

机制的原因，这一点颇让人疑虑。

针对中国建筑的竞争，上海建工必须反其道而行之，淡化集团公司品牌宣传是必要的，突出推广专业子品牌。

05

把信息和情报放在第一位，金钱就会滚滚而来。

——企业家 S·M·沃尔森

鲁班咨询研究团队多年的行业观察与研究表明：中国建筑业现状决定了信息化（信息技术）才是行业现阶段发展的决定性力量，只有信息技术才有能力将产业发展沟壑填平，突破现阶段产业发展的僵局。

得数据者得天下

为什么第一轮特级企业信息化之路困难重重？

为什么遇到项目部强大阻力？

为什么建筑企业信息化应从核心基础数据信息化抓起？

信息化危机凸现

为引导施工总承包特级企业成为技术含量高、管理水平高的龙头企业，促进建筑企业向工程总承包发展，建设部对《建筑业企业资质等级标准》中施工总承包特级资质标准进行修订，于 2007 年 3 月 13 日颁布施行了新的《施工总承包特级资质标准》。这部新标准，首次对施工总承包特级资质企业的信息化提出明确要求，并且作为必须具备的硬杠杠，到 2010 年 3 月后重新进行资质就位。

一石激起千层浪，施工企业信息化市场也因为这一新标准的出台，一改以往一壶温吞水的状况。特级资质标准施行以来，施工企业无不绷紧神经，积极配备各种 ERP 软件，然而信息化进程缓慢，效果并不理想。鉴于国际国内经济形势与建筑施工企业现状，住房和城乡建设部在 2010 年 7 月 30 日发布通知，将特级资质标准的过渡期延长至 2012 年 3 月 13 日。截止至 2014 年 9 月 30 日，特级资质就位情况请见图 5-1。

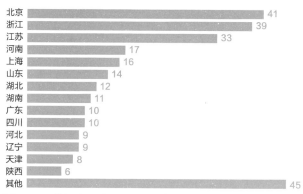

图 5-1　特级资质企业分布图（截至 2014 年 9 月 30 日）

特级资质信息化标准颁布以来，很多原先没有信息化意识的企业提前启动信息化工程，也推动了一批企业家开始关注研究建筑企业信息化。在整个行业的建筑企业信息化市场推动力不强的情况下，行政政策的导向作用往往比较大。如果运用得当，效果可以不错，如前些年建设部推动的设计院"甩图板"信息化运动就相当不错。但本轮特级建筑企业信息化标准的实施，由于标准不够成熟，效果不尽人意。据中国施工企业管理协会的摸底调查和鲁班咨询调研表明，大量的特级建筑企业信息化的目的仅为了通过特级资质，目的性非常明确，没有同时为提升管理真正投入信息化的打算，导致低投入、填假数据盛行。特别是行业一批不太成功、投入产出不理想的案例的出现，为很多建筑企业家错误的信息化理念提供了佐证：建筑企业信息化是搞不成的，信息化投入产出是很低的，应付一下资质审批就可以了。

这种危机局面如不尽快得到改善，将使建筑企业信息化进程受到沉重打击。

危机现象根源

一是特级企业信息化标准导向有偏。标准颁布之初，普遍被解读为带着砍掉一大批特级企业的使命，而不是提升企业管理。过特级成为厂商和企业实施信息化的共同交集，信息化对企业提升管理和竞争力的实际价值被搁置一边，为过资质在做大量于管理提升无益的工作，引起企业基层的反感和阻力。

标准的不完善之处在于：体现制造业的 ERP 经验较多，体现建设行业信息化本质与规律不够。

信息化实施的次序很重要。建设行业信息化本质规律现在已经逐渐明晰，就是：工程项目基础数据的信息化、自动化必须先行一步，特别是 BIM 技术的广泛普及和深入应用（核心基础数据的创建、计算、管理、共享等）是非常关键的。

标准的不完善之处在于：体现制造业的 ERP 经验较多，体现建设行业信息化本质与规律不够。

建筑企业的市场真实压力尚不足够大，导致企业没有足够的压力来推动企业变革和信息化。

这是企业级 ERP 实施的基础，而"标准"至今没有体现这种行业本质和规律，因而没能正确引导行业信息化方向，导致信息化项目成功率低，投入产出低。目前已上的 ERP 系统因缺乏项目核心基础数据（量、价、消耗量指标、造价）的支撑，普遍发挥不出应有的价值和功能，有的甚至成了空中楼阁，严重挫伤企业信息化的积极性。若"标准"的引导能循序渐进，先推动 BIM 技术和基础数据信息化的实施，可以很快让建筑企业获得较高的投入产出回报，信息化积极性将大幅提升，行业信息化之路可以进入良性循环。

二是建筑业信息化的市场动力还远不足够。虽然当前建筑企业家感到企业经营困难重重，利润极度微薄，大家都在寻找出路。但转型升级已喊了几年了，一般都在多元化、房产投资上着力，并未在建筑业主营业务上下功夫。出现这种状况的重要的原因之一是，建筑企业的市场真实压力并不足够大。2009 年全球百年一遇的危机，四万亿来袭，中国建筑业取得 22.3% 的高增长。其他行业大量企业倒闭的同时，没听说哪家建筑企业关门了。大家日子不好过的同时，管理再差也都很难死掉，这才是行业真相。这种状况导致企业没有足够的压力来推动企业变革和信息化。建筑企业变革和信息化将引发权利重分配，是非常得罪人、很有难度的。企业没有生死存亡的压力一般不可能发动，这是企业发展的现实。

三是建筑业本质决定信息化难度极高，传统的方法还远不够。建筑业信息化与制造业、连锁、银行等行业有明显不同，要难很多：建筑业的产品是不标准的，单个产品数据是十分复杂且海量的，作业工艺流程每个工程是不一样的，作业地点是流动的，项目团队是临时的。这些行业信息化本质和规律认识不够，信息化危机就难以避免。近十年的建筑业信息化实践告诉我们：项目基础数据（量、价、消耗量指标）的信息化、自动化是解决行业信息化瓶颈最为关键的工作，这才是建筑业信息化的本质和规律。

四是项目部阻力很大，信息化难以开展。 现行信息化建设普遍思维是加强企业总部的管控，包括资金风险管控、成本管控、采购管控等，这与当前建筑企业管理现状需求相符，但我国建筑企业普遍的一个现实是总部一直缺乏有效的管控手段，项目权力几乎全部下放在项目上。若项目部配合则总部由于可以自动收集到项目部数据，工作量减少，权力增加，总部获得管理好处，不用付出大的代价。但现实并非如此。由于当前建筑企业工程基础数据（量、价格、消耗量指数、造价）的信息化、自动化普遍没有做好，更不要提智能化，工程基础数据的处理大部分还在用手工操作，总部要实现短周期多维度（时间、工序、区域）的多算对比，项目部预算配合工作量将十分巨大，每天手工拆分、组合、统计、分析很多数据，并填入 ERP 系统，项目部是十分不情愿的。同时这些数据的上传，意味着项目部管理的主权大幅缩小。因此，建筑企业信息化建设如果不能在"管控"和"支撑"这两个点上取得平衡，项目部和企业总部对于信息化开展的利益极不平衡，信息化在基层很难开展，整个建筑企业信息化也只能是空中楼阁。

图 5-2 总结了建筑行业信息化危机的四大根源。

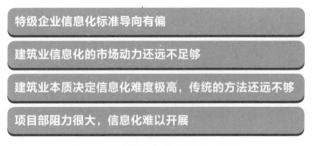

特级企业信息化标准导向有偏

建筑业信息化的市场动力还远不足够

建筑业本质决定信息化难度极高，传统的方法还远不够

项目部阻力很大，信息化难以开展

图 5-2　建筑行业信息化危机根源

数据是核心竞争力

据中国施工企业管理协会的调查，大量建筑企业仅为通过特级资质审核而上信息化，而非为提升企业管理，完全走向了主管部门愿望的反面。主要问题是信息化路径不太合理，就像一个工程建设应先地下后地上，先基础后框架结构，再

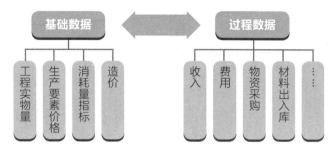

图 5-3　建筑企业两类数据对比

屋顶。建筑企业先上 ERP 即先做了个空中楼阁，没有项目基础数据的信息化、自动化、智能化支撑，ERP 成了无源之水，仅能知道"花了"多少钱，而不能知道"该花"多少钱。在建筑企业的项目和企业级管理中"知道该花多少钱"的能力更为重要，因此当前 ERP 创造的价值还不够大，竞争力提升不明显。

首先，要了解建筑企业数据的类型。建筑企业项目和企业管理面对的数据可分为两大类（图 5-3），即基础数据和过程数据。基础数据是在管理中和流程关系不大的数据，不因施工方案、管理模式变化而变化，如工程实物量、各生产要素（人、材、机）价格、企业消耗量（企业定额）等项。工程实物量决定于施工图纸；各生产要素价格，由市场客观行情确定；企业消耗量指标也相对固定不变。而费用收支、物资采购、出入库等数据都会在生产过程中因施工方案、管理流程和合作单位的变化而变化，因此是过程数据。

两类数据种类都很多，但两类数据中都有极为关键的核心数据。基础数据中最为关键的是实物量、生产要素价格、消耗量指标和造价（预算成本）四项；过程数据中最核心的是资金和各种资源进出、消耗过程数据。这些核心数据决定了项目和企业的业务竞争力、成本控制和盈利水平。哪个企业对这些数据的获取和计算处理能力强，业务竞争力、成本能力和赢利能力就强。

随着建筑企业项目数量和业务区域的扩展，没有强大的数据支撑系统，面对企业数据海洋，只能望"洋"兴叹，导致当前建筑企业有很多采用项目承包制来解决数据难题，通过激励机制和责任下移来缓解数据能力不足的问题。由于项目承包制是一种内包，与当下制造业流行的外包大不相同，并不能卸载企业法律责任和所有风险（质量、安全、资金、品牌），因此这不是终极的企业管理解决方案，而是一种低层次、初级和不得已的管理模式，可持续性存在严重问题。

　　建筑企业面对的两大类数据中，基础数据获取和掌控更为困难。基础数据量更大，计算难度也大，并需要进行实时动态分析供各条线管控所需。过程数据（最重要的是财务收支、物资进出）相对容易些，数据量小，计算容易，支撑工具（ERP的财务、物资模块）较为成熟，容易应用。而项目基础数据支撑系统建设，业内才刚刚起步，鲁班软件是当前项目基础数据整体解决方案领先供应商。项目基础数据所需的支撑系统技术含量高，系统研发困难，用户掌握应用也较困难，但又都是建筑企业可持续发展不可或缺的。核心的企业级项目基础数据支撑系统可用图 5-4 诠释。

　　围绕工程造价成本的动态分析，建立企业级强大的实物量、价格信息、消耗量指标（造价指标）与造价数据库，为各项目各条线提供实时动态基础数据支撑。

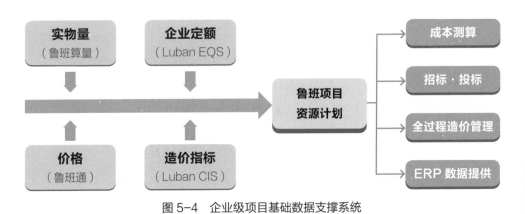

图 5-4　企业级项目基础数据支撑系统

"小前端、大后台"

　　当四大核心基础数据库建立后，建筑企业和项目部的利益博弈变成了"小前端、大后台"的"管控＋支撑"模式。

小前端要足够灵活，后台则要有足够强的资源整合能力和服务提供能力，这就是未来商业变革的核心。——《商业价值》

正如信息技术改变战争模式，少量的人员装备往前突击，信息和数据迅速反馈到后台，同时由卫星、雷达、红外线感应及各探测数据组成立体信息采集系统，源源不断地将前线数据输往后方指挥中心，指挥中心的数据中心对海量数据进行处理计算，及时作出对前线的反馈并快速调度整个供应链系统（如远程攻击力量），导弹随之射向目标。大能量的攻击力量可以远离战场，但攻击速度、精确性和攻击威力远超从前。

信息技术和物联网也正在改变企业的运营模式和商业模式。当前就算小型快递公司，都有快件跟踪处理中心，当快件业务员将本单业务利用手持扫描设备和数据录入后，马上通过无线网络进入数据中心，每个环节的信息将持续进入数据中心，客户可以全过程通过网络实时查到快件状态。快件业务员的位置通过GPS定位，用以快速调度作出业务响应，大幅提升效率，降低了成本，提高客户满意度。总部获取信息能力很强，调度能力很强，企业后台有足够强的资源整合能力和服务提供能力，快速支持前端，过去由业务前端完成的任务，现在可以由总部统一集约化完成，这将是大行其道的企业"小前端、大后台"模式。

"小前端、大后台"的运营模式与集约化经营理念是相通的，代表了未来项目管理信息化的趋势，是先进生产力方式，定将改变当前"大前端"模式带来弊端，如项目经理水平代表了企业水平，资源整合难以实现导致的资源浪费等。由于工程项目管理的特殊性（单一性、流动性等），项目部利益和企业利益有着较大的差异。"前端"项目的运营信息（数据）无法源源不断地汇总到总部数据库来，风险管控（资金、安全和质量等）缺乏有效的手段，总部（后台）没有强大的数据库同样也无法为项目的运营提供支撑手段，是没有能力的后台（总部），甚至可蜕变为光收管理费卖牌子的"税务局"。

> 建筑业信息化建设需要双向思维，即从"管控"和"支撑"两个方向着手。既要能为企业总部实行资金风险、成本管控起到很好的作用，更要为项目部的工作效率提升、工作量减少和利润提高起到强大的支撑作用。

建筑业信息化建设需要双向思维，即从"管控"和"支撑"两个方向着手。既要能为企业总部实行资金风险、成本管控起到很好的作用，更要为项目部的工作效率提升、工作量减少和利润提高起到强大的支撑作用。建筑企业"小前端、大后台"运营模式的突出特点是企业总部通过建立四大核心基础数据库系统，项目部的采购价格信息、供应商信息、产品设备信息、成本控制信息和技术资料等能快速得到总部响应支持，总部的信息系统和数据库能根据项目部前端信息（数据）作出智能分析快速给出合理反馈。

得数据者得天下

随着建筑业市场化的进展，特级建筑企业间的关系、资金、技术资源差距很小，数据竞争力就将成为非常核心的竞争力了，"得数据者得天下"的说法并不为过。

本轮全球百年一遇经济危机到来前5个月，最先发出"冬天来了"强烈警告的，不是国家统计局、海关和经济学家，而是马云。其实并非他是经济学专家或有天算能力，而于基于阿里巴巴巨大的数据库平台，马云从这个数据库平台发现国际买家的询盘大量减少。询价是下订单的第一步，询盘大量减少必导致订单大幅下降，订单下降额可量化推算出来，从而准确预报经济危机，为企业运营及时采取了保护措施。如果不是中央企业救市措施，中国企业将哀鸿遍野。

阿里巴巴2007年11月6日在香港上市时，马云就表示"上市就是为了过冬做准备"，募资约17亿美元，股价最高时达39.7元/股（到全球经济危机呈现2008年11月28日阿里巴巴股到达谷底4.3元/股），为阿里巴巴过冬做好了充分准备。而中国外向型制造企业在这场全球经济危机中有了30%～40%中小企业倒闭。

对于建筑企业而言，数据的竞争力也越来越凸现，主要从以下几个方面体现出来（图5-5）：

一是投标竞争力。在四大基础数据库的支撑下，建筑企业将比同行更快更准报价，可以参与更多的业务机会竞争。成本测算更准，中标概率也将因此获得提升。

二是价格竞争力。价格竞争力靠赢利能力大幅提升来支撑，赢利能力来源于开源和节流两方面。若有强大的基础数据库支撑将有极大的能力提升，能做到最大的结算利润和最好的成本管控。

做到最大结算利润一方面体现在最佳的投标报价策略，另一方面是做到应收尽收，减少差、错、漏，当前由这两方面形成的建筑企业收益因粗放操作导致的丢失是相当严重的，利润率超过5%并不稀奇。

成本管控大的方向在于利用基础数据精细化计划，控制飞单、损耗，实行限额领料等项。

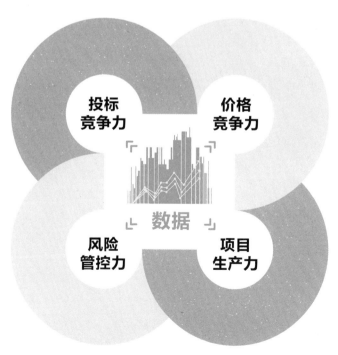

图5-5　数据竞争力体现

三是风险管控能力。有强大的项目基础数据获取能力，风险控制能力即可大增。亏本风险、项目部套取资金的资金风险控制不再困难。管控难度在于如何做到信息对称，决策执行并不难，提升企业级项目数据获取能力，风险管控就容易了。

四是项目生产力提升。项目生产力提升的两大难点：一是海量的数据创建、管理与共享困难，二是各条线各单位协同困难。基础数据解决方案特别是 BIM 技术为这两个问题的解决提供了强大的技术保证。

在建筑企业的合同额营业额不断增长的同时，一定要关注企业内部管理能否跟上。基础数据库是建筑企业内部管理和核心竞争力的重要体现。是时候该关注基础数据库的建设了。得数据者得天下！

建筑业信息化面临五大障碍

国内建筑业信息化步履维艰，要有所突破，必须弄清楚，关键的问题和挑战在哪里？

国内建筑业信息化步履维艰，要有所突破，必须弄清楚阻碍建筑业信息化发展的五大障碍（图5-6）。

建筑企业经营理念与价值观重塑

中国建筑业已高速发展二十多年，当前很多大型建筑企业已从当年的丑小鸭变成了金凤凰，实力规模已有百倍增长。尽管如此，建筑企业的经营理念和价值观普遍还较落后。

赚钱导向还是当前建筑企业普遍的经营理念。很多建筑企业未能建立长远经营目标，更多着眼于企业近期的问题和利益。什么赚钱干什么，哪里赚钱去哪里。而信息化显然是建筑企业一个长期战略的支撑体系，无法在短时期内搞好，没有长期战略也就没有了信息化的根本需求。信息化成了面子工程，信息化投入就会严重不足，难以良性循环。同时信息化的组织难以落实，办公室主任、总工代职CIO比比皆是，追求的是特级资质审核过关。

图 5-6　建筑业信息化的五大障碍

也正因赚钱导向、短期战略和简单暴利的思维，企业家更注重于关系竞争力的建设，甚至是无限痴迷于此。如果不是住房和城乡建设部设立特级资质信息化标准，很多企业家压根没有认真研究过信息化。而笔者的研究表明，只有当企业一把手花大量时间研究且至少成为半个信息化专家时，企业信息化才能取得真正的成效。

没有远虑，必有近忧。中国建筑业在不断利好，产业规模超速（年增长超过20%）增长的情况下，日子却是越来越艰难：赚钱很难，质量、安全、灾难事故越搞越大，社会舆论对建筑业的压力也愈来愈大。企业家十分辛苦，但风险还很大。

中国建筑业的未来在于透明化，透明才有未来。企业家一直在抱怨的地区保护、恶性竞争、效益低下，主要根源在于行业的不透明。要成为透明的行业很重要的一个推手是信息技术，笔者的研究表明，靠其他途径解决行业诸多老大难问题的效果将甚微。因为良好的产业制度设计和执行，企业普遍自觉的正确价值观，在当前中国的社会环境和产业环境下，我们是难以奢望的。建筑业产业进步必将是信息技术推动产生巨变，产业将"被信息化"、"被进步"。

正因企业的经营理念问题，企业的很多信息、数据不好见光，企业信息化就会是个问题。真要想搞好信息化：企业内部就会被透明化，甚至领导行为也会被透明化。不仅在内部透明化，甚至被外部透明化，集团总部、上级部门和主管部门很容易获知实情。要实现转型升级，要提升管理，就要搞好信息化。真要搞好信息化，就要主动放弃很多过去的经营手法，这是一个考验。

一个必然的结果是提前拥抱透明、拥抱信息化的企业将获得信息技术的红利，企业内部的管理效率、利润水平，即成本控制能力将获得大幅提升，从而在竞争中领先一步。中国建筑企业要成就千亿级的企业，必定要有一个千亿级的管理支撑体系，信息化不达到高水平，不可能打造出这样的支撑平台。靠人管理、靠关系竞争必定难以高速持续发展。

建筑业产业进步必将是信息技术推动产生巨变，产业将"被信息化"、"被进步"。

行业信息化的本质和规律认识提升

建筑企业信息化规模实施，近年才开始，企业界、厂商和科研机构，有深度的研究甚少，成功的经验也少，失败的教训近年倒多了起来。总体上整个行业对建筑企业信息化本质规律的认识还相当肤浅，导致有的企业虽然已在巨额投入信息化，效果仍然不够理想，是信息化的方法论和次序出了严重的问题。

认识和研究建筑企业信息化本质和规律需要复合型人才，对建筑业管理和IT技术都要有深入的研究，现在业内搞信息化还是单专业人才为主，学习和时间还较短，会有一个过程。

当前的中国建筑业是一个增长较快、规模很大的产业，也是管理最落后的一个行业，导致成为最混乱的行业，也是效益最差的一个行业。这种状况的造成，原因相当复杂，但工程项目管理的行业特殊性是根源，和制造业生产管理有很大的不同（图 5-7）：

工程实体数据海量。工程产品庞大，大工程可达数十万平方米，有无数个构件。而造价成本分析，项目实施过程管理，每一个构件相关的数据一个不能少，即工程实体数据海量，且计算复杂，过程调用分析数据频繁，工作量大，难度高。

经营所需的市场数据（价格、供应商、产品）海量。收集和快速获得准确数据也十分困难。

产品不标准。每个工程（每件产品）不一样。制造业是大批量制造，再复杂的产品一次性将数据搞清即可。而工程项目管理是单件性，难度和工作量大大增加。

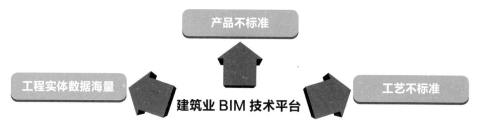

图 5-7　建筑业与制造业本质的不同需要 BIM 技术的支撑

当前的建筑企业信息化标准，制造业的思维过多，体现建筑业行业的特点不足，导致建筑企业在信息化建设顺序和着力点上有偏。

工艺不标准。每个工程施工流程相差很大，导致软件系统研发和成熟困难。

这几点问题必须要有一个强大的技术平台来解决。BIM 技术的日渐成熟给我们带来了曙光。

海量的市场数据也需要创新的技术平台来支撑。这些数据量大、变化快，要能准确、及时、快速、全面反映市场变化，满足项目动态管理所需，脱胎于制造业的 ERP 系统还没有能力来整合处理、共享这些数据。

建筑企业信息化实质是一个企业信息化大厦的建设过程。大厦的建设必须先有建设的基础，而不能先盖屋顶，本末倒置，即实现基础数据（工程实体数据和市场数据）的信息化、自动化甚至是智能化是先于 ERP 的关键基础，甚至建筑企业信息化大构架是建立在 BIM 和 BLM（Building Lifecycle Management，建筑全生命周期管理）基础之上的。

对这些行业信息化本质认知的缺乏，让我们走了弯路。业内普遍做法是，搞信息化就从架构 ERP 着手，结果信息化系统难以对核心业务的管理发挥出作用，非常核心、关键的基础数据都是人工在处理、计算、分析和填入。核心基础数据的计算、汇总、对应与分析难以满足信息化系统功能需求，数据的及时性、准确性、对应性会存在较大的问题。

事实上，建筑企业 BIM 技术的应用更需要走在前面。

政府导向正确和行业标准建立

政府的导向是有了，但不应仅成为资质的门槛，而要以管理为第一目标。

企业管理模式、项目管理模式，多种多样，十分复杂。什么样的管理标准和信息化标准是好的，现在尚难以量化、标准化。

对行业信息化规律和本质的认知局限。我们还不知晓，应该先干什么再干什么，如何干是能成功的。

对信息化研究不多，也不太重视的建筑企业家被动投入信息化后，发现投入回报并不大时，可想而知，其积极性受到了多大的打击。

当前的建筑企业信息化标准，制造业的思维过多，体现建筑业行业的特点不足，导致建筑企业在信息化建设顺序和着力点上有偏。

在行业信息化上，政府应先牵头建设数据标准。这是政府主管部门大有作为的地方，且有独特优势。而恰恰在这方面，目前为止政府还做的甚少。地方标准林立，施工企业更是深受其害。现在一个施工企业要投全国的标，估计屁股上得挂 50 多个"狗"，一个省份好多个电子招标系统，数据互相不兼容。招投标是行业源头上的数据，已严重威胁到建筑业信息化发展。

造价方面的数据标准问题照样严重，同样地方主管部门设立与国家清单规范不兼容的地方标准，联合软件公司按地区垄断。产品编码、供应商编码没有全国统一标准，各大企业自行在编制，重复投入严重，且数据互相不兼容。

先进技术普及和深入应用

由于充分诠释了建筑业信息化的本质和规律，决定了 BIM 技术在建筑业信息化中的关键地位，从而被国际工程界公认为建筑业生产力革命性技术。BIM 技术的普及和深入应用程度与建筑企业信息化密切相关。比如 BIM 技术的普及与应用，将使核心业务的信息化产生真正突破。

BIM 技术真正做到将工程数据细化到构件级（即建筑的 DNA），形成一个 7D 关联数据库，从而把项目全过程管理所需的数据管理起来，从而随时可快速、正确获取支撑管理所需和 ERP 数据分析所需的基础数据。

BIM 技术真正做到将工程数据细化到构件级（即建筑的 DNA），形成一个 7D 关联数据库，从而把项目全过程管理所需的数据管理起来，从而随时可快速、正确获取支撑管理所需和 ERP 数据分析所需的基础数据。

同时 BIM 技术彻底改变了项目管理的协同能力。由过去点对点、低效、易出错的协同模式进化到由一个实时、准确、信息完整的 7D 数据中心主导的协同模式，信息同步和工作协同相当高效，减少误差。

软件厂商的客户价值理念和创新能力提升

建筑企业信息化面临的困境，软件厂商也要承担很大一块责任。客户价值理念不足是一个大的问题。一些厂商拿了项目，却难以创造出客户价值，可持续发展考虑不多。说得较多，实现得较少，打击了客户信心。有的企业热衷于营销，搞行政垄断，以获取暴利，引起企业反感，同时也削弱了自己的创新能力。

同时软件厂商缺乏对行业和工程管理相结合的领军人物，系统的设计缺乏前瞻性，和企业一起摸着石头过河，系统的进步较为缓慢。

软件厂商的创新能力同样表现在自身企业的转型升级上，向服务转型和互联网转型需要加速。现有的商业模式，无论是 ERP 厂商还是原先的单机软件（造价、算量）厂商，都面临可持续发展的难题，盗版问题、老用户收费都需要更好的技术模式和商业模式转型，才能有更多资源投入，企业才能良性发展。

建筑企业实施 ERP 的有效路径

信息化是建筑企业生存和发展不可或缺的战略，选择正确路径至关重要。

信息化建设当前通病

建筑企业投资信息化建设不仅耗费大量资金，也需投入大量其他高成本资源，如高管团队的时间、企业全员培训成本等，同时将引发整个企业管理变革，存在较大的风险。建筑企业对信息化项目投资如何降低风险、提高投资回报率，是各建筑企业首先要考虑的问题。而现实中，大量实施信息化的项目，投资回报不佳甚至为负也不稀奇，其中建筑企业信息化实施的路径选择不甚恰当是一个重要原因。

住房和城乡建设部颁布的特级资质信息化标准，让建筑企业信息化突然提速，导致很多特级资质建筑企业准备不足，不知从何下手，再加上一些 ERP 厂商夸大的宣传和许诺，在企业整体信息化水平还不高的情况下，匆忙上马上高端（大型）ERP，希望一举成功，一蹴而就。这种背景下较多信息化项目遇到了困难，甚至失败都是很难避免的。

信息化大厦建设有程序

建筑企业信息化之路，其实就是建筑企业信息化大厦建设之路。一座大厦的建设必须有合适的建设程序，先基础后上部，先结构后装修，30 层楼要有 30 层楼的基础，100 层楼需要有 100 层楼的基础。莲花河畔大楼的倒塌说明再好的上部结构，基础不行或施工程序颠倒，也会有灭顶之灾。

实施 ERP 最重要的目的就是要提升建筑企业核心业务的管理，而项目的成本控制更是重中之重。在工程项目管理上就体现为实行短周期三算（中标价、计

> 实施 ERP 最重要的目的就是要提升建筑企业核心业务的管理，项目的成本控制更是重中之重。

划成本、实际消耗），极端的要有八算对比功能。这样才能及时发现问题、解决问题、堵住漏洞，提升项目和企业赢利水平。

ERP 中文直译即为企业资源计划。说明资源计划对整个企业运营的重要性，有了准确快速的计划制定能力，到什么节点该花多少钱（物）能胸有成竹，后面的管理就成功一大半了。

建筑企业管理中的资源计划依据是什么？就是项目基础数据！项目基础数据最主要的是实物量、价格（人材机分包项目）、消耗指标（企业定额）、造价四项。有了这几项数据，资源计划（含进度计划、资金计划）工作就有了依据。基础数据的信息化水平即建筑企业对项目基础数据获取能力，将成为建筑企业

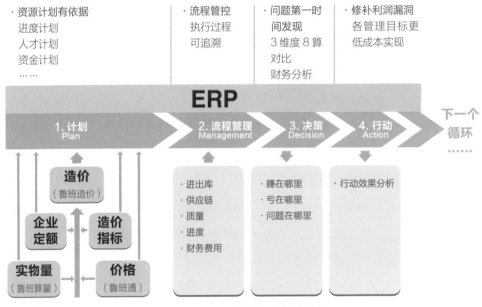

图 5-8　ERP 实行客户价值过程

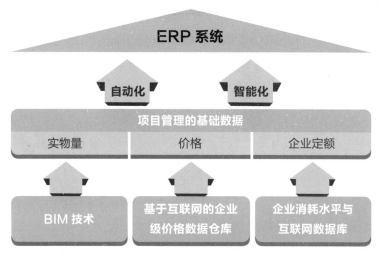

图 5-9　ERP 的有效架构

整个信息化大厦的品质水平重要决定因素。我们从分析 ERP 实行客户价值的过程（图 5-8）中可更详细知道其关键所在。

从图 5-8 中可看出，如果没有畅通的基础数据来源，资源计划的准确性、及时性，甚至计划能力都无从谈起。同时在 ERP 第三阶段就无法实现三算对比、成本分析，找不出问题所在，就无法为管理变革决策提供支持。最后 ERP 就仅能起到汇总实际消耗量数据的作用，即告诉你花了多少钱（物），而不清楚每个项目每个分析周期该花多少钱，赢在哪个项目，亏在哪个项目。这些基础数据、项目成本自己都搞不清楚，总部对于项目的管理也很难深入，只能以包代管，收管理费了事。

现阶段 ERP 系统的基础数据输入基本上靠手工输入，无法解决错报、延报、早报、作假等诸多问题，很多三算对比、成本控制所需数据无法及时准确提供给 ERP 系统，易使 ERP 成空中楼阁。要让 ERP 实现更高价值，必须获得更为自动化、智能化的项目基础数据信息化平台的支撑。实物量须建立在 BIM（Building Information Modeling，建筑信息模型）技术架构之上；价格信息系统要建立基于互联网的企业级数据仓库；企业定额也必须基于企业消耗水平和互联网数据库的应用方案上，随市场和企业发展动态变化。这样造价分析软件、ERP可以按需调用基础数据，实行各种条件下的三算对比，及时发现问题，为管理提供支撑（图5-9）。

从以上分析可知，先定下很高目标，急于上ERP，并不能马上获得好的效果。

项目上重复填报大量基础数据，增加基层管理人员的工作量和挫折感，易引起基层管理人员的抵触情绪，而获得基层员工支持对成功实施信息化相当重要。抓基础数据的信息化可以提高基层管理人员的工作效率、工作成果，降低工作强度，让基层人员首先体验到信息化的价值，对他们的好处，对后期实施大型ERP管理系统大有裨益。

全公司实施ERP系统，其实也是一个权力重分配、利益重分配的过程，信息就是权力，大型ERP的实施过程是一个利益往上收的过程。公司总部与项目部，公司高管、项目经理、项目条线主管的权力、利益将引起一系列的复杂调整，多方之间管理权限和利益上总体会随着ERP系统实施向上转移，若企业在思想文化层面准备不够，基层管理人员对全面信息化的实施抵触是比较常见的，增加ERP实施难度和风险。

抓基础数据信息化可以对企业上下层之间，在大的管理博弈平衡调整前，从基层灌输信息化对公司整体的价值意义，形成信息化的习惯与文化，让基层认识到这是企业生存和发展的需要，从而在全局ERP实施时获得更多基层的认可支持，提高ERP实施成功率。

真实信息化路径在制造业早有类似的教训，制造业在十多年前即获得比建筑业好很多的ERP系统实施成功率，但仍发现要补非常重要的一课即PDM（产品数据管理），类似于建筑业的BIM。将产品生产原始数据信息化，即基础数据

制造业在十多年前即获得比建筑业好很多的ERP系统实施成功率，但仍发现要补非常重要的一课即PDM（产品数据管理），类似于建筑业的BIM。

系统有很好的支撑平台，ERP 才能发挥更大的价值。否则对于产品标准化的、工艺流程标准化的制造业，由于基础数据靠人为操作，仍将影响 ERP 的应用价值发挥。作为比制造业信息化复杂得多的建筑业，更需要基础数据有很好的支撑手段。

基础数据信息化方法

基础数据的信息化一般与流程无关，实施相对大型 ERP 系统要容易得多。

实物量统计这一块，可以从抓算量软件的单机应用开始，后联成网络应用形成企业级实物量统计解决方案。单机应用好了，其实对项目管理的提升就已很大，各条线管理人员从 BIM 中快速准确获知管理所需数据。部署成功企业级的 BIM 系统后，即使未与 ERP 联结，总部管控能力更可显著增强。BIM 具有 7D 数据库管理能力，除调用管理各条线所需数据，还有诸多强大的功能为项目现场管理创造价值：如大幅提升项目协同能力，为各专业进行三维碰撞检查、虚拟施工、安全质量协同管理等。单机应用都有相当高的投资回报率，BIM 技术因此获得项目生产力革命关键技术的称誉。

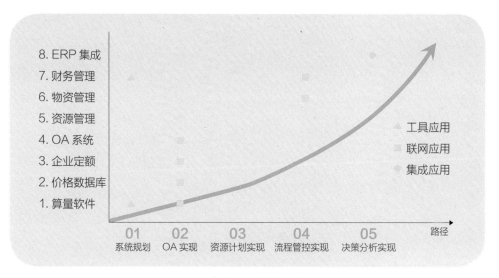

图 5-10　各阶段关键应用实现路径

价格信息数据库和企业定额（造价指标）也是企业造价成本测算、成本控制关键基础数据库，需要被 ERP 系统诸多环节调用分析。一个大型建筑企业每天会产生海量的数据，利用网络软件系统来加以数据整合非常必要，实现在技术上也已具备条件。

建筑企业信息化路径建议

综合分析来看，建筑企业信息化走的路径是可行的，容易获得较高的投资回报。

全面信息化已是建筑企业生存和发展不可或缺的战略，选择正确的路径可使我们获得更高的成功率，获得更高的投资回报率。后特级考评时代，建筑企业以低成本"过关"先通过特级资质就位，再看情况抓实用的信息化建设之路显然已很不合适，而应开始朝着一个长期的目标做好规划，脚踏实地先抓好项目基础数据的信息化同时逐步实施 ERP 之路才是明智之举。

加快建设三大基础数据库

虽然推动了一轮特级建筑企业信息化热潮，但建筑企业核心业务的信息化管理却丝毫未能突破，关键问题之一在于缺乏三大基础数据库的支撑。

当前建筑业转型升级和信息化都举步维艰，年年在抓的问题反而愈来愈严重。上海胶州路大火，中铁建沙特轻轨项目一举亏损 41 亿，中海外波兰公路项目亏损21亿，都表明建筑业的基础管理依然十分薄弱。特级资质信息化标准重新就位，结论已很清楚：虽然推动了一轮特级建筑企业信息化热潮，但建筑企业核心业务的信息化管理却丝毫未能突破，关键问题之一在于缺乏三大基础数据库的支撑。

建筑产品的单一性和单一产品的复杂性，海量数据需要多维度（时间、空间、工序）短周期分析，决定了建筑企业在完成基础数据的信息化、自动化前，项目管理和企业管理的信息化就不可能深入，无法发挥信息化的价值。

何为三大基础数据库

工程基础数据种类繁多，本文所指的基础数据是与工程成本直接相关的实物量、价格、消耗量等数据，即工程项目的核心基础数据。项目管理各条线不能及时准确获取项目核心基础数据，是当前国内项目管理的困境所在，也是几十年来建筑业生产力难以提升的根本原因。

基础数据库就是解决这个关键问题的信息化系统，是基础数据创建、积累、存取、共享、协同的支撑平台，为实物量、价格、消耗量指标（企业定额）这些关键基础数据建立 7D 关联工程数据库，将给建筑业信息化带来突破性进展。这个意义上讲，价格动态数据库、企业定额数据库和 BIM 数据库（图 5-11），这三大基础数据库的建设将成为建筑企业信息化建设的核心内容。

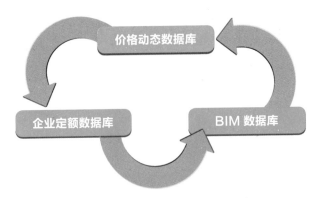

图 5-11　建筑业三大基础数据库

价格动态数据库，是基于互联网的材料、机械设备、人工等动态数据的收集、分析和共享系统。价格信息积累具有自增长机制，以应对海量的产品种类、品牌种类、供应商数据，能自动分析中准价，有严格的授权控制体系。

企业定额数据库，即企业消耗量指标数据库。消耗量指标体现了一个企业的项目管理水平，每个项目的材料、人工、机械消耗水平，是工程成本重大决定因素之一。企业定额数据库也是基于互联网动态数据库，能及时动态创建、管理维护和共享，能不断维护更新和增加数据以应对新材料、新工艺不断出现。

BIM 数据库，是管理每个具体项目海量数据创建、承载、管理、共享支撑的平台。企业将每个工程项目的 BIM 模型集成在一个数据库中，即形成了企业级的 BIM 数据库。BIM 技术能自动计算工程实物量，因此 BIM 数据库自然包含量的数据。不仅如此，BIM 数据库可承载工程全生命周期几乎所有的工程信息，并且能建立起 7D（3D 实体 +1D 时间 +3D 工序）关联关系数据库，这样的技术平台将真正带来项目管理的革命。

三大基础数据库的价值

没有实时动态的三大基础数据库，建筑企业核心业务信息化和管理突破性提升都是不可能的，这是由建筑业信息化的本质和三大基础数据库的巨大价值所决定的。

　　有了这三大基础数据库的支撑，建筑企业将从当前项目管理的靠经验、依赖人的管理现状，升级到依靠数据、依靠系统（包含人，不仅是人）的水平层次，精细化管理才有了实施可能。

　　毫无疑问，三大基础数据库将成为建筑企业的核心竞争力之一。

　　价格动态数据库。包括材料、机械设备、人工价格动态数据库，决定了建筑企业采购成本控制能力。当前的市场价格波动极快，没有一个及时、全面、准确的价格信息数据库平台，企业的处境是十分危险的：1）不能准确报价，从起跑线就输掉了。报高了不能中标，报低了有亏损风险。中铁建沙特轻轨项目41亿巨亏的一个重要原因是未能准确掌握当地市场行情，轻率报价；2）将缺乏采购成本控制能力。采购成本控制的重要性，工地民工都十分清楚，但国内建筑企业几乎没有哪家企业能从总部到项目经理较全面掌握采购成本。采购漏洞很多、很大，现在的项目管理水平，一般都只能管住几个大项，甚至几个大项都缺乏管控能力。

　　除以上两点重要意义外，一个良好的价格动态数据库还能发挥出以下价值：

　　一是大幅提升采购员工的工作效率。其中历史价格、供应商数据库、产品数据库都给采购人员极大的工作效率提升，一对多的询价工具可提高询价工作效率数倍。

　　二是历史数据库共享、带来企业巨大增值。建筑企业大量存在这样的情形，同一种材料某个项目采购到的既便宜质量又好，而另一个项目花了很多精力找供应商，买进的是价格又贵、质量又差。基于此，我们不难体验到，数据是一种生产力，数据的共享能创造巨大收益。

　　企业定额数据库。企业消耗量指标体现了企业项目管理水平，也是造价分析

　　没有实时动态的三大基础数据库，建筑企业核心业务的信息化和管理突破性提升都是不可能的，这是由建筑业信息化的本质和三大基础数据库的巨大价值所决定的。

的核心依据，是体现价格竞争力的关键因素，可叹的是国内建筑企业几乎没有一个企业有这样性能良好、数据全面且动态维护的数据库存在。

企业定额数据库在以下两方面作用极其重要：

一是投标组价分析。当前很多建筑企业还在利用 20 世纪 90 年代的政府定额分析成本，组价投标，在外行人看来，简直不可思议，而我们却习以为常。企业竞争力无从体现，恶性竞争因此得以加剧，因不清楚实际成本消耗就盲目压价的现象比比皆是。

二是项目全过程成本控制。应该如何签订分包价格，如何制定人和物消耗、损耗和成本控制的标准，没有依据就处于盲目之中。

BIM 数据库。传统的项目管理，有预算员分析计算数据，数据在计算稿上，要花很长时间才能出来一些汇总数，数据粒度、数据及时性、短周期多维度等方面都难以满足项目全过程精细化管理的需要，更不要提数据的反查与可追溯性了。

BIM 数据库的创建完全改变了这一现状，通过建立 7D 关联数据库，引导项目管理与企业管理革命性的进步：

1）支撑项目各条线及时准确获取管理所需数据，数据粒度达到构件级；

2）全企业范围内快速统计分析管理所需数据，实现单项目和多项目的多算对比；

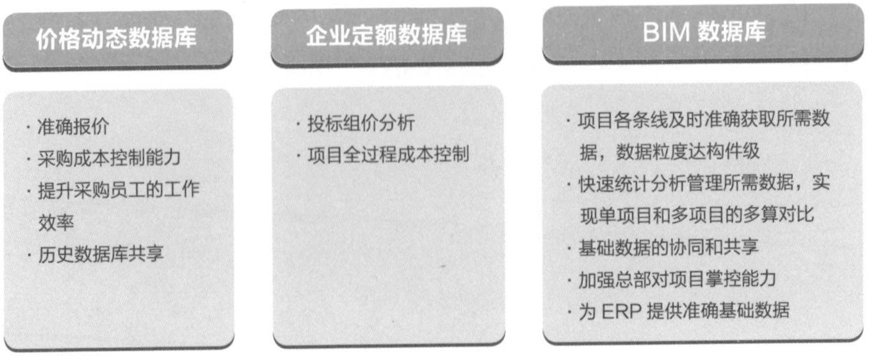

图 5-12　建筑业三大基础数据库的价值

> 三大基础数据库建设在技术上和方法论的障碍已不存在，真正的障碍在于企业家思维跟不上形势的发展，企业家没有花足够的时间去研究建筑企业转型升级和信息化该如何实施和落地。

3）实现各管理部门对各项目基础数据的协同和共享；

4）大大加强总部对各项目的掌控能力；

5）为 ERP 提供准确基础数据，提升 ERP 系统价值。

图 5-12 总结了三大数据库的价值。

如何建设三大基础数据库

随着项目管理理论的成熟，特别是近年互联网技术和商业模式的不断创新，如当前获得巨大成功的 BSNS（商业社交网络服务）、Wiki（维基）等，给建筑业管理和信息化带来重大启发和借鉴。在其他领域的成功实践和互联网技术手段完全可以应用到建筑业，经过二次创新后可以解决建筑业一直棘手的难题。如上面的三大基础数据库建设的问题，是互联网技术和商业模式在建筑业的良好移植与应用。随着 BIM 技术的日渐成熟和普及，三大基础数据库建设在技术上和方法论的障碍已不存在，真正的障碍在于企业家思维跟不上形势的发展，企业家没有花足够的时间去研究建筑企业转型升级和信息化该如何实施和落地。

鲁班软件长期以来专注于研究工程基础数据解决方案，从理论到软件系统都已日渐完善，在业界处于领先的地位，更与主流 ERP 厂商形成战略联盟，打通了基础数据和过程数据的对比接口，值得企业家充分重视。

三大基础数据库建设挑战主要来自于企业内部：

一是建筑企业长期存在的鸵鸟思维（不透明思维）。长期以来建筑企业的效益主要依赖于运作甲方，通过高估冒算，而不是内部的精细化管理。因而建筑企业害怕新技术、新系统普及促进行业的透明化，自己的利益会被侵害，从而消极应对各种管理技术进步，以为自己搞不太清楚，或没能力搞清楚，业主方也就不可能搞清楚。这是一种典型的鸵鸟思维，建筑企业必须要应对的一个现实是，你自己搞不清楚，业主方倒搞得很清楚了，此时你会面临什么困境。业主方和聘用的顾问方，先进技术的采用要快得多。自己搞不清楚，管理漏洞百出，收入想高估冒算会越来越难，大量存在的高比例（3% ~ 9%）漏算却难以挽回，这种思维代价将越来越大。

行业透明化不断加剧的情况下，建筑企业必须建立新思维，将漏算降到最低，通过精确算量基础上的投标策略和二次经营（合同管理，主要不是量）提升效益，通过精细化管理减少利润漏洞。停留在以糊涂对糊涂、靠公关、依赖人、碰运气的思维来管理企业，将逐步被市场淘汰。

二是企业内部的利益博弈。管理信息化、透明化在企业内部是一个利益重分配过程，阻力会相当大，没有一把手和企业高层的强力推动，实施确实很困难，如果企业高层的利益参与其中，问题的复杂程度更难以想象。

总之，加快建设三大基础数据库，已时不我待，已成为建筑企业生存和发展的关键问题之一，立即行动，犹未为晚。

突破建筑业信息化的
五大关键技术

建筑业信息化有哪些特点和难点?
突破这些难点需要什么关键技术?

2011 年是特级企业信息化考核标准实施申报年，标志着建筑企业信息化进入一个新阶段，从过资质考核为重点逐步转入应用与创造价值。通过了特级资质标准考核，建筑业信息化依然有很多困难存在，大幅提升信息化系统应用价值，寻求、研究和应用突破这些困难的关键技术是下一个阶段的重要任务。

建筑业信息化的特点和难点

鲁班咨询研究表明，建筑业的信息化是所有行业信息化中最难的，难度远超制造业、连锁、家电等几乎所有的行业，而现阶段建筑企业信息化的理念、方法论和应用技术大都还在翻版制造业、家电业等其他行业的 ERP 模式和技术，遇到困境也在所难免。

明白发展什么样的信息技术、方法论和商业模式才能应对建筑业信息化困境，厘清建筑业信息化的特点和难点是关键，理论和实证表明以下行业特点和难点对建筑业信息化具有重大影响（图 5-13）。

海量工程基础数据的创建、计算、整合和共享困难。量、价格、供应商、产品信息都面临这样的窘境，这些关系到核心业务管理的海量基础数据如果不能很好地掌控，及时准确地获取、分析、共享信息，管理提升和信息化都将成为空中楼阁。

几十万种的材料价格，每天都在快速变化，每个地区也不同。一个城市内，

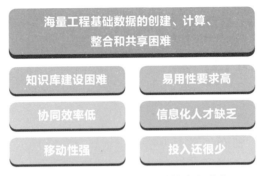

图 5-13　建筑业信息化的特点和难点

工地运输条件不同都会相差很大，这样海量数据及时、准确的获取和分析面临巨大的挑战。供应商信息、产品信息同样面临海量信息处理难题。

工程量数据的计算和项目管理过程的数据分析（拆分、组合、对应、统计）工程量大，难度高，这是一个 7D 关联数据计算分析问题。传统的手工处理难以应对全过程管理的需求，也难以满足 ERP 获取基础数据的需求。建筑业是供应商、产品、数据最大的一个行业，人工收集处理信息根本无力以对，但现阶段我们依然以人力战术为主。

知识库建设困难。建筑企业业务管理需要很多知识库支撑：企业定额、工法、WBS 知识库、岗位职责知识库等。这些知识库不仅数据量大，而且动态变化快。建筑业新工艺、新材料不断快速更新，而一个工程要干多年，一个有经验的项目管理人员每天仍然会遇到很多新问题。建筑企业信息化在知识积累和共享上发挥出巨大作用才能体现价值。

目前，传统的知识库建设方法往往是：集中式歼灭战，修订周期长，依赖专家，纸介质方式共享。

这种传统知识库建设方法带来的问题是无法跟上快速的业务变化和市场变化，知识库修订好的第一天就是过时的知识库。当前建设任务快速增长，聚集专家花很长时间建设一个知识库已越来越不可能。不仅一个企业没有这样的能力，一个地区主管部门也同样困难。导致现在整个行业至今还靠经验，仅靠人的能力运营项目，管理失控越来越常见。

传统方法还存在共享能力弱的问题，知识不能随时随地在全员范围内分享，解决行业知识库建设问题必须要创新方法论，用先进的信息技术来改变一切。

协同效率低。一个大型工程项目的参与单位可能是上千个，总承包商下面协作单位达到数百个、上千个也不稀奇。协同是项目管理的一大难题，大量的时间和成本被消耗在协同效率上。信息技术是突破这一难题的当然之选，但目前的项目管理系统和 ERP 系统局限都还很大。

一是协同的平台仅基于二维数据。数据可视化和关联性差，技术层级不够，影响效率，容易引起错误理解，存在的问题不容易被发现。

二是开放性不够。ERP 和项目管理系统还只能局限于一个企业内部，而一个项目的顺利进行显然不是一个单位的事，所有参与方协同平台的创建应用越来越重要。

移动性强。建筑业是一个移动性极强的行业，不仅项目地点是动态变化的，管理人员也是一直在流动的。不像其他行业在固定的流水线上和办公室里办公，建筑企业管理人员一直在跑（公关、投标、项目检查、考察分包商……），应用系统的移动性弱是建筑企业信息化一大制约因素。

易用性要求高。建筑业管理人员计算机平均水平较其他行业会低很多，领导干部操作软件要键盘、鼠标一起上，学习难度就已偏高，影响了普及速度。触摸技术，一指搞定，才是行业信息技术的方向。

信息化人才缺乏。近年的建筑业信息化发展表明，信息化进展受到信息化人才缺乏的严重制约。实施建筑企业信息化系统，目前从 CIO 到基层操作人员都缺，且因任务太多，业务人员都在应对项目业务，因此信息化系统部署和实施一定要

协同是项目管理的一大难题，大量的时间和成本被损失在协同效率上。信息技术是突破这一难题的当然之选，但目前的项目管理系统和 ERP 系统局限都还很大。

更便捷，而不需很多人、花很长时间。

投入还很少。现在已有少量企业愿意在信息化系统上投入上千万元，甚至数千万元，但这样的企业还实属凤毛麟角。

这一轮的特级建筑企业信息化标准实施下来，大家看到的投资回报还较低，一些企业甚至认为投资回报为负。这意味着近几年，要从建筑企业的腰包里掏出大钱投入信息化系统建设还相当困难。简单实用、初期投资较少、见效快的技术系统和商业模式必须被创新出来。

突破建筑业信息化的五大关键技术

仅以原先成熟的或其他行业的经验都不足以应对上述建筑业信息化难题。所幸的是近年IT技术特别是互联网技术和商业模式不断推陈出新，为建筑业信息化的突破创造了崭新的空间，BIM技术、云计算、BSNS（商业社交网络服务）、Wiki（维基）、移动计算技术（无线网络、智能手机、平板电脑技术）将是突破建筑业信息化最强有力的关键技术（图5-14）。

关键技术一：BIM技术。BIM（Building Information Modeling，建筑信息模型）技术被国际工程界公认为是一项建筑业生产力革命性技术，建筑企业无论多重视都不为过。它的关键价值在于提供了一个项目核心基础数据的支撑平台。

图5-14 突破建筑业信息化的五大关键技术

有了 BIM，我们工程界才有了一直需要的一个技术支撑平台：一个可随时、快速、普遍访问到的最新、最准确、最完整、最可靠的 7D 关联工程基础数据库。

BIM 技术的这种价值解决了项目管理长期困扰的三大难题：

· 海量基础数据全过程统计分析：拆分、组合、对应（时间、位置、WBS）；

· 协同：二维纸介质蓝图不能同步，理解差别大，更难远程协同；

· 样机：设计问题、施工方案问题等都可以在施工前事先得以发现和解决。

同时 BIM 可为 ERP 提供强大基础数据支撑，大幅提升 ERP 应用价值，免受人工处理大量数据之苦，又解决了基层项目部向 ERP 系统录入数据时不对应、不及时、不准确的问题。

BIM 技术应用下一阶段的突破方向是从当前的单机单点（预算员、算量）应用向企业级、全过程、全员应用深化，鲁班软件已经有成熟的 BIM 全过程解决方案，带领行业企业向这一进程进发。

关键技术二：云计算。云计算技术让 IT 技术的获取方式发生根本性变化，类似从过去的自买发电机发电转到从电厂获取电力，各种终端（含移动终端）随时随地可与云计算中心连接，这种技术方式给建筑业带来几方面的独特意义（图 5-15）：

图 5-15　云计算技术对建筑业的影响

·大幅扩展移动应用。移动应用对建筑企业管理层尤其重要，建筑企业管理层移动办公特性是各行业中最突出的；

·大大提升了数据同步能力。项目管理上数据的不同步，造成的巨大浪费和工期延迟现象相当普遍；

·大幅提升了易用性。部署设置和软硬件维护都不需企业自行管理，信息化人才缺乏得到缓解；

·让协同有了更强的平台。无论是企业内部还是整个行业所有协作单位都更容易形成一个高效的协作平台，这是过去企业级应用系统所局限的；

·大幅降低了应用成本。实施部署、计算成本大幅下降，惠及了企业，特别是大幅降低初期投入。同时云计算技术为行业知识库建设提供了很好的技术平台。

但云计算在建筑业会存在一个较大的障碍，即数据的保密性与安全性。绝大部分建筑企业还喜欢不透明的经营理念，阻碍了建筑企业的管理提升和信息化的推进，也成为影响云计算应用的顾虑之一。但行业透明是一个不可阻挡的趋势，谁先拥抱透明谁先主动，建筑企业企业家和 CIO 逐步会明白这个道理。

可以预计云计算在建筑业信息化中的移动办公、管理、电子商务、BSNS 等方面有大量应用出现。

关键技术三：BSNS 与电子商务。BSNS（Business Social Network Services 商业社交网络服务）包含了行业社交网络和行业商务应用。BSNS、电子商务会有越来越多的融合，传统的电子商务更多直指交易行为，SNS、BNS 技术兴起后，很多协同、沟通等商务行为越来越多在网络平台完成，而不仅仅是 Mail、IM 通讯而已了。

建筑行业混乱和信息化推进困难，主要原因之一是市场化的数据（材料产

类似 Facebook 的 SNS 技术兴起，给建筑业此类数据收集、整理、分析与共享带来了全新的理念。依赖行业 BSNS 平台，可以实现海量的收集整理工作并有效提升准确性。

Wiki 模式将知识库建设方法从传统依赖专家、长周期、低效共享模式转变到依赖全员、化整为零、动态建设、不断提升，实现基于互联网数据库方式共享。

品种类、价格动态信息、厂商信息）规模太大，人工收集处理效果很差。类似 Facebook 的 SNS 技术兴起，给建筑业此类数据收集、整理、分析与共享带来了全新的理念。依赖一个行业 BSNS 平台，数据来自于用户又共享给用户，动态数据库实现自增长才能解决行业市场数据的以下问题：

·海量的收集整理工作。每个市场数据的产生必有交易的双方，交易双方在一个集中度较高的平台上沟通，产出的海量数据就可以解决企业内部市场数据的收集、分析、共享难题。

·准确性。除了数据量大、波动快，第三方收集方法还会存在准确性问题，数据质量差。当前定额站发布的中准价信息，建材信息网都有类似问题。只有基于 BNS 理念的商业网络平台才能解决数据准确性问题，数据来源于交易的双方，质量立马提升很多。

中小企业则可以选用云服务方式，既可以高效完成商务沟通，扩大供应商数据，通过共享可以获得大量行业价格市场准确数据，实行采购成本的控制。

关键技术四：Wiki（维基）。 Wiki 技术是一种大型知识库建设方法论和技术手段，是近年最强势的互联网技术模式和商业模式之一。维基百科（www. wikipidia.org）成为全球第五大网站，仅仅数年其知识量即超过创立数百年的《大英百科全书》，且质量已远高于专家版《百科全书》。Wiki 模式将给我们建筑业知识库建设以重大启发。

Wiki 理念基于互联网数据库技术，运用开放、对等、共享和大规模协作的模式，进行知识库建设。每条知识的所有历史版本都由数据库技术管理起来，通过各种网络终端可轻松地获取知识库信息。

建筑业面临知识库建设的巨大挑战，知识收集、创建手段还较陈旧，导致管理水平提升困难。特别是行业规模快速扩展，企业管理人才严重缺乏，如何让管理人员快速成长，如何让经验不足的管理人员达到较高水平的管理实践，是建筑企业不可回避的挑战。加强知识库的建设是很好的解决方案，如企业定额库，大家越来越意识到其关键性和重要性，而传统定额建设方法有着各种局限，如建设一次周期长、依赖专家、非网络数据库协同差等，使建筑企业建设企业定额困难重重，Wiki 技术能彻底改变这一局面。

Wiki 技术基于开放、对等、共享、大规模协作的互联网精神，开创了一种崭新的 Wiki 经济模式，实现了高效和低成本的知识库建设。Wiki 模式将知识库建设方法从传统依赖专家、周期长、低效共享模式转变到依赖全员、化整为零、动态建设、不断提升，实现基于互联网数据库方式共享。Wiki 技术模式给建筑企业知识库建设带来以下价值：

·**大大降低了知识库建设难度。**过去凭一个行业之力，也需要 5 ~ 10 年才能修订一次，企业自建知识库更是天方夜谭。Wiki 技术改变了这一切，一个小企业也可轻松建设自己的知识库。鲁班软件的《鲁班百科》（book.myluban.com）一周内搭建好平台，发动全体员工、合作伙伴、用户的力量，一个月左右已建词条近万条，成为用户服务的重要渠道。

·**大大降低知识库建设成本。**化整为零、动态建设、动态维护、依赖全员参与使建设成本大幅下降，同理，Wiki 系统有大量的开源免费系统可以利用，很多种类的知识库建设不需要在系统上有大的投入。企业定额库因专业性太强，投入是必需的，此外还需要针对性开发和提升，以及相关咨询服务。

·**知识库价值大幅提升。**数据库技术能轻松管理历史版本，由过去 5 ~ 10 年的知识库版本，可以提升以天为版本，数据利用便捷，随时随地获取。

关键技术五：移动计算技术（无线网络、智能手机、平板电脑）。建筑管理人员的移动性强一直制约着信息技术在建筑行业的应用，移动计算技术的进展，极大解放了建筑业信息化生产力。

近年来，移动计算技术有了极大的突破，如 3G 网络的普及与 4G 的兴起，

维基百科简介

　　维基百科是一个基于维基技术的全球性多语言百科全书协作计划，其目标及宗旨是为全人类提供自由的百科全书——用他们所选择的语言来书写而成的，是一个动态的、可自由访问和编辑的全球知识体。其口号为"维基百科，自由的百科全书。"中文则附加"海纳百川，有容乃大。"

　　维基百科自 2001 年 1 月 15 日正式成立，截至 2014 年 7 月 2 日，维基百科条目数第一的英文维基百科已有 454 万个条目。全球所有 282 种语言的独立运作版本共突破 2100 万个条目，总登记用户也超越 3200 万人，而总编辑次数更是超越 12 亿次。

　　智能手机 iPhone、Andriod 用户量快速膨胀，同时平板电脑广泛流行，移动计算技术逐步进入成熟期和爆发期。智能移动终端近几年的计算能力还会大幅增长，为建筑业的移动计算创造更好的条件。

　　移动计算解决建筑行业信息化的三大难题。即移动性、易用性和信息同步，这三方面提升后，建筑业信息化可以有一个大的突破，特别会引发高管层的信息化兴趣和投资积极性，这对建筑业信息化推动来讲是至关重要的。可以预见，一两年内，建筑企业老总的手提袋里都会有一个 7 ～ 10 英寸的平板电脑，PAD 将成为老总移动办公的标准配置。

融合成为大势

　　这些关键技术并不是互相孤立的，从趋势来看，已走向全面融合，这些技术的融合为用户创造了更好的体验。

　　如一个行业专业应用在云中心进行计算，通过无线网络推送到客户端（智能手机、平板电脑），而这个应用可能就是一个 BSNS 应用或 Wiki 应用，在融合的发展过程中，给行业信息技术厂商巨大的创新空间，也充满了巨大的商业机会。在巨大的行业应用机会面前，建筑软件企业的创新严重不足，应该才是最大的问题。

与 ERP 关系

建筑行业的复杂性和信息技术的突飞猛进，建筑业信息化再也不是 ERP 唱独角戏了。ERP 是非常重要的一部分，但不是全部，整个行业的信息化蓝图是十分绚丽多彩的，唯一的挑战是创新能力。

这五大关键技术同时与 ERP 大幅度的相互融合，将相互为对方的系统提升价值，为建筑企业创造出新的巨大价值。系统的开放才是明智之举，才是正确的竞争策略。

建筑行业的复杂性和信息技术的突飞猛进，建筑业信息化再也不是 ERP 唱独角戏了。ERP 是非常重要的一部分，但不是全部，整个行业的信息化蓝图是十分绚丽多彩的，唯一的挑战是创新能力。

协同新蓝图

协同新蓝图中，信息是流畅的，流动的数据是真实的，监督是有效的，协同的内容是简单可核查的，指导和支撑是可以直接快速实现的。

2012年5月，住房和城乡建设部发布的《建筑业"十二五"信息化发展纲要》，将BIM技术和协同技术列为"十二五"重点推广的信息技术，从这几年行业信息化的实践来看，这是非常正确的。协同能力的革命性进步对建筑业生产力的提升也将是革命性的。据长期的工程项目管理研究表明，当前项目生产方式下，协同效率低下导致的项目进度延误占到整个项目进度时间的20%以上，由于协同错误产生的经济损失也可达项目成本的15%以上。由此可见，协同技术的进步对建筑业生产力提升的意义非凡。

建筑业的生产特点决定了协同的困难和提升协同能力的重要性（图5-16）。

一是建筑工程项目的复杂性。工程是一个大型三维实体结构，空间关系极其复杂，其中的数据又十分庞大，而我们用于表达建筑结构和进行协同的工具是纸介质的二维蓝图，非常容易发生表达错误、各自理解的不同，数据和信息容量不同步，沟通的效率极为低下，容易理解错误。

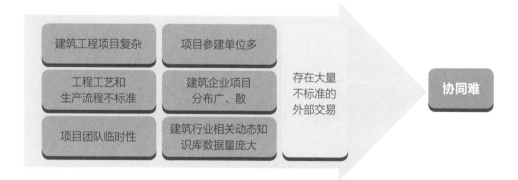

图5-16　建筑业协同困难的原因

二是工程工艺和生产流程不标准。因工艺和生产流程的不标准导致管理团队学习曲线的提升是很困难的，协同新问题多，协同工作量相当大。

三是一个项目团队的临时性。项目组织的临时性，导致每个项目都有一个较长的协同改进过程，而当这个过程臻于完善时，项目也行将结束。协同的文化、规则、流程在每一个项目都是一个独立的过程，改进和优化就会是相当缓慢，存在工具和方法难于通用的问题。

四是工程项目参建单位数量相当多。大型工程包括分包商、供应商在内，可能会有上万家协作单位参与，众多企业都要产生进度、质量、安全、成本诸多方面的协同问题。

五是大型建筑企业项目布点地域很广。甚至很多是国外的项目，协同工作就更为困难。

六是建筑行业相关动态知识库数据量（如人材机价格信息等）庞大。这些知识库的创建和维护需要大规模协同，传统的集中大量专家短时间攻关的方法显然已行不通，成本和难度之高也是其他行业难以企及的，企业和行业主管部门都难以做好。

七是建筑企业大量不标准的外部交易性商务处理。建筑企业的采购量相当大，各个项目采购单（BOM）大不相同，使得与外部合作单位的商务协同效率很低。建立更适合建筑企业商业形态的电子商务协同平台是非常值得研究的，事实上，建筑业电子商务的发展是当前各行业中最慢、最困难的。既有潜规则的巨大阻力，也有商务复杂性的原因。

协同挑战

整个建筑业的协同挑战是多方面、多层次的。按层级分为项目级、企业级和行业级的协同问题。按性质又可分为管理协同、知识库建设协同和行业商务协同等多方面。

（1）项目级协同

项目实施过程中，要关联到最细的细节，数据量相当庞大，且技术表达很复杂，传统二维纸介质表达手段和人工管理数据对于众多条线团队、分包商、供应商的协同显得相当无力，无法达到精细化管理要求。凭经验施工是现在项目方法论的主流，当各方出现错误时，再反复耗费成本进行协同沟通。

传统的项目协同方法是点对点的（图5-17左侧图），杂乱而低效，保持同步非常困难，不同的团队达到相同的理解甚为困难，极易造成混乱和进度延迟。协同过程错误引起的返工造成巨大损失也司空见惯。

解决项目的协同问题就要解决以下难题：

一要快速的数据处理和提供，同一数据源提供即数据同步。手工计算和数据处理显然是无法胜任的，数据处理速度和精确性难以满足需求。即使有了准确的数据计算结果以后，数据提供也难以满足项目协同的需求，无法快速提供项目管理各条线所需要的数据。理论研究和实证表明普通数据库方法也不能达到要求。项目核心业务管理所需要的数据是一个7D关系数据集（3D实体、1D时间、3D工序），每个数据都要建立起七个维度的数据关系，普通数据库技术显然难以实现。另外核心业务数据的要求是可视化的，才能满足数据的检查核对和数据理解的准确性，这显然也是普通数据库难以达到的。

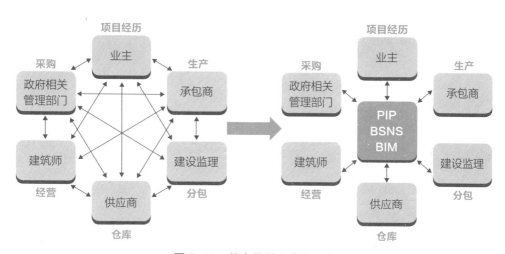

图5-17 信息传递方式的变化

二要建立起众多项目参建单位的大型协同平台。工程项目参建单位数量多，不仅仅是一个总包企业的事。每个项目都有大量新合作单位，如何让信息传递效率最高、信息同步和理解正确，是非常有必要解决的。显然画地为牢的企业内部自建平台难以胜任，一个普适的行业协同平台相当必要。

（2）企业级协同

建筑企业管理上要实现纵横向的各职能部门对全公司项目的管控和支撑，这种管控与支撑必须是基于"广域"的，信息的准确同步才能实现这种上下的协同，否则总部的空中指挥是无法发挥作用的。这里会有一个人为的障碍，即现在情形下，很多项目上会故意制造协同的障碍，逃避管控。协同平台要能克服这一点，让信息是流畅的，流动的数据是真实的，监督是有效的，协同的内容是简单可核查的，指导和支撑是可以直接快速实现的。

（3）行业级协同

建筑业行业协同有两个层面：一是企业间的协同，二是企业与行业主管部门的协同。

建筑业企业数量众多，有100多万家之巨。这些企业间，有的是长期协作关系，有的是项目临时性协作关系。这么多企业之间的协同成本（时间与费用）是一个天文数字，研究和解决企业间的协同问题和创建建筑企业之间的高效协同平台是相当具有革命性意义的。

建筑业是当前问题最多的行业，很多问题年年抓，反而越来越严重。行业管理效率低下，其中一个重要原因也是协同能力问题。行业主管部门很难及时准确获取各企业和各项目动态情况，加以监管和指导。获取信息的成本太高、效率太低，事先往往难以控制。最近行业主管部门已经重视利用信息化平台解决行业透

协同平台要能克服这一点，让信息是流畅的，流动的数据是真实的，监督是有效的，协同的内容是简单可核查的，指导和支撑是可以直接快速实现的。

建筑企业与行业知识库相当庞大，创建过程工作量巨大，专业要求高，利用专家群短时间集体攻关的传统方法已经很难胜任。

明问题，是一个正确的努力方向。当前社会主流价值观和行业情况下，简单的制定制度和传统的监管方法效果是很差的，建立透明、全行业都可以参与监督的信息化平台建设，效果将会是最好的。

但如何建立仍是很有讲究和非常困难的，当前把经念歪的也不少。如一些省市的电子招投标行动，几乎就是以反腐败的名义搞腐败。

（4）企业与行业知识库的创建

建筑企业与行业知识库相当庞大，创建过程工作量巨大，专业要求高，利用专家群短时间集体攻关的传统方法已经很难胜任。如何充分利用和挖掘行业内广泛的资源，创建行业和企业的动态知识库是建筑业现代化、信息化很重要的一个课题。当前研究表明，这个问题最终会归结到协同的问题上来，这样才会找到合适的理论和方法论，对等、开放、人人参与和大规模协作才是正确的方向。

（5）电子商务大协同平台

建筑业的材料设备和分包交易量相当大，将很快达到10万亿元。建筑业目前的交易方式是各行业中最原始和落后的，交易成本相当高，很多交易因为先送货还是先付款问题，往往难以达成对双方都有利的交易。一个公平公正、能快速协同商务、解决各种交易风险的行业协同商务平台已显得越来越重要，这将是建筑业行业进步的一个重要标志。这样的一个平台，如何利用很好的方法论、商业模式，通过利益和价值驱动克服行业潜规则是最大的一项挑战。

以上分析可知，建筑行业多层级、立体式和数据共享（没有数据壁垒）的协同平台体系（图5-18）建设已刻不容缓。

当前解决方案的局限性

当前行业的协同解决方案并不少，但发挥的作用显然还不够大，局限性体现

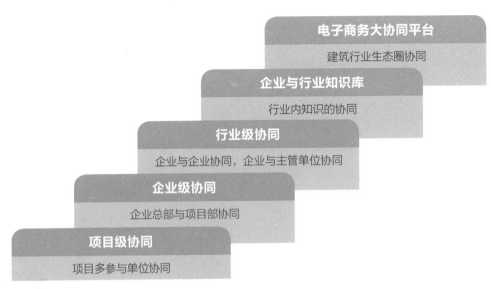

图 5-18　建筑业协同平台

在以下几个方面（图 5-19）：

一是数据库能力不够。项目的协同平台无法创建 7D 关系数据库，这就很难满足项目核心业务与精细化管理需求。现行的工程项目管理系统 ERP 一般只能达到两三个维度，数据的对应关系无法精确描述，大大局限了数据的应用，也会影响分析结果的准确性和价值。

二是平台定位是项目级和企业级的，而不是行业级，不能解决企业间的协同问题，也不能解决企业与主管部门间的协同问题。PIP（项目信息门户）、OA和 ERP，都存在同样的情况，这些系统非常强调系统安全性、保密性，很难延伸到企业外部，而建筑企业团队大量的工作和商务是需要外部团队和企业协同完成的。大量的企业需向行业主管部门申报的数据，即使在系统内部形成，仍需在另外的系统中重新填报，即所谓的大量的信息孤岛。孤岛的消除要有更新的思维。

三是不能充分发挥群众和草根专家的作用。只注重系统的安全性，而不注重发挥更大的生产力。在知识库创建和动态建设过程中，没有专业的大规模协同平台支撑，专业知识和经验数据的积累已举步维艰。

四是协同的技术模式和商业模式不够先进，价值创造不明显。过于依赖传统的 ERP（OA）技术是当前一个较严重的建筑业信息化误区，特级资质信息化的实践中表明制造业的 ERP 经验在建筑业出现严重不适应的情况，说明建筑业的特殊性还是比较大的。

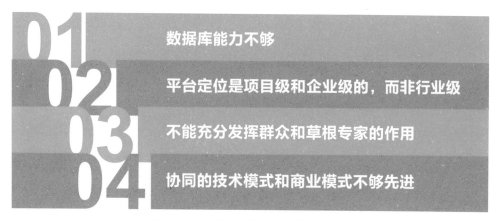

01 数据库能力不够

02 平台定位是项目级和企业级的，而非行业级

03 不能充分发挥群众和草根专家的作用

04 协同的技术模式和商业模式不够先进

图 5-19　目前协同解决方案的四大局限

协同新思维——关键技术与解决方案

新形势下，协同解决方案需要全新的思维。要充分吸收当前最先进协同技术来解决建筑业的协同难题。近年的建筑业管理实践和研究表明以下协同技术将会在解决建筑业协同难题上起到重要作用。

（1）BIM 技术在项目协同中的关键作用

BIM 技术的关键价值在于为工程项目创建 7D 关系数据库，使项目管理从时间、空间和工序三个大的维度方向能够实时准确地分析核心业务数据（工程量、造价、成本、多算对比数据甚至是工程档案资料），从而真正做到对核心业务的管理，并实现核心业务数据的可视化。7D 的 BIM 数据库又可以成为对内部开放的重要项目协同平台，让核心业务数据按照授权开放给项目管理各个条线应用。利用 BIM 提升项目协同能力还获得以下利益：

一是核心业务数据协同从点对点到了一对多（图5-17右侧图）。效率大幅提升，并实现了数据传输的实时同步。

二是通过数据同步减少了协同差错。协同差错是项目利润最大的漏洞之一，减少这一块经济价值非常之大，BIM对这方面的作用是相当明显的。

三是让企业级项目数据库容易形成。企业职能部门和项目的协同可提升到全新高度（图5-20），再创造巨大效益。项目大幅减少了向上级提供数据的工作量，而企业形成全公司的项目数据库又十分快捷、成本低廉。

四是BIM虚拟建造能力使项目的生产班组的协同也有大幅提升。可视化、动态形成生产所需数据，对生产与计划的同步可起到相当关键的作用。

（2）ERP（OA）的协同应用

这是较为传统的协同方法，如果加以提升和改进仍会是必不可少的协同技术平台。

一要加大对BIM数据库的利用。在ERP系统中建构BIM系统的7D关系数据库是相当困难的，重视利用BIM的7D数据库数据，ERP厂商很难放下身段与研究者对接是当前的一个大问题。

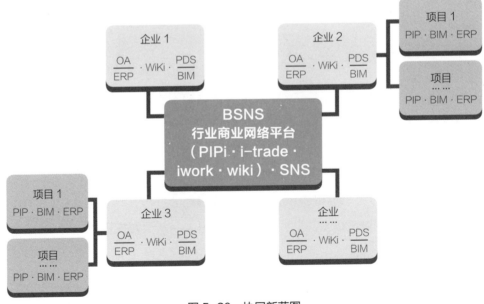

图5-20　协同新蓝图

商务协同平台将以人、组织为核心，重视对真实商务关系的映射，并通过平台大幅提升效率，低成本积累历史数据库。

二要加强对外部的开放力度和利用力度。BSNS（Business Social Network Services）的兴起，倒逼 ERP 系统的应用改进，项目的参与方太多了，如何改进这一块也是 ERP 系统必须要考虑的。

（3）行业 BSNS 平台建设

互联网领域 SNS（Social Networking Services）技术模式（如 Facebook）的巨大成功给我们带来巨大的启发。商务协同平台将以人、组织为核心而不是以信息为核心，信息和数据是一种社会关系的结果，是自然形成的，人为创建已不是最好的策略。协同平台要重视对真实商务关系的映射，并通过平台大幅提升效率，低成本积累历史数据库。行业 BSNS 平台呼之欲出，建筑业 BSNS 平台将在个人、项目、企业、行业级几个方面发挥巨大的作用：

一是成为个人工作效率平台。哪怕是项目级、企业级应用未展开时，利用 BSNS 提升个人工作效率已意义巨大。完全可以让 BSNS 平台成为个人强大的秘书团队和专家支持团队，高效高水准处理专业工作事务。如日历、商务联系人、专业计算小工具、讨论组、知识库调用等相当多应用可以被开发出来。

二是成为项目 PIP（项目信息门户）协同应用。BSNS 的架构通过云计算方案，可以兼顾私有和开放性。可以轻易让合作伙伴（分包商、供应商）参与进来，达到协同目的，大幅提升项目协同效率，对每个人每家单位可实现一次注册、一次创建信息，全行业应用的效果，大幅节约全行业的协同成本。

三是成为企业级协同应用。项目信息在项目管理 PIP 中已经产生，企业只要在这个平台上利用整合功能，即可以将企业的全部项目信息整合成自己的数据库，产生企业自己的管理应用。

四是行业级的协同管理应用。当前企业要耗费相当大的精力应对行业主管部门的管理要求，填报大量数据，行业 BSNS 平台将主管部门所需的数据都已形成，整合这些数据，行业主管部门的管理应用可以顺利实现，企业也将节约大量的应对时间。

协同新蓝图

当前形势下，宏观环境和竞争环境迫使建筑业生产力需强力提升，"十二五"这个时间窗口是重要的。中国"刘易斯拐点"的提前到来，使建筑业失去了人口红利的依赖，不仅如此，原材料、能源和土地廉价时代也已同时过去，粗放管理的日子已经到头，建立高效可持续发展的全新协同平台已迫在眉睫，而IT技术和建筑业管理思想的突破，创造了成功的技术条件，协同新蓝图已经形成。协同新蓝图是多层级的，我们需逐步展开，但价值获取还是会相当快，会有不错的投资回报率。

中国建筑业失去了人口红利的依赖，原材料、能源和土地廉价时代也已同时过去，粗放管理的日子已经到头，建立高效可持续发展的全新协同平台已迫在眉睫。

06

武装核弹—BIM 技术

- BIM 改变建筑业
- 实现基于 BIM 的建筑企业核心业务管理
- PBPS 服务推动 BIM 技术应用

全面推进智慧城市建设。制定实施新一轮智慧城市建设三年行动方案，继续推进宽带城市、无线城市建设……推动信息化与工业化深度融合，促进物联网、云计算、大数据等广泛应用，发展数控机床、工业机器人等智能制造，推广建筑信息模型（BIM）的工程运用。

——上海市市长杨雄

《2014 年上海市政府工作报告》

　　有了 BIM，我们才有了一直需要的项目管理支撑平台——一个可随时随地、快速访问到的最新、最准确、最完整、最可靠的 7D 结构化工程基础数据库。

BIM 改变建筑业

BIM 技术作为国际工程界公认的革命性技术，正在加快改变和重塑整个建筑业产业链。

在目前这个时点上，BIM 技术（Building Information Modeling，建筑信息模型）已不再是行业前沿性的技术，而是行业的大趋势，是建筑企业必需的战略。企业内保守势力因这样或那样的原因，反对 BIM 技术在企业内的及早普及和深入应用，无异于漠视企业前程。而及早普及和深入应用 BIM 技术的施工企业将获得一种新的强大竞争力。

当前，虽然 BIM 技术已成为国内建筑行业最大的热点之一，但毁誉参半。在很多厂商和机构的极力吹捧之下，很多企业尝试 BIM 技术，投入产出收益却不大，导致整个行业负面评价也不少。但从全行业看来，仍然有足够多的成功案例证明，BIM 技术有较快、较好的投入产出比，并对项目全过程的进度、技术、成本和质量安全管理带来明显的效果，产生较大的经济效益和社会效益。鲁班 BIM 解决方案经过近几年 100 余个项目的实战，就取得了很好的实施效果。

当前很多企业实施 BIM 技术收效不大的主要原因在于 BIM 方案选择不当，实施方法不对。总以为 BIM 这个词是老外搞出来的，BIM 技术也一定是老外的好，不清楚国外的 BIM 方案虽当前在设计阶段有较大优势，但施工阶段的本地化、专业化尚有较长的一段距离。

10倍

施工企业从项目招投标开始到竣工、维修服务结束，全过程充分应用恰当的 BIM 技术，大部分项目有5% ~ 10% 的利润空间可以挖掘，BIM 技术可以获得 10 倍以上的投资回报。

理论和大量的实证调研证明，如果施工企业从项目招投标开始到竣工、维修服务结束，全过程充分应用恰当的 BIM 技术，大部分企业的大部分项目，有 5%～10% 的利润空间可以挖掘，BIM 技术可以获得 10 倍以上的投资回报。

行业挑战

建筑业项目精细化管理和行业转型升级喊了 10 多年，没有任何实质性的进展。而建筑业的诸多问题，如资源浪费、成本失控、环境破坏和行业腐败等问题却日益严重，威胁到建筑业的可持续发展。造成这种局面原因：一是建筑业的快速增长，让建筑业人力资源跟不上，项目管理资源严重配置不足；二是由建筑行业本质所决定：传统项目管理技术手段无法应对项目管理的三大难题，即海量数据的即时处理（创建、计算、管理和应用共享）困难，技术问题无法事先发现事先解决以及协同效率低下。即使施工一栋 6 层楼的保障房也面临同样的难题。

"十一五"期间，建筑行业试图通过传统的信息化技术（如 OA、ERP 等）改变建筑业，但收效甚微，更无法解决一个企业内数百个项目海量基础数据（工程量、消耗量、造价、工程数据等）的及时性、准确性、对应性、可追溯性的问题，无法形成有效的生产力，提升对项目的支撑能力和管控能力。

受制于管理技术的局限，我国施工企业的项目管理能力难以真正突破，项目管理始终处于粗放式、严重依赖经验主义管理的状态；企业级管理只能以包代管。迄今为止，承包制仍然是国内工程项目管理的主流模式，项目精细化和企业级集约化管理仍无从谈起。

BIM 技术核心能力

BIM 技术的发展和成熟，突破了项目管理最难的管理技术瓶颈，BIM 技术的普及深入应用将大大缓解国内项目管理的两大挑战——项目管理人力资源挑战与突破管理技术瓶颈！

BIM 技术的核心能力在于以下三点（图 6-1）：

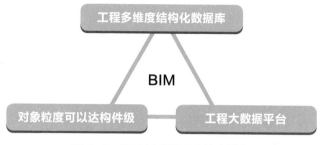

图 6-1　BIM 技术的三大核心能力

一是将工程实体成功创建成一个具有多维度结构化数据库的工程数字模型。这样工程数字模型可在多种维度条件下实现快速创建、计算、分析等，为项目各条线的精细化及时提供准确的数据。

二是数据对象粒度可以达到构件级。像钢筋专业甚至可以以一根钢筋为对象，达到更细的精细度。BIM 模型数据精细度够高，可以让分析数据的功能变得更强，能做的分析就更多，是项目精细化管理的必要条件。

三是 BIM 模型同时成为项目工程数据和业务数据的大数据承载平台。正因为 BIM 是多维度（≥ 3D）结构化数据库，项目过程管理相关数据放在 BIM 的关联数据库中，借助 BIM 的结构化能力，不但使各种业务数据具备更强的计算分析能力；而且还可以利用 BIM 的可视化能力，所有报表数据不仅随时即得，还是 3D、4D 可视化的，更符合人性也更能提升协同效率。

实质上 BIM 就是一个工程项目高细度数据库，BIM 将传统 2D 建造技术（平面工程蓝图、2D 报表、纸介质表达）升级到 3D 的建造技术，本质上大幅提升了项目管理的数据处理能力，即计算能力（创建、计算、管理、共享、协同），让我们具备了项目管理一直需要的但几千年来一直没有实现的强大支撑平台：一是在数据获取上，我们可以随时随地、快速获取最新、最准确、最完整的 7D 结构化工程数据库；二是在项目协同上，有了创建、管理、共享数据高效协同平台；三是在数字样品上，通过实现虚拟建造，大大缩小了与制造业的差距，在施工中的大量问题，在施工前可以发现、解决和避免。

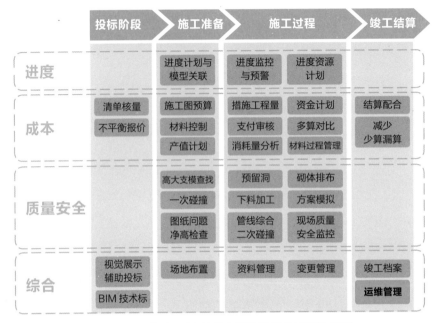

图 6-2　鲁班 BIM 技术在建造阶段全过程的应用

相对以往的项目管理技术手段和 IT 技术手段，BIM 技术的这些能力和价值都是前所未有的。

可以判定，BIM 技术将给施工企业项目精细化管理、企业集约化管理和企业的信息化管理带来强大的数据支撑和技术支撑，突破以往传统项目管理技术手段的瓶颈，从而带来项目管理、建筑企业甚至是行业管理的革命。

可以预见，BIM 技术将成为建筑业的操作系统，各岗位越来越多的作业将在基于 BIM 的系统上完成，工作将变得更高效、质量更高，工作成果可存储、可搜索、可计算分析和共享协同。

BIM 技术体系将十分庞大，按工程项目的生命周期可分为三大阶段：规划设计、建造施工、运维管理。

每一个阶段都能开发出数十项甚至数百项的应用，在进度、技术、投资控制、质量、安全、现场管理各方面都可能延伸出大量的应用，并通过与各种 IT 技术集成应用，发挥出更大的能力，如与 RFID、3D 打印、移动设备和穿戴式计算技术相集成，让 BIM 数据应用和技术应用更加得心应手。

正因为 BIM 技术的内容和应用十分巨大，而各阶段目的不同、专业不同会产出不同的数百项应用，因此不会出现设计、施工、运维三大阶段一大统的平台，而是各大阶段会有一个优势 BIM 平台出现。像鲁班 BIM 解决方案就聚焦在建造阶段，已有 100 余项应用推出，图 6-2 总结了鲁班 BIM 解决方案在建造阶段的应用。

BIM 技术正在快速发展

BIM 技术并非无所不能，但确实是应用边界和价值高度不可限量。

如何评价 BIM 技术的发展现状？笔者认为以下三点比较客观：

（1）BIM 还处于初级阶段。相对于 BIM 技术的整个发展历程来讲，当前还处于初级阶段。

虽然像国内鲁班软件已经专注 BIM 技术发展 16 年了，但相对于 BIM 整合发展和成熟期，仍然只能说是初级阶段（图 6-3）。鲁班 BIM 解决方案在建造阶段各大专业累计已有 100 余项应用，但还有更多的应用未被开发出来，已有的应用也还有很大的提升空间。

（2）已有的 BIM 技术已能为企业创造巨大的价值。

BIM 技术已能实现高达数倍的投资回报率。目前为止，虽然 BIM 技术还有

图 6-3　BIM 技术的发展阶段

应用无法实现，但已经能做的事也不少，创造的价值也已足够大。对于施工企业，要等到 BIM 技术十全十美再来应用是没有必要的，也是等不到的。同样，不需要等设计都用好 BIM 了，施工企业才能干。从目前已经实施 BIM 的项目来看，价值已经相当巨大，实现 5 ~ 10 倍的投资回报是完全没有问题的。

BIM 技术的发展和完善将是一个长期的过程，这并不妨碍现阶段企业就能利用 BIM 技术创造巨大的价值。

（3）BIM 技术最终将成为建筑业生产力革命性的技术。

这意味着未能及时掌握 BIM 技术，进行普及和深入应用 BIM 技术的施工企业将失去生存和竞争能力。2D 建造技术已持续了数千年，数千年来项目管理模式未能真正革命性突破过，近年来虽有 OA、ERP 等信息技术助阵，依然未能从根本上改变困局。BIM 将建造技术从 2D 升级到 3D，这 1D 的升级变化，却是一场大革命，超过计算机的出现给建筑业带来的变化。

大数据时代的建筑业核弹

地球村已经进入大数据时代，这是信息化时代、互联网时代的升级版。研究表明：建筑业是数据量最大、业务规模最大的大数据行业，但同样是当前各行业中最没有数据的行业，同等规模的企业来讲，也是最没有数据的企业。

建筑行业近 30 年被大约 25% 的行业增速（与互联网产业增速相当）麻痹着，行业基本不思进取，管理创新能力十分微弱，企业与行业的转型升级步履艰难。看似信息化、互联网、大数据与建筑业相隔较远。

当然建筑业信息化、大数据始终难以发展起来，与行业本质也有较大关系。建筑业生产的复杂性，导致互联网充分应用、大数据成为生产力的技术难度十分

BIM 的可视化，让建筑业有了虚拟样机，在施工前提前在电脑里虚拟建造一遍，相关的设计问题、施工方案的可行性等都可以提前规划，而且三维可视化极大地提升了沟通效率。

建筑业与制造业生产方式差别　　　　表 6-1

	建筑业	制造业
产品	单一	标准化
复杂度	超高	低
设计	2D	可视化
样机	无	有
车间	流动	固定
团队	临时，多	固定，少
工艺	变化	流水线
方式	现场	模块化

巨大。这一点也大大减少了技术对行业变革的冲击，使保守势力得以长期掌控行业。

建筑业与制造业生产方式存在巨大的不同，如表 6-1。

建筑业要达到制造业的精细度，必须每一堵墙每一块砖都要事先排好，出好排布图，各种规格砖的数量事先统计好，按数据通知供应商供货，安排运输班组按精细数据按各堵墙用量的标注图，进行垂直运输和楼层就位；最后让砌筑班组完成作业后，几乎没有任何二次搬运和废料。

在 BIM 技术出现以前，按传统的管理技术手段，现在行业内没有一家企业能做到。BIM 技术的发展和初步成熟，将改变这一被动局面，为建筑业实现上述制造业的精细水准提供了可能性。

BIM 技术在创建、计算、管理、共享和应用海量工程项目基础数据方面具有前所未有的能力，让建筑业的管理与制造业的差距大大缩小。从全专业建模、计算工程量，到分析各专业技术冲突，输出预留洞标注图，专业团队可以 10 天时间完成 10 万平方建筑面积的体量作业，比传统作业方法，综合工效要快 5 ~ 10 倍以上，工作质量（数据质量、技术成果质量）更是提升数倍。

BIM 技术在海量项目数据的承载方面也表现优异，由于多维度结构化能力，工程数据和业务数据只要加载到 BIM 上，不仅工作效率和质量提升，管理的功能也可大幅增加。BIM 的可视化，让建筑业有了虚拟样机，在施工前提前在电脑里虚拟建造一遍，相关的设计问题、施工方案的可行性等都可以提前规划，而

> 互联网革命的根本机理是通过提升最终用户（消费者、客户）对产业链全过程的信息对称（透明化）能力，对产业链价值进行重分配，更有利于消费者和价值创造者，低水平的资源控制获益能力将降低。

且三维可视化极大地提升了沟通效率。以 BIM 为基础，结合互联网技术，项目各参建方的协同能力增强很多，有效提升协同效率、降低协同中的错误。

BIM 技术不仅在处理项目级的基础数据方面，在支撑企业级海量数据方面，同样具备强大的能力。建筑业项目管理主流模式至今还是以承包制为主，集约化运营难以做到。其根源就在于企业级数据集约化还无法实现，基于 BIM 的企业级项目管理系统的发展，解决这一问题将不再是难事。

企业级 BIM 系统使得大型建筑企业的上千个项目的构件级基础数据的集成管理成为可能。传统方式下，上个月完成多少产值，下个月全公司钢材用量，完全靠各企业自报，有问题也无法追溯，ERP 系统收集上来的数据完全不可信。集约化的采购、资金运营无法做起来。基于 BIM 的企业级基础数据系统，将上千个项目的海量基础数据结构化，通过云计算实现企业级精细统计分析。

"BIM +互联网"改变建筑业

互联网已革命性地改变了很多行业，如家电销售（京东、天猫）、百货零售（淘宝）、手机（小米、iPhone），诸如此类，非常之多。现在中国互联网巨头又开始发动互联网对金融业（包括银行、证券业）的革命，阿里巴巴、腾讯、苏宁云商都将进入金融业，已让银行大佬们忧心不已。

对于互联网、信息化，建筑业一直稳如泰山，岿然不动。这不是说建筑业与互联网、信息化绝缘，而是技术未成熟、行业时机未到而已。到今天，互联网及信息技术改变所有行业，各行业都会排着队被革命，已被理论和实证充分证明，只不过早晚而已。企业家应洞察这一趋势，才不会被大趋势淹没。

互联网革命的根本机理是通过提升最终用户（消费者、客户）对产业链全过程的信息对称（透明化）能力，对产业链价值进行重分配，更有利于消费者和价值创造者，低水平的资源控制获益能力将降低。

对于建筑业而言，确实仅有互联网不够，需要"BIM＋互联网"，才能对建筑产业链进行透明化。建筑业价值链决定性关键要素是工程量、建材设备产品价格、消耗量指标、造价。

BIM 实现的主要是对工程量的透明化，对其他信息辅助透明化；

互联网一是帮助 BIM 技术实现广域网的协同和共享，二是将产品价格、消耗量指标、造价数据信息进行透明化。

行业实现透明化的时候，各家企业赚的是管理的钱，增值服务能力的钱，品牌的钱。一般来讲，这个钱会比现在大家赚的钱多很多。

"BIM＋互联网"对建筑业革命正在加快速度，这个趋势会面临很大的阻力，但前进的方向和速度加快却不以人的意志为转移。对建筑企业来讲，变革既有上

数字解读 BIM

1 个模型：BIM 模型。

2 个对象：工程、业务。

3 大能力：1）形成工程多维度结构化数据库；

　　　　　2）数据粒度能达到构件级，甚至更小，如一根钢筋；

　　　　　3）工程大数据平台。

4 大价值：强大计算能力，协同能力，虚拟建造，信息集成。

5 大阶段：决策、规划设计、建造施工、运维管理、改建拆除。

6 大应用：1）3D 协同设计；

　　　　　2）工程量计算；

　　　　　3）可视化、虚拟建造；

　　　　　4）碰撞检查；

　　　　　5）资源计划；

　　　　　6）工程档案与信息集成。

7 个维度：3D 实体＋ 1D 时间＋ 3D 工序（招标工序 BBS、企业定额工序 EBS、项目进度工序 WBS）。

游客户和政府行业管理的推动，更重要的是先行者有统吃的动力。

正如一个故事所言：两位探险者进入深山，突然看到前面一只老虎在挡着去路，等着他们。其中一位急忙蹲下系紧鞋带，准备逃跑。另一位不得其解，对他说："你觉得我们两个跑得过老虎吗"，系鞋带的则说："我跑得过你就可以了。"

事实上，建筑业透明化带来革命性的变化是：市场集中度将大幅提升，真正改变中国建筑业大企业成本比小企业高、小企业成本比个体包工头成本高的奇怪现象，将行业规模经济优势做出来。小企业届时将无法生存，行业竞争更为理性，行业平均利润将成倍增加。这种革命无疑对全社会是有利的，胜出和留下的是谁，应该是及早全面拥抱"BIM+互联网"的企业。

"BIM+互联网"将带来以下几大改变（图6-4）：

一是生产效率大幅提升。"BIM+互联网"使项目管理生产力发生革命性的变化，领先应用和普及深入应用的企业将获得竞争优势，使得当前企业同质化竞争的情况大为改变。

二是建筑产品品质大幅提升。BIM技术帮我们提前预知和解决各专业冲突和其他很多问题，产品的品质在不同企业之间将会有更大差距，也将影响竞争格局的变化。

三是行业透明化。建筑产品价格是所有行业最不透明的，导致恶性竞争严重，

图6-4　"BIM+互联网"对建筑业的影响

优汰劣胜。"BIM＋互联网"将逆转这种情况，行业竞争将更变得健康。

四是推动行业从关系竞争力向能力竞争力过渡。建筑业一直处于关系竞争力时代、不透明时代，关系竞争力一直优势很大，透明时代则能力竞争力主导，创造客户价值、更低成本的能力主导，企业的品牌价值主导。

五是建筑业规模经济优势形成。中国建筑业未能呈现规模经济是整个行业不能淘汰落后产能的根本原因之一。"BIM＋互联网"助力中国建筑业规模经济优势的形成，竞争方式将因此改变。

六是加快产业整合，健康良性的行业秩序将逐步形成。中国建筑业规模经济优势的形成，结果必将加快产业整合的速度。没有规模的企业，将退出总承包序列，要么退出行业，要么进入分包序列。

BIM 与互联网的组合将颠覆整个建筑业！

BIM 实现的主要是对工程量的透明化，对其他信息辅助透明化；互联网一是帮助 BIM 技术实现广域网的协同和共享，二是将产品价格、消耗量指标、造价数据信息进行透明化。

对企业影响

大部分的企业与企业高管在纠结 BIM 技术给企业和自己带来的冲击，有的始终停留在靠不透明获利的守旧思维上，有的怕过程透明给自己权力和利益带来威胁。无怪乎 2013 年 AU 大会上潘石屹不客气地指出，施工企业是 BIM 技术的阻力。这个说法并不完全正确，但建筑企业内部的确有一部分来自中层干部对透明化的阻力。

但行业真相是，最不透明的建筑业行业利润一直是最低的，即使一直处于 20%～30% 的高速增长时代，行业平均利润率也只有 2% 左右，比同为第二产业的工业产值利润率的 1/3 还要低。很明显，处于不透明的现状，并没有给企业带来高利润。我们更应看清的现实倒是：

当行业增速减缓时，如何提升自己的竞争力？

最不透明的建筑业行业利润一直是最低的，即使一直处于20%～30%的高速增长时代，行业平均利润率也只有2%左右，比同为第二产业的工业产值利润率的1/3还要低。

当业主方有能力搞得很清时，我们自己搞不清怎么办？

当竞争对手有能力搞得很清时，我们自己搞不清怎么办？

当分包供应商能搞得很清楚时，我们自己搞不清怎么办？

现实情况是 BIM 技术由于出色的绿色建造价值，节约投资和工期，让行业竞争更加规范，各国各地区政府都已积极介入 BIM 技术的推广，如美国、英国、澳大利亚、新加坡、韩国、日本等都已出台强制应用相关政策，制定 BIM 推进路线图。我国住房和城乡建设部在"十二五"信息化发展纲要中，明确将 BIM 技术的应用列在最重要的位置上，北京、上海、山西等地方政府正在制定和酝酿出台 BIM 技术应用强制性政策。

2013 年 8 月住房和城乡建设部工程质量安全监管司发出《推进 BIM 技术在建筑领域应用指导意见（征求意见稿）》，明确指出，至 2016 年，政府投资的 2 万平方米以上规模或申报绿色建筑的工程项目，设计、施工都必须实施 BIM 技术。

作为 BIM 技术的最大受益方，越来越多的业主方已开始重视利用 BIM 技术提升项目运营水平，SOHO 公司更是将 BIM 技术列为公司未来 10 年三大核心竞争力之一。全国各地越来越多大型复杂工程将 BIM 技术列入招标条款，这意味着，不应用 BIM 技术的企业，直接就没有资格参与项目投标了。上海迪士尼项目，BIM 技术应用实行专项资格审查，其他资格审查却一带而过。这样的案例正在快速增加，大趋势已经形成，顺势而为，还是固步自封，结果如何已十分明了。

在政府、业主方和竞争压力下，主动变革，跟上形势对企业自身更为有利，更为主动，否则无疑将自己处在淘汰的边缘。

现在起步，为时未晚。尽快行动，让 BIM 技术尽早在企业内普及深入应用，完全可以让 BIM 技术应用成为自己企业一个核心竞争力！

实现基于 BIM 的建筑企业核心业务管理

为什么单靠 ERP 系统不能实现全面核心业务管理？

为什么实现三个维度八算对比才能实现全面核心业务管理？

为什么 BIM 是建筑企业实现核心业务管理的关键支撑？

信息化如何才能实现核心业务管理

由于大型建筑企业近年项目数量和管理地域的高速扩张，管控难度已远超建筑企业的实际能力，企业效益低下。出现了一个项目亏损 41 亿元的"奇迹"。很多大型国有建筑企业也大量采用了项目承包经营的方式，即以包代管的方式。建筑企业管控面临两大挑战：一是如何控制项目亏损风险，支撑项目获得最高效益；二是总部如何管控各项目经理代理风险，如何保证企业的利益。这两点即成本与效益管控能力就是建筑企业核心业务的管理能力。质量、安全是建筑企业管理底线，企业的持续发展需要效益的支撑。

建筑企业的管理改进和信息化建设主要都是为应对这两大挑战。建筑企业如何才能像制造业一样真正实现对核心业务的全面管控？基础能力之一就是要实现短周期（月、季、层）三个维度的八算对比（表 6-2），项目上就能精细计划，就能第一时间发现管理漏洞、利润流失敞口。反之，一些管理问题就不能被及时发现。

三个维度八算对比理论解析

三个维度，即时间、空间、工序维度（图 6-5）。控制项目成本，检查项目管理问题，必须要有从这三个维度统计分析成本关键要素的能力，光能分析一个

三个维度八算对比 表6-2

3个维度	8算 （量·单价·合价）	WBS （投标）	WBS （实施）	计算依据	数据来源	
					基础数据	ERP
（1）时间 （2）空间 （3）工序	① 中标价	●		合同、标书	●	
	② 目标成本		●	企业定额	●	
	③ 计划成本		●	施工方案	●	
	④ 实际成本		●	实际发生		●
	⑤ 业主确认	●		业主签证	●	
	⑥ 结算造价	●		结算审计	●	
	⑦ 收款	●		财务		●
	⑧ 支付		●	财务		●

时间段的总成本是不够的。一个项目上月完成500万元产值，实际成本400万元，总体状况非常良好。但并不能肯定这个项目管理没有问题，很有可能某个子项工序70万元的预算成本，发生了100万元的实际成本。这个工序项目亏损原因是什么？材料浪费？供应商飞单？被分包冒算？乙方向业主方漏算？还是报价低了？原因可以有很多，必须第一时间分析出来，并加以解决。

这就要求我们要有能力将实际成本拆分到每个工序（WBS）之中，而不只是统计一个时间段的总成本。另外项目实施经常按施工段、按区域实施与分包，这就需要能按区域分析统计成本关键要素，实行限额领料、与分包单位结算和控制分包项目成本。三个维度的分析能力要求企业管理系统能快速高效拆分汇总实物量和造价的预算数据。拆分数据的要求有三个方面：

（1）数据的粒度要能达到构件级，甚至是一根钢筋；

（2）要建立三个维度（时间、空间、工序，亦说七个维度：时间1D、空间3D、工序3D）的关系数据库。关系数据库才支撑各种条件、各种维度的统计分析；

（3）建立两套WBS对应关系。支撑转换任意工序标准的比对分析。

这样高的数据处理要求，传统的手工预算无法支撑如此巨大的工作量，工作难度和复杂度更让人无法企及。

八算分别指：合同标价、目标成本（项目承包预算）、计划成本、实际成本、业主确认、结算造价、收款、支付。

要实现项目直营，从总部管控到项目部自我改善管理提升赢利都需要全面掌控这八组数据。

图6-5　三大维度说明

第一算　合同标价

据中标合同和标书确定，是与业主方结算依据，确定了项目总收入。

工序项目（WBS）根据业主方（或顾问单位）提供的招标文件（工程量清单）确认。

第二算　目标成本

企业总部根据内部企业定额与市场行情测算的项目目标成本，是项目成本的控制上限。值得指出的是项目承包预算有可能超过合同标价，如亏本中标策略就是这一情况。正常情况下，合同标价减去项目承包预算即为企业的计划利润，这块属投标利润，属于企业总部。项目经理和项目部团队应按项目承包预算减去实际成本为基准进行按比例奖励和提成，这才是体现项目部管理能力和价值的部分。

WBS 按企业定额划分。

第三算　计划成本

项目部发挥主观能动性和管理价值的体现。在企业的目标成本基础上，项目部编制优化的施工方案，尽可能多地实施降本措施，实现比企业目标成本更低的成本。其计算依据是施工方案、企业定额和市场实际价格。项目承包预算减去计划成本即为项目部计划利润。

WBS 按实施方案和企业定额划分。

第四算 实际成本

实际发生的项目成本。这很容易理解，实际成本据实际发生记录确认。此组数据难题在于财务、人工、物资费用的按实施 WBS 细度分解与归集，实现这一点并不容易。一要靠 ERP 信息系统支撑，二要靠细致严格的流程管理和项目管理人员责任心，分解与归集错误将导致信息失真。应按周、甚至按日定期及时归集、分拆成本到具体构件上去。这有多个方面的数据来源：材料仓库、财务、施工、机械等。要有明确的组织落实和制度流程，才能实现定期的准确实际成本数据处理。

WBS 按实施方案和企业定额划分。

第五算 业主确认

已有业主确认数据的造价总额在风险管控中不可或缺。

很多项目往往出现这种情况，承包方往往因信任业主，或因自身经营工作滞后，工程进度往前走，很多指定项目、变更项目的单价合价的过程确认未做，一堆白条等工程尾期才与甲方确认。有的是甲方故意拖延造成，也有的为了拿到后面项目赶进度，而将业主确认价款工作严重滞后。这种状况具有极大风险，因未确认成本和收入，比较乐观的承包方会盲目乐观按自己价位分析成本，导致未能及时控制风险。

WBS 按中标合同和招标文件划分。

案例：业主未及时确认造价造成风险失控

XX 企业承包了一个 5 亿元的项目，该施工企业为了拿到后面数十亿的项目，也为了表功，拼命抢工期，很多采购价格甲方确认工作严重滞后，只顾抢工期，并且内部未有成本报警，未能引起风险警惕，最后很多项目价格甲方不予认可。确实因查明内部采购价格严重超过合理的市场价格，业主方难以认可。成本控制系统也必须要能控制跟踪这一组数据方能避免大的危险，即过程中不及时确认会有很大的变数。

第六算 结算造价

据甲、乙双方结算协议确认，是经甲、乙双方共同确认签字画押的结果。有了结算价，承包方可拿的总价不再存在变数，结算工作是否已按合约及时结算也是风险节点控制重要事项。

WBS 按中标合同和招标文件划分。

第七算 收款

收到了多少钱，落袋为安，根据财务进账确认。这里要注意，收款项目与实际完成工程项目各工序工程量应建立对应关系，目的是要搞清楚款项来源于哪些子目，形象进度已经收款到哪了？

实际操作中往往在此处形成自我陷阱。承包方倾向于在前期多报量，早拿钱，由于向业主方公关得当，往往成功。收款项目分解不清会把自己迷惑了，工程前期会以为赢利状况较好，放松了成本管控。有的挂靠项目则会造成企业的巨大风险，承包项目经理早拿钱、多拿钱，造成总部误判，以为利润状况很好，其实是一种透支。若最后总结算才知道巨额亏损，往往很难收场。

WBS 按合同标书划分。

表 6-3 总计了八组数据及其依据。

第八算 支付

据财务付款记录确认，与第七算收款一样必须与实际工程工序项目工程量建

八组成本数据、依据及关系　　　　　　　　　　　　表 6-3

	成本数据	WBS 确认依据	一些关系
第一算	合同标价	中标合同和招标文件	
第二算	目标成本	企业定额	
第三算	计划成本	实施方案和企业定额	合同标价—目标成本 = 投标利润
第四算	实际成本	实施方案和企业定额	目标成本—计划成本 = 计划利润
第五算	业主确认	中标合同和招标文件	结算造价—实际成本 = 实际利润
第六算	结算造价	中标合同和招标文件	收款—支付 = 净现金流入
第七算	收款	合同标书	
第八算	支付	实施方案和企业定额	

立对应关系，才能控制可能发生的严重问题。与第七算的比对可发现常见的一种支付风险。一个项目部上月止完成收款 1000 万元，支付 800 万元，总数是正常的，但仍然经常出现某个完成进度 80 万元的分包项目支付可能会 100 万元，超出完成量。

WBS 按实施方案和企业定额划分。

从以上分析可知，要真正掌控工程的全部风险和所有细节，能短周期实现三个维度的八算对比（其中包括量、单价、合价三组数据），共 8×3＝24 组数据，必须一组都不能少。值得强调的是八算中其实含了三组数据，利用这三组数据可对项目成本的所有问题分析到位，即：消耗量、分项单价、分项合价。这三组数据各包含了很深的管理内涵，消耗量管控的对象是施工损耗、落手清、限额领料等施工管理环节的问题，分项单价管控的对象是经营、采购、分包环节的问题，分项合价分析体现总体的盈利和经营水平。在八算中的三组数据支撑下，总价是盈是亏，消耗量有无超标，进货分包单价有无失控，都能了如指掌。

达到这样的目标的确相当困难，需要管理改进和信息化建设一个长期的过程，却是我们大型建筑企业转型升级和信息化建设必须努力的目标。

挑战

现阶段所有建筑企业的管理水平与之相差甚远，依靠手工预算的管理阶段具备这样的能力肯定只是一种奢望。很多大型建筑企业往往到工程结束也不能拿出一份完整的预算书，别说三个维度八算对比，单维度两算对比也难以按短周期（如每月）实现。因此，项目上成本完全失控，内外勾结的飞单、被盗运等风险到工程结束全过程都难以发现。

现阶段已上了 ERP 系统的建筑企业，通过 ERP 系统来管控项目的管控能力，与本文提出的三个维度八算对比的管控能力依然相差甚远。ERP 系统仅能统计进了多少钱、多少货，支付了多少钱、出库了多少材料。由于 ERP 数据的粒度太粗，并且没有三个维度的对应关系，数据分析价值还很低。ERP 系统中"支

仅靠 ERP 系统很难实现多算对比，过程数据很难对应的具体项目和构件，预算数据又都靠手工拆分汇总填入，项目上的工作量巨大，其实也就很难实现多算对比和成本分析。

付了多少钱"与"花了多少钱"（实际成本）是两个完全不同的数据。分包有可能付了没干，有可能干了没付钱。材料款有可能付了没进，有可能进了没付，或者进了没有用掉的。向甲方收款同样也是如此。

仅靠 ERP 系统很难实现多算对比，过程数据很难对应到具体项目和构件，预算数据又都靠手工拆分汇总填入，项目上的工作量巨大，其实也就很难实现多算对比和成本分析。这样很多管理漏洞深藏其中，难以发现。这就是当前第一轮特级建筑企业信息化标准实施过程中，普遍遇到的难题。ERP 现阶段因能力仅在于统计过程数据，数据粒度过大和无法建立三维关系数据库，而预算数据也无法依靠自身系统得到，还不可能实现核心业务管理。

实证上系统依赖手工填入相关数据实现成本分析往往会因不及时、不准确和不对应而失败。

实现三个维度八算对比另一大难题是成本归集和建立两套 WBS 的成本对应关系相当困难。（1）、（5）、（6）、（7）项是按投标合同的 WBS 来归集和分解。而（2）、（3）、（4）、（8）按项目施工方案实施的 WBS 和企业额定归集和分解，投标 WBS 划分往往按材料性质和施工工艺来划分编码，施工 WBS 按施工工序和工程部位来划分。投标 WBS 和实施 WBS 存在多对多的复杂对应关系（图6-6）。建立这二者之间勾稽关系是顺利实现多算对比的关键之一。手工预算难以完成其浩大的工作量，现阶段实施的 ERP 系统难以具备这样的功能。

严格意义上讲各组计划预算数据应动态考虑，工程设计变更、市场价格的变化都影响计划预算的变化。静态的分析将影响管理决策准确性，这对企业和项目能力提出了更高的要求。企业总部要有强大的后台实时、准确动态数据库（量、价格、消耗量指标、造价指标）支撑才能完成较为科学合理的全过程成本管控分析。

正因为当前 ERP 系统应对这些难题仅依靠手工作业，项目上工作量巨大，引起了项目上很大的抵触情绪，基础数据进入 ERP 系统出现了不准确、不及时、不对应的严重问题。有的迟报、有的早报、有的多报、有的少报，而且与 WBS 对应不上。想向总部多要钱的则多报、早报，不想向总部交钱则晚报、少报。这些问题总部却无法及时查核、控制项目部数据的及时性、准确性和对应性，甚至导致 ERP 系统的难以为继。

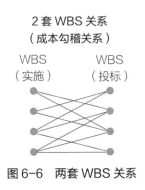

2 套 WBS 关系
（成本勾稽关系）

图 6-6　两套 WBS 关系

基于 BIM 的解决方案

基于 7D·BIM（3D 空间、1D 时间、3D 工序，Building Information Modeling）的核心业务管理系统能很好地解决这一难题。BIM 技术可以将数据管理粒度达到构件级，甚至是一根钢筋。可以将八算数据都高效地分解部署于 BIM 中，只要建立制度流程，按月定期处理数据。虽然工作量不大，但形成的 7D 关系数据库即可以提供任何分析条件的八算对比（如前文所述），分析速度很快，分析能力将十分强大。基于 BIM 的核心业务管理系统的八算数据分别需要从项目基础数据系统和 ERP 两大系统中获取。预算和计划数据由项目基础数据系统中提供为主，实际成本和支付由 ERP 系统中提供为主。

基于 7D·BIM 的核心与业务管理系统和工程基础数据整体解决方案是唯一的出路，这是由建筑工程产品的产业本质所决定的。产品单一性，单一产品的复杂性（海量数据、计算复杂）导致手工完成这些数据计算、管理、共享、拆分、归集是不可能的。BIM 技术的普及和工程项目基础数据的信息化、自动化、甚至实现智能化，才是国内建筑企业当前管理提升和信息化建设最需要补的一课。

7D·BIM 将工程实物量和成本分解管理到构件这样最细的粒度，在强大 7D 关联数据库支撑下，可准确、快速实现任意条件的统计和拆分，保证了短周期、多维度成本分析的需要，可见 BIM 对于成本管控的支撑作用是不可或缺的。解决了 ERP 系统数据粒度过大和数据之间 7D 关系难以建立的难度，也解决了大量数据人工处理的工作量和工作难度问题。

更高水准的动态成本分析还有赖于工程基础数据整体解决方案中的价格数据库、企业定额库的动态数据库的支撑，才能动态精准地分析成本。

最终基于 BIM 技术的工程基础数据系统与 ERP 系统的无缝连接，完全可以实现计划预算数据和过程数据的自动化、智能化生成，自动完成拆分、归集任务。不仅可大幅减轻项目的工作强度，减少工作量，还可避免人为的错误（不准确、不及时、不对应），实现真正的成本风险管控，让项目部和总部都能实现第一时间发现问题，第一时间提出解决方案和措施，做到明察秋毫，精细化管理程度就可向制造业水准靠拢。

基于 BIM 的核心业务管理系统的八算数据分别需要从项目基础数据系统和 ERP 两大系统中获取。预算和计划数据由项目基础数据系统中提供为主，实际成本和支付由 ERP 系统中提供为主。

PBPS 服务推动 BIM 技术应用

为什么项目管理一直困难重重？

为什么生产力革命性技术——BIM 技术普及缓慢？

PBPS 服务如何为 BIM 技术应用带来巨变？

项目管理困境

一直以来，工程项目管理因缺少及时准确获取基础数据的能力，项目管理困难重重，进度、成本甚至质量安全的失控习以为常。

这是由建筑业和工程项目管理的行业本质所决定的，产品是不标准的，生产流程是不统一的。同时单产品的数据复杂且海量，要比制造业一个产品中的数据量高几个量级。传统的人工预算作业方法难以跟上项目进度，管理各条线所需要的数据难以及时提供，导致管理粗放、效率低下甚至失控。

就单个工程项目而言，实物量数据是由数十万个构件汇总而来，构件是整个建筑物的 DNA，构件的细度比想象中的还要小。比如一个门构件还包含了大量子构件（计算项目），一个梁柱构件也是如此，粉刷层、贴面就是不同的构件，因此工程实物量计算和统计分析面对的是人工难以胜任的海量数据。

现实工程管理中，很多项目到工程结束后完整的预算数据还没出来。即使已经手工计算出预算书的项目，获取项目过程中阶段性所需要的数据依然困难重重，大量数据统计、分析、组合、拆分、对应的工作量不是人工所能胜任的。因此当

目前我国建筑业的发展方式基本还停留在传统的工业化发展，是粗放和低质量的，产值增长主要依赖于投资驱动，管理粗放、手段落后、工业化水平低严重阻碍建筑业持续发展。

——中国建筑业协会副会长兼秘书长吴涛

前项目管理的普遍现状是以靠经验拍脑袋决策为主，这种状况给项目管理带来的问题是十分严重的：

一是损失项目收入。往往由于计算不准确，漏项少算、实体计算多扣减，一份预算书的少算误差率3%～5%很正常。同时，由于没有能力在投标时精确快速核量，往往因报价策略不合理而导致结算亏损，这一项差3%～5%也不足为奇。中铁建沙特轻轨项目巨亏41亿，重要原因之一就是整个项目工程量估算严重错误。

二是项目利润大漏洞不能及时发现。如现在大型建筑企业，甚至是承包制项目上，因出现内鬼与供应商内外勾结，或因收料人员工作责任心不强被供应商飞单的情况还大量存在。很多情况往往是与业主结算时才发现材料用量亏损很多，不是浪费而是飞单造成的。根本原因在于没有能力实现短周期（如按月、按层）的多算对比，即没有能力建立起企业的红绿灯系统，则过程问题自然难以被发现。

案例：中铁建沙特轻轨项目巨亏41亿

2010年10月25日，中国铁建发布公告，公司在沙特麦加的轻轨工程项目面临高达41.53亿元的亏损。

从公开的信息分析，巨亏三大因素是工程量造价预算不准确、业主变更合同条款引起的签证索赔乏力和对当地法律市场环境不熟悉。

该项目最大问题出在工程量预算误差巨大，暴露出项目团队预算人才缺乏，预算技术与能力不足存在巨大风险因素，这足以决定项目成败。不仅是工程量，还有价格信息获取能力的问题。

另一大主因是业主方变更合同条款，或变更图纸，或增加工程项目，或肢解分包，或插手采供。承包商若有足够合同管理能力，常规情况下这些因素都应属承包商可通过索赔增加利润的机会，现在都成了亏损因素，这要求有足够合格国际化的项目合同管理人才，才能通过索赔增加利润。

不熟悉当地的法律市场环境，不能按自己意想的进度计划实施。这应是进入市场前必做的功课，或先拿小项目尝试，或通过联合当地熟悉的公司合作投标。

总而言之，该项目反映出我国大型建筑企业项目管理基本功依然有待大的提升。

项目建造过程中，还在产生、新增大量的工程信息、数据，如何创建、管理、共享这些数据又是另一大难题，这些过程数据是关联的，传统管理技术无法将它们关联起来，形成很多施工错误并降低效率。

限额领料流程大家都很重视，都认为是管理材料损耗的必需流程，但能将这一流程真正执行起来的项目极少见。很多企业虽有制度，在项目实践上却是事后补单，导致一纸空文。其原因也是项目预算数据提供能力不够，项目经理尚且很难得到预算人员及时的数据支持，作为最基层项目人员的仓库发料员，其境遇就可想而知了。

精确及时的人、材、机计划是确保实现精细化管理、保证项目利润的基本条件，实际项目中往往是项目经理因得不到准确的数据，资源计划毛估估，引起各种资源与项目进度不能精细化对接，有的早到，有的迟到，有的多进，有的少进，都会引起成本增加、利润损失。

图纸中技术问题也是大型项目常见的浪费大洞，由于未能在实施前查出各专业矛盾，拆了重装，造成人、材、机损失和工程进度损失都很常见，很多项目因此而产生的资金浪费数额巨大。大型工程专业众多、管线复杂，依赖技术专家的能力是不足以解决现代建筑如此错综复杂的管线碰撞问题的。浦东国际机场二期就因此产生上千万的损失。

以上困境，重要原因之一是管理者无法及时准确地获取项目基础数据。

不仅如此，项目建造过程中，还在产生、新增大量的工程信息、数据，如何创建、管理、共享这些数据又是另一大难题，这些过程数据是关联的，传统管理技术无法将它们关联起来，形成很多施工错误并降低效率。

解决之道：BIM 技术

即使最近 20 年信息技术、管理理论有了飞速发展，几乎所有产业的生产力水平都快速提升，唯独建筑业，不仅在中国，在建筑业发达的国家生产力提升同样乏力。这种状况与其他行业形成巨大反差，这是由建筑业的本质所决定的。由于行业一直缺乏一个支持工程项目海量复杂数据的创建、计算、管理、共享的技术平台，导致建筑业生产力十分低下，并一直无法得到根本性的改观。

现在历史的转折点已经到了，解决这一根本问题的 BIM 技术已日渐成熟，BIM 技术对突破工程项目管理、建筑企业管理和信息化瓶颈起到决定性的作用，推动建筑业进入生产力革命。

BIM 技术提供了一个我们一直非常渴望的可随时、快速、普遍查询到的最新、最可靠、最完整的 7D 关联工程基础数据库。

有了这样的一个支撑平台，当前工程项目管理一直未能突破的难题，就能得到根本性的解决。在专业 BIM 技术员的支持下，从投标阶段开始即创建 BIM 模型，进行工程量计算分析，并不断更新维护 BIM 模型和数据。这样在项目开始就有能力在全过程向项目管理各条线实时提供数据，从而彻底解决当前项目管理中的两大难题：海量复杂数据的创建、计算、管理、共享难题和各条线团队协作难题。

BIM 技术在大型项目中全过程应用，有极高的投资回报率。

有了这样的基础，企业级管理难题也将迎刃而解，总部准确掌握项目数据信息易如反掌，甚至能做到只要看到（知道）项目部的形象进度，就能瞬间分析出项目部完成的精确实物量，当前大型建筑企业最为困扰的——项目经理套取项目资金问题就能得到较好的控制。

遭遇 BIM 技术人才瓶颈

事情并不那么顺利，众多建筑企业高管和项目经理意识到 BIM 的关键价值，很想在项目上和企业中尝试运用。但从近期实践看，遇到一个较大的门槛，就是缺乏熟练的 BIM 技术人才。如《新鲁班》读者群在一次小型的调研中发现，48% 的调研对象认为目前施工阶段 BIM 应用的最大困难是缺乏 BIM 相关人才，在 6 大困难中排在第一位（图 6-7）。

对比普通计价软件和 OA 软件，掌握 BIM 技术及相关软件要难得多。因为

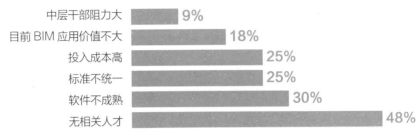

图 6-7　目前施工阶段应用的最大困难

这是一款 3D 建模、3D 计算软件，比表格软件确实复杂些。虽然事实上只要认真学习并不难掌握，但脱产全力以赴学习一段时间的风气尚未形成，利用工作之余的时间来学习会花较长时间，有的自我摸索甚至大半年都未能精通，致使市场上精通 BIM 技术的人才远远满足不了市场的需求。

PBPS 服务推动 BIM 技术应用

在这样的背景下，鲁班软件率先提出的 PBPS（Project BIM whole Process Services，项目 BIM 技术全过程服务）服务应运而生，通过第三方专业团队直接提供项目 BIM 技术应用和全过程数据服务，让苦于缺乏 BIM 技术人才又很想应用 BIM 技术创造价值的项目部和建筑企业能马上利用 BIM 技术创造价值。

随着项目和企业级管理 BIM 应用的急剧升温，在缺乏 BIM 人才的行业背景下，全过程数据服务 PBPS 已迫在眉睫了。鲁班工程顾问及时推出 PBPS 服务体系，引起市场强烈反响，截至目前已实施了 100 多个项目，取得了良好的效果。

PBPS 为客户提供的 BIM 技术服务包含的内容有：

（1）建模、算量，造价 BIM 模型创建；

（2）BIM 维护、更新；

（3）设计阶段：量指标分析；

（4）招投标：量分析和策略方案评估；

（5）项目管理全过程数据提供（向甲方报量、分包结算、采购量、限额领料……）；

（6）各专业碰撞检查；

（7）钢筋下料翻样；

（8）工程资料录入，建立基于 BIM 的工程档案到现场提供数据；

（9）虚拟建造·施工方案；

（10）……

利用鲁班 BIM 解决方案和鲁班 BIM 工程顾问团队，已能在建造阶段实现 100 余项 BIM 技术应用，获得 10 倍以上的投资回报。

PBPS 服务流程十分清晰（图 6-8），委托方将业主方、设计、顾问单位的图纸和变更资料转给 BIM 技术专业团队后，10 万平方米的工程一周内可看到第一次完成的 BIM 模型和工程量清单，项目过程中服务团队实时维护更新 BIM 数据，委托方各条线管理人员第二天即可通过 BIM 浏览器随时随地看到最新数据。

PBPS 服务体系的核心（图 6-9）是由 BIM 云数据中心和各 BIM 应用端（包括 BIM 浏览器、管理驾驶舱、BIM 集成应用平台、iBan 等）组成的技术系统。该系统将以往 BIM 技术的单人单点高端应用转为全员全过程应用。有了 PBPS 的支持系统，客户可以得到几乎从图纸到 BIM 数据的实时服务，利用 BIM 数据的实时性、便利性大幅提升，实现最新数据的自助服务，应用人群大幅增加，从

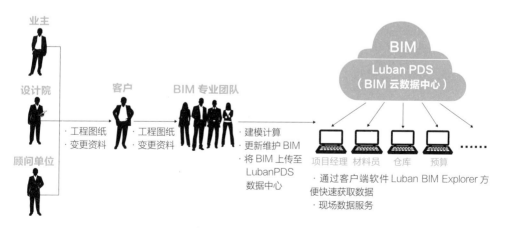

图 6-8　PBPS 服务体系与流程

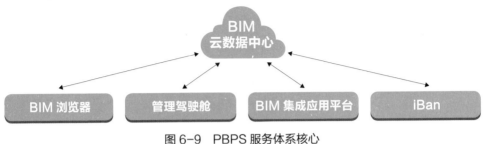

图6-9　PBPS 服务体系核心

而大大扩展 BIM 应用价值，也使 PBPS 实现了标准化服务，可以高效地规模化复制扩展。

能够及时准确地获取项目数据，客户很容易从 PBPS 服务获得高达 10 倍以上的投入回报。及时准确地获取项目数据，不仅能控制利润漏洞，在提升协同能力和加快工程进度方面也将获益良多。

经过 16 年的研发和项目实践，目前鲁班的 PBPS 服务，可以实现 106 个应用点，涵盖施工阶段的 8 大阶段，从投标策划、项目策划、施工、结算、竣工交付、运维阶段到现场服务与咨询服务，应用点包括：工程量精算、进度款审核、施工场地布置、进度监控、施工方案模拟、碰撞检查、砌体排布、高大支模查找、钢结构整合应用、现场质量安全协同管理、现场管理建议等；可以全面提升项目全过程精细化管理水平，为项目创造巨大价值。

鲁班软件旗下有支现场经验丰富的工程顾问实施团队，为项目试点提供带教式的驻场服务。通过上百个项目的经验，鲁班软件总结了 106 个 BIM 应用点，并摸索了一套较为成熟的 BIM 实施方法论。通过工程顾问实地驻场的贴身指导，通过试点项目的实施，帮助企业建立自己的 BIM 团队、自己的 BIM 流程与相关制度，把一整套 BIM 实施方法传递给企业，减少企业自己摸索的时间与精力，快速建立企业自己的 BIM 能力。

07

第七篇

谁赢天下

- 十八届三中全会后中国建筑业新期待
- 中国建筑业发展和改革，走向何方？
- 建立新思维，感应新趋势

现在，到了我们彻底改变企业思维的时候了，
要么转型，要么破产。
——管理咨询大师 拉里·博西迪和拉姆·查兰

围绕战略配置资源，在价值链上构筑最高的竞争壁垒，力争细分市场领先，大搞品牌建设。建立制胜战略，植入"BIM+互联网思维"，注重存量市场份额竞争，充分利用信息技术，及时建立建筑企业的战略竞争力、品牌竞争力、项目精细化能力和企业集约化运营能力。

十八届三中全会后
中国建筑业新期待

十八届三中全会的核心是"全面深化改革"，提出"到 2020 年，在重要领域和关键环节改革上取得决定性成果。"建筑业会有何改革？至 2020 年，又会有什么新的变化呢？

2013 年 11 月 12 日，十八届三中全会在北京结束，会议审议通过了《中共中央关于全面深化改革若干重大问题的决定》。一场大会的胜利闭幕，也宣告了一场全面深化改革大幕的拉起。

当改革进入深水区，公报的发出，"全面深化改革"的关键词让国民振奋。前一轮改革让我国各行业获得了快速的发展，但过多依赖简单的投资扩张带来的经济规模优势和人口红利，"三廉"尽失、产能过剩等新时期的问题倒逼各产业推进各自的转型升级，建筑业也不例外。而十八届三中全会公报、《中共中央关于全面深化改革若干重大问题的决定》是未来一段时间里国家的基本政策指向，对建筑业的未来将产生怎样的影响呢？

十八届三中全会的核心关键字是"全面深化改革"，并且提出"到 2020 年，在重要领域和关键环节改革上取得决定性成果"，建筑业会有何改革？至 2020 年，又会有什么新的变化呢？一切都值得期待（图 7-1）。

市场在资源配置中起决定性作用

十八届三中全会公报指出，要紧紧围绕让市场在资源配置中起决定性作用，深化经济体制改革，建设统一开放、竞争有序的市场体系，完善主要由市场决定价格的机制等，其中市场的"基础性"地位被提高至"决定性"的位置。

全面深化改革

建筑行业会有哪些改革？

市场在资源配置中起决定性作用

完善主要由市场决定价格的机制

>>> 建筑业资质管理会有新变化？

>>> 政府定额计价模式会消失？

>>> 跨省市场壁垒彻底消除？

建立城乡统一的建设用地市场

>>> 新型城镇化需求？

>>> 农村基建需求新市场？

科学的财税体制

事权和支出责任相适应

>>> 未来允许发行地方债？

>>> 地方项目投资有新的资金来源？

全球化新形势

放宽投资准入，加快自贸区建设

>>> 更多的国际承包商来中国淘金？

公有制为主体、多种所有制经济共同发展

增强国有经济活力

激发非公有制经济活力和创造力

积极发展混合所有制经济

>>> 国有企业中，国资委会不会减持退出？

>>> 出台政策大力促进民营企业的发展？

>>> 建筑行业国有、民营企业新格局？

建设生态文明

>>> 绿色建筑是未来趋势？

>>> 低碳建造技术是未来趋势？

>>> 上游建材产业压力倍增，成本压力转移至建筑业，建筑业成本上升？

图 7-1　图解十一届三中全会建筑业新期待

市场经济发展多年，但建筑业受计划经济体制的影响很深，至今，依然是以政府管理为主、市场机制调节为辅的模式，国有企业仍然是行业绝对主流，这严重阻碍了中国建筑业的发展。政府对建筑业的干预手段较多，准入门槛设得也比较高，尤其是产生于计划经济时代的资质管理制度，通过专业条款限制和行业保护，限制了行业的竞争；在市场环境下，资质的稀缺性导致"挂靠"的出现，工程风险发生转嫁，给工程质量安全埋下了巨大隐患。

虽然我国推行工程量清单计价已有十个年头，但至今，计划经济色彩浓重的定额计价体系依然是建筑产品定价的重要依据。建筑行业的思想和观念还停留在使用计价定额的习惯上，虽然说量价分离，但清单计价的"价格"多是利用定额来组价。企业并未形成自己的企业定额，无法通过对比社会定额来发现企业的生产效率不足所在，也没有通过采用新材料、新机械、新的施工方法来降低投标报价。

为了创造统一开放、公平竞争的市场环境，2013年3月，住房和城乡建设部发文要求"各级住房城乡建设行政主管部门应当严格执行国家相关法律、法规，给予外地建筑企业与本地建筑企业同等待遇，严禁设置地方壁垒"，对建筑企业跨省承揽业务的待遇有所好转。但资质管理、定额计价等传统计划经济思想下的制度依然禁锢着建筑业的发展，未来是否会有大变革来促进建筑业公平、开放的市场竞争环境的形成，仍需拭目以待。

公有制为主体、多种所有制经济共同发展

全会强调发展以公有制为主体、多种所有制经济共同发展的基本经济制度，并提出发挥国有经济主导作用，不断增强国有经济活力、控制力、影响力，鼓励、支持、引导非公有制经济发展，激发非公有制经济活力和创造力，完善产权保护制度，积极发展混合所有制经济。

我国建筑业发展多年，国有企业占绝对优势位置，五大央企的规模已经连续多年位列全球前十（见表7-1）。我国民营企业发展虽然迅速，但与央企巨无霸相比，仍是小巫见大巫。

2014年ENR全球最大10家承包商　　　　　　　　　表7-1

位次	公司名称	国家	2013年营业收入（百万美元）
1	中国建筑工程总公司	中国	97870.2
2	中国铁道建筑总公司	中国	96195.0
3	中国中铁股份有限公司	中国	88944.0
4	中国交通建设集团有限公司	中国	54181.7
5	万喜	法国	54107.0
6	ACS集团	西班牙	51029.3
7	豪赫蒂夫	德国	37012.8
8	布依格	法国	35993.0
9	柏克德	美国	30706.0
10	中国冶金科工集团有限公司	中国	27256.3

建筑业基本上是完全竞争的市场，一般来说民企比国企效率会更高些，这从国有建筑企业上市公司的年报数据可以充分反映出来。整体上国退民进才有利于整个产业的进步。

当前，大的国有企业改制已基本完成，对国有企业的项目、资金支持力度会不会有调整？调整会不会促进民营企业的发展？国资委会不会减持或退出？目前这些还都没有明确的方向，但此次改革可能是市场格局调整的机会。

健全城乡发展一体化体制机制

全会指出，要健全城乡一体化体制机制。形成以工促农、以城带乡、工农互惠、城乡一体的新型工农城乡关系；推进城乡要素平等交换和公共资源均衡配置，完善城镇化健康发展体制机制。同时，《决定》提出，要建立城乡统一的建设用地市场。

我国出口和制造业投资的空间越来越小，而国内消费短期内很难"扛大梁"，新型城镇化被各界认为是培育经济的新动力。目前我国常住人口城镇化率为53.7%，户籍人口城镇化率只有36%左右，这与发达国家70%~80%的城镇化率相差甚远，因此中国未来发展的潜力巨大。早在新一届领导班子上台后，启动以新型城镇化为代表的全新发展策略。2014年3月，《国家新型城镇化规划（2014~2020年）》正式发布，新型城镇化的目标是城镇化健康有序发展，常住人口城镇化率达到60%左右，户籍人口城镇化率达到45%左右，这将为我国带来近50万亿元的投资建设需求。但需要提醒的是，新型城镇化规划将不再陷入粗放扩张、简单造城的发展陷阱。

十八届三中全会再次明确了新型城镇化的重要地位，并提出"加快户籍制度改革"、"建立城乡统一的建设用地市场"、"统筹城乡基础设施建设和社区建设"

50万亿元

到2020年实现60%城镇化的目标和目前近2亿"半城镇化"人口市民化测算，需要新增投资超过50万亿元。

——国家开发银行行长郑之杰

等改革方向，此外十八届三中全会决定成立中央全面深化改革领导小组，有专家指出，该领导小组具体负责改革方案设计，其中就包括新型城镇化建设。对于建筑业而言，新型城镇化再次拉动大规模的基础设施建设，给建筑业带来巨大的发展机遇。

科学的财税体制

公报指出，建立科学的财税体制，发挥中央和地方两个积极性，建立事权和支出责任相适应的制度。

之前，一直强调事权和财权相匹配，而十八届三中全会公报提到建立事权和支出责任相适应的制度，强调了支出责任。这意味着各级政府在落实事权时，要更好地以财力为保障。

2013 年，中央项目投资 24785 亿元，地方项目投资 411742 亿元，是中央项目投资的 16 倍。大量开工项目的资金来源仅靠微薄的地方财税收入根本无法维持，土地财政、地方融资平台成为资金的主要来源，已积累了较大的金融风险。据审计署公布的数据，截止至 2013 年 6 月底，地方政府负有偿还责任的债务达 108859.17 亿元，考虑或有负债，可达 18 万亿元，是 2013 年地方财政收入的 2.6 倍（图 7-2）。

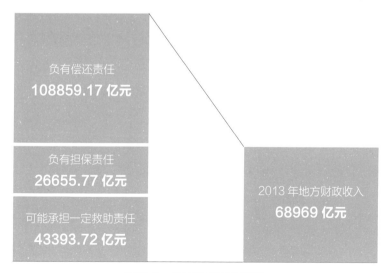

图 7-2　地方政府负债情况

随着外资准入门槛的降低，更多的外资企业将加入到自贸区建筑领域，优秀的企业管理、项目管理理念与经验将给我国建筑行业带来新的变化。

地方投资需要资金来源，土地财政、地方债务早已被诟病，财税体制的改革，可能为地方政府开辟更多的融资渠道，如《决定》中明确表示"允许地方政府通过发债等多种方式拓宽城市建设融资渠道"。这将极大促进地方投资的落地与建筑业规模的持续增长。而建筑企业将更多通过 BOT、PPP 模式等方式参与地方投资建设，对于建筑企业的融资能力有进一步的要求。

全球化新形势

全会提出，适应经济全球化新形势，必须推动对内对外开放相互促进、引进来和走出去更好结合，要放宽投资准入，加快自由贸易区建设等。

我国建筑企业纷纷走出国门，但我国建筑业市场的大门并未完全对国外承包商开放。2002 年，原建设部和原对外贸易经济合作部联合出台了《外商投资建筑业企业管理规定》，允许外商在中国境内设立外商独资建筑业企业，但各种有形无形的门槛，使得国外优秀承包商对着飞速增长的中国建筑市场只能望洋兴叹。从 2002 ~ 2012 年间，外商投资（含合资）的建筑企业数据仅从 275 家增加至 295 家，港澳台投资（含合资）的建筑企业数量更是从 635 家缩水至 385 家，外商及港澳台投资的建筑企业完成的建筑业产值不及中国建筑业的 1%。

上海自贸区总体方案提出的扩大开放政策，对国外资本进入我国建筑领域发展创造了有利条件。随着外资准入门槛的降低，更多的外资企业将加入到自贸区建筑领域，优秀的企业管理、项目管理理念与经验将给我国建筑行业带来新的变化。未来，外商建筑企业的准入门槛是否会进一步降低？长期处于国内内部恶性竞争的建筑企业在面临外来的鲶鱼时，技术、管理均处于弱势，整体行业又会发生哪些变化？值得期待。

生态文明制度建设

十八届三中全会明确提出"生态文明制度建设"，首次将生态文明纳入国家经济社会发展的全局。全会提出，要健全自然资源资产产权制度和用途管制制度，划定生态保护红线，实行资源有偿使用制度和生态补偿制度，改革生态环境保护管理体制。

建筑业一直是能耗大户，节能减排已是压力重重，生态文明建设的压力将进一步推动建筑业从粗放式向精细化的转型。

从建筑物的需求来看，绿色建筑、节能建筑的需求量将进一步增加；而在施工过程中，低碳建造的新技术、新材料、新工艺也将是建筑企业创新发展的新方向。而施工企业的上游产业中，钢铁、水泥更是生态文明的破坏大户，相关部门在十八届三中全会前提出要求"现有钢铁、水泥不再新增产能，不再批准新建增加煤炭用量的项目"。有调研显示，普通房屋建筑工程中，钢材的价值量占到25%左右，水泥的价值量占到20%左右，这些行业的压力是否会传导至建筑业，建筑业的成本是否也会水涨船高？建筑企业必须要做好足够的准备。

下一阶段，十八届三中全会精神的各项政策、文件纷纷下达，中国进入全面深化改革阶段。而建筑业，这个传统、庞大却又粗放的行业也将面临新的改革，充分发挥市场的资源配置作用，相信建筑业也将进入新的发展时期。

国内建筑企业应对之策

十八届三中全会后，毫无疑问，整个建筑业将加快从关系竞争力向能力竞争力过渡，对有为者来说机会窗口在加大，市场化程度在提高，反腐力度在加大，政治法律风险也在提高，建筑企业的竞争策略需要彻底的改变，才能把握住未来。战略竞争力、品牌竞争力、项目精细化管理能力将越来越成为最重要的核心竞争力。建筑企业要主动迎接政策环境的巨变、"BIM+互联网"的巨大冲击，才能迎来更大的发展机遇。

中国建筑业发展和改革，走向何方？

《关于推进建筑业发展与改革的若干意见》的发布，引发行业热议。本次改革有哪些亮点？改革能否落到实处？

《若干意见》的发表，引起业内较大关注，也存在诸多隐忧：这些大家觉得不错的顶层设计蓝图如何落地？一场去行政化的建筑行业市场化改革会有多快？是否会像过去一样雷声大、雨点小？

勾勒顶层设计新蓝图

2014 年 7 月 1 日，住房和城乡建设部发布了《关于推进建筑业发展和改革的若干意见》，改革的目标有三：开放公平的全国建筑市场体系、创新市场质量安全的监督管理机制、推进建筑产业现代化。

改革意见强调了十八届三中全会的核心思想——充分发挥市场在资源配置中的决定性作用，来设计制度与配置市场资源。

整个改革意见涵盖较为全面，囊括了住房和城乡建设部行政职能下各个管理体系，从招投标、监理、资质、造价、监管等，还列明了未来的建筑业发展重点方向——建筑产业现代化。改革意见中不乏亮点：清理各类保证金、押金；推行银行保函和担保；淡化企业资质，加强个人执业资质；非国有资金投资项目可自主决定是否招标发包；建设单位可自主决策选择监理或其他管理模式；落实建设单位项目法人责任制；全面推行清单计价制度，建立与市场相适应的定额管理机制；探索放开建筑工程方案设计资质准入限制；工程总承包合同中涵盖的设计、施工业务可以不再通过公开招标方式确定分包单位；推进 BIM 技术应用……

发展新名词：建筑产业现代化

三大目标之一是"转变建筑业发展方式，推进建筑产业现代化，促进建筑业健康协调可持续发展。"转变建筑业发展方式，是历次五年规划、年度计划都要提及的，但目前我国建筑业依然处于粗放式的管理阶段。此前，从国家宏观政策面上的有关描述中比较多见的是向"建筑标准化"、"建筑工业化"、"住宅产业化"等转型，但"建筑产业现代化"还是个新名词。

根据中国建筑业协会副会长兼秘书长吴涛的报告，现阶段，建筑产业现代化的基本内涵是：最终产品绿色化、建筑生产工业化、建造过程精益化、全产业链集成化、项目管理国际化、管理高管职业化、产业工人技能化。其中最核心还是建筑生产工业化，也是目前政府、业界普遍关注的建筑工业化。

建筑工业化无疑是热点，政府在政策上也给予了很多的倾斜，但这涉及建筑行业生产方式的根本变革，牵扯到全产业链的配合，还有业主与市场的认可度，因此提及多年，依然步履维艰。新的改革意见的出台，建筑工业化将吸引更多的目光，甚至出现泡沫，但如何发展、如何落地，企业还需要深入研究与思考，找准自己的切入点。

资质战争可休矣

资质在中国建筑业就是市场的敲门砖，资质在建筑业市场中的重要性让其成为寻租的工具，资质挂靠在行业里成为不合规的普遍现象。凭资质可收取很高（2%～5%）的挂靠费，使得资质证书的含金量出奇的高，也使各种建造师证奇货可居。这对整个行业企业的经营理念有极大的误导，资质升级成了施工企业最大的战略，大量一二级企业忙于搞根本不符合企业战略、企业真实管理水平的

建筑产业现代化的基本内涵是：最终产品绿色化、建筑生产工业化、建造过程精益化、全产业链集成化、项目管理国际化、管理高管职业化、产业工人技能化。

——中国建筑业协会副会长兼秘书长吴涛

> 本次改革意见首次提出"淡化企业资质"，最新发出的一二级资质标准，已只有高度限制门槛，可承接任务的项目规模限制已取消。资质的含金量已明显有所下降，建筑施工企业最为重视的资质战略需要重新考量。

信息化、收购自己根本不专业的设计业务，大量收购一二级建造师证，实在有些劳民伤财。而真正起作用的如提升客户价值、提升内功却未受到足够重视，难以启动真正的转型升级，这恰恰是建筑行业近年很多问题难以好转的重要原因。

本次改革意见首次提出"淡化企业资质"，是否意味着建筑业的资质战略可休矣？但《意见》中还补充了一段"加快研究修订工程建设企业资质标准和管理规定，取消部分资质类别设置，合并业务范围相近的企业资质，合理设置资质标准条件，注重对企业、人员信用状况、质量安全等指标的考核，强化资质审批后的动态监管"。最新发出的一二级资质标准，已只有高度限制门槛，可承接任务的项目规模限制已取消，是一个很正确的改革方向。

以上情况看来，资质的含金量已明显有所下降，建筑施工企业最为重视的资质战略需要重新考量。

重视科技的力量，特别是 BIM 技术的应用

随着科技的发展，先进技术对行业的发展有着重大的推动作用。本次改革意见专门提及了对建筑业技术能力的提升，主要关注工法、减隔震技术、白图代替蓝图、建筑科技成果的转化等，并提出"推进建筑信息模型（BIM）等信息技术在工程设计、施工和运行维护全过程的应用，提高综合效益"。

项目管理业务是建筑行业的核心业务，但也是信息化最难的一项业务，而BIM 将项目信息进行数字化、模型化，成为建筑生产方式信息化的基础与核心，为后续的项目管理、企业管理提供决策支持。BIM 的价值与力量越来越被行业人士得到认可，但 BIM 应用的实践探索与方法论研究还处于较初级的阶段，建筑企业需要重视与关注，积极应用 BIM，提升项目管理水平，提升核心竞争力。

试点无新意

从《意见》的组织落实来看，无外乎加强组织领导、积极开展试点、加强协会能力建设和行业自律，三大老调重弹之措施。

不过在积极开展试点这一点上，早在改革意见发出两个月前，住房和城乡建设部发布了《关于开展建筑业改革发展试点工作的通知》，决定在近20个省市先行开展建筑业改革发展试点，包括建筑市场监管综合试点、建筑劳务用工管理试点、建设工程企业资质电子化审批试点、建筑产业现代化试点、建筑工程质量安全管理试点、城市轨道交通建设全过程安全控制管理试点六类（图7-3）。六大试点的具体内容，无甚新意与亮点，还是些基础性的工作内容，谈不上先进的改革经验，与改革的大旗、意见中的豪言壮语不太匹配。

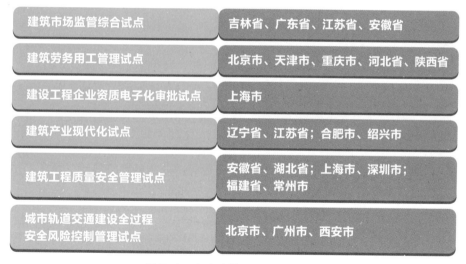

建筑市场监管综合试点	吉林省、广东省、江苏省、安徽省
建筑劳务用工管理试点	北京市、天津市、重庆市、河北省、陕西省
建设工程企业资质电子化审批试点	上海市
建筑产业现代化试点	辽宁省、江苏省；合肥市、绍兴市
建筑工程质量安全管理试点	安徽省、湖北省；上海市、深圳市；福建省、常州市
城市轨道交通建设全过程安全风险控制管理试点	北京市、广州市、西安市

图7-3　六大建筑业改革发展试点

问题是，试点为何在《意见》出炉之前就提前公布呢？还是后续会有新的试点计划？

如何避免老调重弹变口号

这是时隔十年以来，住房和城乡建设部第二次发布建筑业改革意见。2005

年 7 月 12 日，建设部联合发改委等六部门颁发了《关于加快建筑业改革与发展的若干意见》（建质 [2005]119 号）。

十年过去了，对比两次《意见》内容，却有太多的相似之处。例如，大力推行工程总承包建设方式；发展建筑标准件，走新型工业化道路；建立市场形成工程造价机制；非政府投资项目在不影响公共安全和公众利益的前提下，业主自主决定是否招标；推广投标担保、工程支付担保和履约担保制度，推行建筑工程险、安装工程险和工程质量保险制度；建立全国联网的工程建设信用体系等等。

十年过去了，建筑业的很多问题依然没得到实质性的解决；十年前提出来的很多改革意见，在今天仍然是改革重点；只是十年之后的老调重弹，是否会重新沦为口号？

建筑业市场化改革有多远

中国建筑业发展和改革，关键在于去行政化，在于让市场充分发挥作用。

一直以来，中国建筑业是行政管理最多，但又是管得最不好的行业。相信市场的力量，如何成为管理层真正的意识理念，还非常不容易，最主要还是这里面充满了太多的各方利益博弈。

改革开放虽已三十余年，但建筑业受计划经济体制的影响很深，至今仍然是政府管理为主、市场调节为辅的模式，政府的行政力量对于建筑业、建筑企业的发展至关重要。十八届三中全会上将市场资源配置地位从"基础性"提高至"决定性"的位置，市场化、去行政化是我国政府职能改革的重要方向，也将是建筑业改革的重要方向。这将是一盘关系全局的棋，靠住房和城乡建设部一个部门的力量是无法完全推动的；况且建筑业中行政这只手的力量如此之强，干预如此之多，壮士断臂谈何容易，建设管理条线下还有盘根错节的部门利益怎能凭一句"改革"

相信市场的力量，如何成为管理层真正的意识理念，还非常不容易，最主要还是这里面充满了太多的各方利益博弈。

就烟消云散。

也许这就是为何十年来，依然还只能老调重弹；为何出台的《意见》大而泛，没有重点，没有时间表。

建筑市场的混乱是不争的事实，建筑行业人员都期盼着建筑业能彻底改革为行业带来新气象。但建筑业能够真正健康稳定发展，还须从顶层设计抓起。本次改革意见没有体现出行政管理的透明化，没有提及哪些归属于市场，哪些归属于行政力量，过时的《建筑法》的修订也没有提上日程，有所缺憾。关键是后续会出台哪些具体的措施？落实的情况会如何？大家都拭目以待。

总的来说，本次改革意见具有全面性、前瞻性，但落地性究竟如何，大家都满怀期待，希望新一届政府班子、新一届住房和城乡建设部领导能真正尊重并充分发挥市场的力量，为进步缓慢的建筑业行业焕发新的生机！

放管并重是《意见》的核心理念，而如何结合各地实际情况，出台具体制度措施，抓好各项制度措施的落实，则是全面贯彻落实《意见》精神、推进建筑业发展和改革的落脚点。

——中国建筑业协会副会长李里丁

针对《意见》，建筑企业首先需要将经营理念回到市场、回到客户。捞一把就走的机会主义心态需要远去，随着资质这种事前管理模式的逐步淡化，依靠资质吃饭的日子不再长久。

——攀成德总经理 李福和

建立新思维，感应新趋势

随着新一届中央领导班子施政纲领的不断明朗化，宏观经济形势酝酿新的巨变，互联网加快了对传统产业革命的速度，BIM技术对建筑业变革的影响也正在加快，研究和关注2014新发展特点很有必要。

中国经济整体上处于调整期，2014年不确定性依然较高。房地产、实体经济的变数在2014年依然较大，有效的生产力解放还在胎动之中，并没有开始释放。

但新政下的市场化进展和新型城镇化带来的机遇，信息技术（BIM+互联网）引发的产业变革机遇等正逐渐呈现出来。机遇和挑战相对以往可能都会更大，更应引起我们的重视。

施工企业相对于当前经济形势，优势策略是变革自我和内部提升。变革与内部提升的两大方向：一是建立战略竞争力和品牌竞争力；二是提升项目精细化管理能力和企业集约化运营能力。即真正的启动企业的转型升级，通过内部变革和内部能力的提升等待和抓住发展机遇。若继续随波逐流，将失去最好的调整期，并逐步失去生存能力。

发展新机遇

建筑企业必须关注市场出现的四大新机遇（图7-4），及时做好准备，有的放矢。

关注点1：市场资源重新配置

建筑业依然是计划经济色彩最浓的行业。行政化的招投标体制、资质管理、国有企业主导行业，导致长期以来建筑业市场化竞争程度不高。各种经营模式优劣不明，企业转型升级缺乏方向。

中国建筑业国有资本占据主导地位，很大程度上减少了市场竞争活力。行业

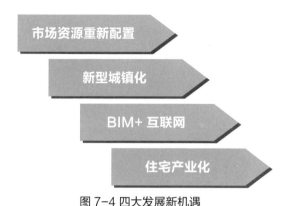

图 7-4 四大发展新机遇

垄断、地域壁垒一直未能破除，前段时期甚至有增无减。

十八届三中全会对市场经济政策有了非常大的调整，"发挥市场在资源配置中的决定性作用"将在后续年份的市场经济中发挥重要的作用。利率市场化改革，允许民营资本进入银行业，对互联网金融持十分支持的态度，已引起巨大的波澜，对实体经济的影响也在逐步加大。

对中国建筑业而言，国资是否大幅退出值得关注。从历年上市大型国企财报看，可以明显发现企业效率不高，效益不够好。加大混合所有制比例，可能是一个可行的方向。事实上，大型国有建筑企业，基本上都完成了股份制改造，走向民营化已不难，只是决策层是否需要国有战略控股的决策而已。这要看后续中央经济改革的进一步动作，按金融业的开放速度，中国建筑业这么多国有控股企业已无大的必要性。

民营建筑企业这些年总体进展不大，一是自身竞争力建设缺乏创新能力；二是大环境造成竞争机会的不平等。若这些年能改变思路，加快革新，在产业资源配置的调整中，在国退民进、市场化程度提升的过程中，可期待更大的机遇。

建筑业的资质管理在消耗巨大社会资源的同时，对建筑业的进步与帮助也难以确认。按中央的新精神，中国建筑业的资质管理应该弱化，甚至取消，与国际接轨。减少对企业资质的管制，加强从业资格的管理，可以进一步解决生产力，加快行业进步速度。

新型城镇化的资金问题会比较严重，政府融资能力和开发商融资能力都大受限制，BT、BOT、PPP 项目会大行其道，对建筑企业投资能力和融资能力的考验非常关键。

关注点 2：新型城镇化

城镇化被列为新一轮经济主要动力，一是中国经济发展阶段所决定；二是经济新动力还不够强大，投资拉动经济增长模式还无可替代。房地产形势明显趋坏，在高能耗、高资源消耗的发展模式难以为继的情况下，大规模的新型城镇化建设并没有作好充分准备，有很多风险。产能过剩已十分严重，投资拉动又不能放弃，新型城镇化就只能承担重任了，这是中国经济的两难之处。

中国建筑企业在新一轮城镇化建设中，无疑会成为受益者，但和上一轮的建设高潮会有大的不同，项目特点不会再是高大难，对低碳、绿色建造的要求更高，对项目判断的能力要求更高，因为新型城镇化的资金问题会比较严重，政府融资能力和开发商融资能力都大受限制，BT、BOT、PPP 项目会大行其道，对建筑企业投融资能力的考验非常关键。

关注点 3："BIM+ 互联网"对建筑业的革命

互联网在 2013 年加快横扫所有行业：小米颠覆了苹果，颠覆了手机业，三年做出 100 亿美元的公司价值（上海建工市值不到 200 亿人民币），小米 CEO 雷军和格力 CEO 董明珠的 10 亿豪赌，成为新闻热点；电商颠覆了所有零售行业，苏宁刚打败国美，获得老大位置、如日中天之际，即面临京东、天猫的颠覆，不得不奋起自我革命；微信发动了对电信运营商的打劫，行政垄断的领域将被洗劫；几大互联网巨头，对银行业的革命已经打响，阿里巴巴的余额宝，仅数月集中资金 5000 多亿，让银行巨头震撼。

建筑业是否会一直岿然不动，对信息技术百毒不侵？显然不可能。由于行业的本质和特点，互联网对建筑业的影响确实比较慢。建筑业本质决定了，光有互联网还不够，还需要与 BIM 技术配合，两种信息技术："BIM+ 互联网"将让建筑业无可阻挡，同样会被信息技术革命。

事实上，建筑业是迄今为止最不透明的行业，也是产生行业问题和社会问题最多的行业，最需要互联网、BIM 技术的革命，其中可以解放的生产力、减少的资源消耗大得惊人，产生的社会效益也将是非常可观。

2014 年，历史走到了一个交汇点，互联网对传统行业的革命加快，BIM 技术的成熟也到了新高度，可以对整个建造阶段产生重大影响了。

"BIM+ 互联网"对变革者是一个新机遇，对守旧者是一场灾难。"BIM+ 互联网"加快行业企业的分化，将同质化企业的差异不断放大。

关注点 4：住宅产业化

住宅产业化快速升温，这是建筑业发展环境变化的一种必然：一是资源消耗和能耗必须大幅减少；二是环境污染必须加快控制，一幢幢大楼整天被雾霾包围着，已失去盖这些大楼的根本意义；三是建筑业劳动力资源的快速减少，不得不走向工业化之路。

住宅产业化一定有一个大机遇，但由于行业内机会主义思维盛行，住宅产业化是否能真正成为行业内传统企业的机遇，笔者的观点几乎是否定的。

中国住宅产业化机遇，笔者更看好像远大住工这类跨界者。传统业内建筑企业太过看重眼前利益，缺乏战略理念和能力，只把住宅产业化当作机遇。其实住宅产业也有非常高的门槛：技术、投资、人才、市场等，现有业内企业各个方面都有很大欠缺。

像跨界者远大住工，已在此领域暗暗发力投资 15 年，在全世界范围内整合住宅产业化的新工艺、新材料，相对于业内建筑企业在讨论的住宅产业化水平，能级已高了多个。跨界者没有传统行业人士固有的思想局限，对新技术的投入激

中国住宅产业化机遇，笔者更看好像"远大住工"这类跨界者。传统业内建筑企业太过看重眼前利益，缺乏战略理念和能力，只把住宅产业化当作机遇。

情更大，商业模式创新的力度更强、速度更快。

大规模投入PC产业的企业一定要注意认真调研，做好差异化定位，谨慎决策。

建筑企业新挑战

危险与机遇总是并存，面临巨大机遇的同时，建筑企业也面临三大挑战（图7-5）。

寻找竞争力来源

当前建筑企业的一个最大困境是，在延续了20余年高速增长，形成对关系竞争力高度路径依赖后，创新能力已经极大萎缩，无法找到新时期企业竞争力的来源，转型升级完全没有方向。

中国建筑企业后一轮的竞争力将主要来自于战略竞争力、品牌竞争力、项目精细化能力和企业集约化运营能力。企业及早进入这一轮竞争力建设，将有莫大收获，落后者，则有被出局的危险。

优势战略是寻找细分市场，聚焦一个点，在这个点上获得全国最高的市场份额，力争第一，将可以做到千亿以上。

跨界竞争者

建筑业规模很大，门槛很低，潜在的产业整合价值极大。

图7-5　建筑企业未来发展三大挑战

"BIM+ 互联网"使建筑业的数据创建、管理和分享得以实现，推动建筑业进入大数据时代，建筑业规模经济时代得以开启。

近年许多的产业革命表明，业内企业往往为历史包袱所累，难以自我革命，最后被外来者革命。柯达、诺基亚就是例子。建筑业也是这种情况，温水煮青蛙，业内企业对外部环境极不敏感，一直靠经验主义主导企业发展。

现在的同行往往不会对自己有太大的威胁，因为大家的战略、能力都差不多，但跨界者已开始酝酿对建筑业的革命，很可能几年后会夺走我们现在的饭碗。如远大住工，住宅产业化已潜心研究 15 年，研发投入已远远超过业内的尝试者，距离已拉开很大，将投入门槛抬得很高了。

"BIM+ 互联网"引发的行业变革

2013 年，由于互联网对传统行业革命的速度开始加快，特别是 4G 移动网络（比 3G 快 20 倍）的正式运营，对各行业的冲击将大大加快。各行各业都在恶补互联网思维，从烧饼店到大银行无一例外。建筑业同样无法置身于这场革命之外。

建筑业很多发展困境，在于管理无法突破。管理无法突破的原因在于：项目经理与操作层无法信息对称，公司与项目部无法信息对称。致使至今承包制仍是最有效率的项目管理模式。"BIM+ 互联网"将让这个管理瓶颈彻底突破。但也给施工企业带来两方面影响：长期靠高估冒算的赢利套路将受阻，但内部管理却可以大幅提升，总体上对施工企业是非常有利的。领先拥抱"BIM+ 互联网"的企业将受到莫大好处，落后的则面临淘汰。建筑企业要开始习惯甚至要拥抱透明化带来的变化，让自己在透明时代赢利能力更强，竞争力更强。

大数据时代的到来，使建筑业长期没有的规模经济优势得以实现，并且可以不断放大。

建筑业是最大的大数据行业之一，当前却是最没有数据的行业。"BIM+ 互联网"使建筑业的数据创建、管理和分享得以实现，推动建筑业进入大数据时代，建筑业规模经济时代得以开启。这意味着没有数据的企业是没有生存条件的，规

图 7-6　建筑企业应对策略

模不达到一定程度的企业也将缺乏竞争优势。很难想象，10 年后产值规模少于 1000 亿元的总承包企业如何生存和发展。

建筑企业应对对策

面对机遇与挑战，建筑企业需要未雨绸缪、积极应对（图 7-6）。

建立制胜战略在先

中国建筑企业目前大部分企业的战略只是赚钱，这是低层次的赚钱方法。高层次的赚钱之道是解决了行业的一个大问题，解决了客户的一个大问题。在行业中某个事情你做得最好，让客户主动找你。主营业务主要来自于战略合作伙伴，而不是整天在搞关系、进行价格战。

真正的企业战略是明确"我是谁"、"我是什么领域的专家"，让客户认为做什么事应该找你。而不是做所有的生意，让客户知道你哪一方面都不专业，只能关系战、价格战。

围绕战略配置资源，在价值链上构筑最高的竞争壁垒，力争细分市场领先，大搞品牌建设。这样可以实现高效营销、快速拓展市场。

只有战略聚焦，才能实现这样的战略目的，才容易在价值链的各点建立竞争优势与竞争壁垒，聚焦一点，进步就可以快。全面出击，哪一方面都难以突出，在同质化的竞争泥沼中难以突围。

围绕战略配置资源，在价值链上构筑最高的竞争壁垒，力争细分市场领先，大搞品牌建设。这样可以实现高效营销、快速拓展市场。

植入"BIM+互联网"思维

互联网正对所有行业进行革命，建筑业也无可回避。在企业中植入互联网思维也已经到时机了。

"BIM+互联网"思维就是拥抱透明，依靠客户价值竞争，依靠管理能力发展，而不是只靠关系竞争力、只靠不透明挣钱。企业的赢利模式将有大的改变，事实上，大量的调研表明，透明后的先进企业的经济效益可以更好，企业发展速度可以更快。

建立强大的基于"BIM+互联网"的数字神经系统，实现项目精细化管理、

建筑业的互联网思维

超越客户价值的用户价值思维。 互联网企业对免费用户关怀备至，极力做大免费用户群，逐步转换为收费用户，但免费用户始终是最大的用户群。建筑企业产品不仅要考虑大业主的满意度，也要考虑小业主的居住使用体验。让不直接向你交费的用户（小业主）叫好，去影响大客户（建设方），让大客户离不开你，这才是终极品牌建设。

透明化思维。 放弃靠不透明才能赚大钱的思维，不再把关系竞争力作为主要竞争力，要建立透明化时代靠能力、价值赚钱，通过市场化竞争获得优势的观念与能力。

扁平化思维。 互联网、BIM技术的联合作用之下，将实现扁平化的"大后台、小前端"的管理模式，高效率而低成本，支撑和管控能力都将大为提升。

大数据成核心竞争力。 建筑业作为最大的数据行业之一，又是最没有数据的行业。在互联网和BIM的双重作用下，数据的价值和重要性将逐步体现，建筑企业的大数据库将是行业的门槛之一。

品牌竞争和粉丝经济。 建筑企业需要独一无二的品牌个性，需要一小批战略级客户（粉丝）的跟随。

开放、共享、去中心化、平等、民主。 企业内部的等级文化将弱化，部门壁垒需要拆除，更为平等。在企业社交平台上，各有专长的专业人员和专家小组可以成为部落中心，决策是自下而上的民主过程，不需行政太多干预，却能自我组织和严格监控运营。

企业集约化运营，真正做出规模经济的效益来，企业将位列行业潮头，也将带动整个行业进入良性发展的阶段。

"BIM+互联网"本身将成为企业核心竞争力之一，企业需要重视将这一工具用好，大幅提升成本能力和运营能力。

注重存量市场份额竞争

建筑业一直靠增量市场在发展，意味着还是在产业的初级阶段。

建筑业的存量市场马上突破20万亿元，1%的份额意味着2000亿元。提升全国范围内细分领域的份额是优势战略。

传统的市场格局（产业集中度）未有大的变化，但经济增速会有波动，同质化粗放的竞争模式会有尽头。但中国建筑业现有规模已经十分巨大，存量市场机会十分巨大。当市场增速停滞，企业增速反而加快，这样的企业才能走到最后。

充分利用信息技术

建筑业的信息化很难搞，但要突破重围，必须要玩好信息技术，特别要充分利用"BIM+互联网"。2014年到了一个转折点，"BIM+互联网"的实用性已可以达到较高程度，已有了很好的效益回报，施工企业必须将其作为核心竞争力来建设。

传统的市场格局未有大的变化，同质化粗放的竞争模式会有尽头。但中国建筑业现有规模已经十分巨大，存量市场机会巨大。当市场增速停滞，企业增速反而加快，这样的企业才能走到最后。